私募基金
法律合规实务

SIMU JIJIN FALÜ HEGUI SHIWU

私募驿站

著

法律出版社
LAW PRESS·CHINA

北京

图书在版编目（CIP）数据

私募基金法律合规实务 / 私募驿站著. -- 北京：法律出版社，2024. -- ISBN 978-7-5197-9386-9

Ⅰ.D922.287.4

中国国家版本馆 CIP 数据核字第 20242KH231 号

锦天城法律实务丛书	私募基金法律合规实务 SIMU JIJIN FALÜ HEGUI SHIWU	私募驿站 著	策划编辑 田 浩 责任编辑 田 浩 装帧设计 臧晓飞

出版发行 法律出版社
编辑统筹 法商出版分社
责任校对 杨锦华 裴 黎
责任印制 刘晓伟
经　　销 新华书店

开本 710 毫米×1000 毫米 1/16
印张 17.75　字数 290 千
版本 2024 年 9 月第 1 版
印次 2024 年 9 月第 1 次印刷
印刷 固安华明印业有限公司

地址：北京市丰台区莲花池西里 7 号（100073）
网址：www.lawpress.com.cn　　　　销售电话：010-83938349
投稿邮箱：info@lawpress.com.cn　　客服电话：010-83938350
举报盗版邮箱：jbwq@lawpress.com.cn　咨询电话：010-63939796
版权所有·侵权必究

书号：ISBN 978-7-5197-9386-9　　　　定价：76.00 元
凡购买本社图书，如有印装错误，我社负责退换。电话：010-83938349

序　言

2023年，中国私募基金行业步入监管2.0时代。从国务院、中国证券监督管理委员会（以下简称中国证监会），到中国证券投资基金业协会（以下简称中基协），监管政策层出不穷，意味着私募基金行业的监管正在不断发展，对相关从业主体提出了更高的准入和合规要求。2023年9月，起草工作始于2013年的《私募投资基金监督管理条例》由国务院正式公布，可谓"十年磨一剑"。该条例的正式出台意味着私募基金领域的行政法规空白得到立法补位，私募基金投资行业趋于规范化、专业化，中国私募基金由此进入监管2.0时代。紧随其后，中国证监会又于2023年12月对该条例颁布前在私募基金监管领域作为最高层级的部门规章《私募投资基金监督管理暂行办法》进行了全面的修订并公开征求意见。再回到私募基金的主要监管组织，中基协也于2023年正式发布了《私募投资基金登记备案办法》及3个配套指引、《私募投资基金备案指引》及配套材料清单、新版《私募基金管理人登记申请材料清单》等自律规则文件。

我们紧跟私募基金行业监管政策的变化，结合实操经验，从"募集、投资、管理、退出"4个维度共计13章对私募基金相关业务环节的关注事项和要点进行了梳理。顺着私募基金行业全生命周期的顺序，依次从监管体系介绍、管理人登记相关要求、基金备案相关规定、基金募集关注要点、私募股权投资基本流程概述、常用尽调方法简介、保密协议及投资意向书解读、增资协议及股东协议核心条款解读、私募基金日常运营义务及投后管理、私募基金退出阶段的一般流程与常见纠纷等多角度进行了整理和介绍。

本书由周鹏律师主编，其审定了本书的体例和框架并对全部内容进行了审阅和修订。唐纪远律师撰写了本书的第一章至第四章和第十一章；车玉涵律师撰写了本书的第五章、第七章至第九章；周渭律师撰写了本书的第六章；应有恒律师撰写了本书的第十章。周鹏律师、李静律师和应越律师撰写了本书的第十二章和第十三章。除此之外，李涛、刘熠、吴静、朱瀚天、钟司瑶、张馨、佟蕊伊、朱桑烨和戴日辛等人士对本书亦有贡献。

我们已正式推出《私募基金法律合规实务》，希望本书能够对私募基金从业者有所助益，成为您手边常备的工具书。

目·录

第一章 私募基金法律法规体系介绍

一、法律层面 | 001

二、行政法规层面 | 001

三、部门规章层面 | 004

四、自律规则层面 | 006

第二章 申请登记相关要求

一、基本设施和条件相关要求 | 010

二、高级管理人员及其他从业人员相关要求 | 012

三、名称及经营相关要求 | 018

四、出资人、实际控制人及出资相关要求 | 019

五、关联方相关要求 | 026

第三章 私募基金备案相关规定

一、私募基金备案流程简介 | 028

二、私募基金备案核心条件 | 030

三、私募基金的备案时间节点 | 054

四、私募基金的备案平台与备案材料 | 055

五、私募基金备案审查要点及审批时限 | 057

六、快速备案、严格审核、暂停备案及不予备案情形 | 058

第四章 私募基金募集相关规定

一、私募基金募集基本要求 | 061

二、特定对象确定及风险承受能力评估 | 065

三、基金风险评级及投资者适当性匹配 | 067

四、募集中的宣传推介与信息披露 | 080

五、风险揭示及基金合同签署流程 | 083

六、私募基金募集结算资金账户 | 085

七、非居民金融账户涉税信息尽职调查及反洗钱义务 | 086

八、法律责任 | 087

第五章 私募股权投资基本流程概述

一、项目筛选与初审 | 089

二、签订保密协议 | 090

三、初步尽职调查与立项 | 091

四、签订投资条款清单 | 091

五、专业尽职调查 | 092

六、投资决策委员会表决 | 093

目 录

七、签订投资协议 | 093

八、交割及工商变更 | 094

九、投后管理 | 095

第六章 常用法律尽调方法简介

一、尽调资料清单 | 096

二、管理层访谈 | 098

三、调档 | 099

四、第三方访谈 | 101

五、公开渠道检索 | 102

第七章 保密协议

一、保密协议概述 | 103

二、保密协议主要内容及关注要点 | 104

第八章 投资意向书

一、投资意向书的由来及作用 | 109

二、投资意向书主要内容解读 | 111

三、投资意向书的法律性质及效力 | 115

第九章 增资协议（SPA）核心条款

一、鉴于条款 | 120

二、定义与解释条款 | 120

三、交易安排相关条款 | 121

四、先决条件条款 | 123

五、陈述与保证条款 | 126

六、承诺条款 | 129

七、保密条款 | 132

八、合同的解除与终止条款 | 132

九、违约责任条款 | 136

十、法律适用与争议解决 | 143

第十章 股东协议（SHA）核心条款

一、合格上市条款 | 144

二、回购条款 | 146

三、对创始人的持股限制条款 | 149

四、不竞争条款 | 150

五、优先购买权、共同出售权和优先认购权 | 151

六、董事会和重大事项否决权条款 | 153

七、拖售权 | 155

八、优先清算权 | 156

九、反稀释条款 | 157

十、员工股权激励条款 | 159

目 录

第十一章 私募基金日常运营义务及投后管理

一、私募基金管理简介 | 161

二、日常运营管理主要义务 | 162

三、投后管理要点 | 165

第十二章 私募基金退出阶段一般流程

一、私募基金退出的简介 | 169

二、私募基金投资端的退出 | 169

三、私募基金基金端的退出 | 176

第十三章 私募基金退出阶段争议纠纷

一、私募基金退出时基金端所涉纠纷 | 181

二、私募基金退出时投资端所涉纠纷 | 196

案例索引 | 202

图表索引 | 209

主要参考文献 | 211

附录一 核心监管规则 | 213

附录二 本书术语 | 270

附录三 本书相关法律法规及自律规则 | 271

私募基金法律法规体系介绍 第一章

一、法律层面

目前,私募基金行业领域的相关法律有5部,分别是《中华人民共和国证券投资基金法》(以下简称《基金法》)、《中华人民共和国信托法》(以下简称《信托法》)、《中华人民共和国证券法》(以下简称《证券法》)、《中华人民共和国公司法》(以下简称《公司法》)、《中华人民共和国合伙企业法》(以下简称《合伙企业法》)。

5部法律中,《基金法》为核心,单设"非公开募集基金"章节,明确将私募证券投资基金纳入法律的调整范围,对合格投资者、基金管理人登记制度、宣传推介、基金合同、禁止性规定以及法律责任等作出了原则性规定,规范了私募证券投资基金的运作标准。同时,该法设单章对基金行业协会进行了规定,明确了中国证券投资基金业协会(以下简称中基协)的法律地位、设立及职责,从法律层面对中基协私募基金管理人登记、私募证券投资基金备案等工作机制予以确认。

《信托法》《证券法》《公司法》《合伙企业法》4部法律为辅助,明确契约型、公司型、合伙型3种私募基金组织形式,规定其运作标准和监管方式。

二、行政法规层面

2023年7月3日,国务院正式发布《私募投资基金监督管理条例》(以下简称《监管条例》),并于同年9月1日正式生效,可谓"生逢其时"。私募基金领域的行政法规空白得到立法补位，私募基金投资行业趋于规范化、专业化，由此进入监管2.0时代。这对于广大私募投资基金行业人员来说，是极大利好。《监管条例》上承《基金法》等5部法律，下启部门规章和中基协的众多自律规则，对已有规定进行了重申，并对私募领域中一些争议问题进行了说明。至此，私募投资基金领域法律体系得到完善，法律依据更加充分。

（一）弥补私募立法缺位

首先，《监管条例》作为私募领域的第一部行政法规，开篇阐明了《基金法》《信托法》《公司法》《合伙企业法》为其上位法，《监管条例》的颁布使私募基金法律体系更加明确和完整。

其次，长久以来《基金法》调整范围限于"公开或者非公开募集资金设立证券投资基金"，对于私募股权投资基金却缺乏法律规定。中国证券监督管理委员会（以下简称中国证监会）曾出台《私募投资基金监督管理暂行办法》（以下简称《私募管理暂行办法》）将私募股权投资基金纳入监管范围，但该部门规章效力层级较低，仍缺乏上位法依据。此次《监管条例》第2条规定私募投资基金行为是"以非公开方式募集资金，设立投资基金或者以进行投资活动为目的依法设立公司、合伙企业，由私募基金管理人或者普通合伙人管理，为投资者的利益进行投资活动"的行为，第24条规定私募基金财产的投资包括买卖股份有限公司股份、有限责任公司股权、债券、基金份额等，明确将私募证券投资基金和私募股权投资基金纳入《监管条例》的调整范围，结束了私募股权投资基金缺乏上位法规定的尴尬局面，对于《基金法》能否适用于私募股权投资基金也作出了肯定回答，极大地弥补了上位法空白，促进私募股权投资基金行业发展向好。

最后，违反《监管条例》强制性规定的行为会被认定为无效。《民法典》第153条第1款规定："违反法律、行政法规的强制性规定的民事法律行为无效。"《监管条例》作为行政法规，违反该法中效力性强制性规定的行为无效，势必会导致权利救济途径和责任承担方式发生改变。如《监管条例》第24条第2款规定："私募基金财产不得用于经营或者变相经营资金拆借、贷款等业务……"因此在私募投资基金领域，"明股实债"的投资合同违反行政法规的效力性强制性规定，据此可以认定投资合同无效，以降低企业负债率，减少资金杠杆。再如

第一章
私募基金法律法规体系介绍

《监管条例》第 28 条第 1 款规定："……不得以私募基金财产与关联方进行不正当交易或者利益输送……"因此若发生违反该规定的关联交易，可以直接认定合同无效，有别于此前只能提起侵权之诉的权利救济方式。

（二）强化关键主体监管

《监管条例》设专章对私募领域的关键主体——私募基金管理人和托管人制定监管标准，规范投资业务活动。《监管条例》第 7 条规定资产由普通合伙人管理的私募资金，无论该合伙人是否具有私募基金管理人资格，均适用该条例关于私募基金管理人的规定，普通合伙人应当依法进行私募基金管理人登记。《监管条例》第 8 条至第 14 条规定了私募基金管理人的资格限制、登记及变更登记、法定职责、持续展业要求、注销登记等事项；同时，对私募基金管理人的"控股股东、实际控制人或者普通合伙人"及"董事、监事、高级管理人员、执行事务合伙人或者委派代表"作出任职限制，对私募基金管理人的"股东、实际控制人、合伙人"的禁止性行为作出规定，预示着监管部门及自律组织监管范围的扩大。《监管条例》第 15 条、第 16 条规定了私募基金托管人的职责。

（三）贯彻差异化监管共识

《监管条例》第 6 条重申对私募基金管理人实施差异化监督管理，对私募基金实施分类监督管理的原则。第 25 条对 3 类私募基金的分类监管作出了原则性规定，分别为"创业投资基金""运用一定比例政府资金发起设立或者参股的私募基金""符合国务院证券监督管理机构规定条件，将主要基金财产投资于其他私募基金的私募基金"。该条从行政法规层面突破了《中国人民银行、中国银行保险监督管理委员会、中国证券监督管理委员会、国家外汇管理局关于规范金融机构资产管理业务的指导意见》（以下简称《资管新规》）中资产管理产品禁止多层嵌套的规定，有利于 FOF 基金、政府出资产业投资基金和创业投资基金的发展。《监管条例》第四章首次设专章规定创业投资基金，对"何为创业投资基金"作出了规定，明确了相关政策及规定、落实了职能部门划分以及差异化管理原则，对创业投资基金实行简化登记手续、减少检查频次、投资退出方面提供便利等一系列利好政策。《监管条例》鲜明地表达了国家对创业投资基金的支持态度，鼓励投资者坚持长期投资，"投早投小投科技"，吸引市场资本助力中小企业发展，表明国家发展决心。

（四）完善法律责任体系

1. 行政责任

《监管条例》设专章规定法律责任，该行政法规层面的专门规定使得相关违法行为的法律责任突破了《行政处罚法》第 13 条第 2 款的限制，加大了处罚力度，提高了处罚的额度。同时，《监管条例》统一立法和监管口径，促进各监管部门行政处罚标准协同化，并与《基金法》类似违法行为的处罚标准相统一，解决了长期以来处罚标准混乱，相关违法行为法律责任不明确的问题。

2. 民事责任

《监管条例》第 11 条第 2 款规定："以非公开方式募集资金设立投资基金的，私募基金管理人还应当以自己的名义，为私募基金财产利益行使诉讼权利或者实施其他法律行为。"该规定为契约型基金的权利受损提供了救济方式，解决了没有实体的契约型基金对外行使诉权时，缺乏诉讼主体的困境，明确了基金管理人的诉讼职责。《监管条例》作为行政法规，违反《监管条例》的效力性强制性规定的行为无效，拓宽了投资人权利救济路径，有利于投资人诉讼权利的行使。

三、部门规章层面

（一）《私募管理暂行办法》

《私募管理暂行办法》根据《基金法》的授权，由中国证监会出台，作为《监管条例》出台过程中的过渡性法规，私募行业参照适用较多。该办法于 2014 年 8 月 21 日实施，共 10 章、41 条，总则之后设登记备案、合格投资者、资金募集、投资运作、行业自律、监督管理、关于创投资金的特别规定、法律责任以及附则章节，将私募股权基金纳入调整范围，对《监管条例》出台之前的重要问题作出较为具体的规定。"私募投资基金监督管理办法"目前未公布施行，该法施行后《私募管理暂行办法》将同时废止。

（二）《证券期货经营机构私募资产管理业务运作管理暂行规定》

《证券期货经营机构私募资产管理业务运作管理暂行规定》由中国证监会发布，2016 年 7 月 18 日实施，在中基协"八条底线"基础上进一步规范证券期货经营机构的私募业务运作，俗称"新八条底线"。该规定明确适用范围限于"证

第一章
私募基金法律法规体系介绍

券期货经营机构通过资产管理计划形式开展的私募资产管理业务",对关于"违规委托第三方机构为其提供投资建议"和"从事违法证券期货业务活动"作出了禁止性要求,修改了"结构化资产管理计划"和"不得开展或参与资金池业务"相关内容,明确杠杆倍数上限,同时规定要建立激励奖金递延发放机制,并明确递延周期和奖金金额。该规定也对销售推介行为、过渡期安排、释义条款作出了要求。

(三)《资管新规》

《资管新规》由中国人民银行、中国银行保险监督管理委员会(已撤销)、中国证监会、国家外汇管理局4部委联合发布,2018年4月27日实施。《资管新规》共31条,在打破刚性兑付、明确标准化债权类资产的核心要素、细化产品净值化管理、禁止开展多层嵌套和通道业务、统一行业杠杆水平、对同类资管产品制定统一监管标准、设置"新老划断"过渡期安排等方面作出具体要求,降低行业风险,消除监管套利空间,服务实体经济。

(四)《关于加强私募投资基金监管的若干规定》

《关于加强私募投资基金监管的若干规定》(以下简称《关于加强私募基金监管的若干规定》)由中国证监会制定,于2020年12月30日实施,共14条,明确规定基金管理人名称、经营范围、业务范围、集团化私募基金管理人监管、非公开募集及合格投资者、私募基金财产投资要求、私募基金管理人及从业人员等主体规范、法律责任、过渡期安排等方面的要求,进一步划定行业底线,加强行业监管,降低金融风险,形成对行业主体的"十不得"禁止性要求。

(五)《证券期货投资者适当性管理办法》

《证券期货投资者适当性管理办法》(以下简称《适当性管理办法》)由中国证监会制定,2022年8月12日修正实施,共43条,旨在规范证券期货投资者适当性管理,维护投资者合法权益。该办法规定了投资者分类和产品分级标准,将投资者分为普通投资者和专业投资者两类进行管理,对销售的产品或者提供的服务划分风险等级,明确了投资者准入要求、风险警示、经营机构的注意义务、禁止性行为、告知义务、委托销售、适当性义务、纠纷解决以及行业协会的自律要求、法律责任等方面的具体安排,切实降低投资人的投资风险。

四、自律规则层面

一直以来，私募投资领域"自下而上"推动立法，相较于数量较少的法律法规，行业内存在大量由中基协制定的自律规则，即自愿选择适用的行业标准。这些自律规则在私募行业的发展、运作过程中起着至关重要的作用，是推动私募领域更高位阶立法的"试验田"，也是私募监管体系的重要组成部分。自律规则分为办法、指引、公告、解答、材料清单5个部分。

（一）办法

《私募投资基金信息披露管理办法》（以下简称《披露办法》）侧重对信息披露义务人向投资人进行的信息披露作出规定；《私募投资基金募集行为管理办法》（以下简称《募集行为办法》）主要对募集过程中的程序、禁止性行为、各主体义务、宣传推介、合格投资者等作出规定，对管理人行为的约束较为细致；《私募投资基金服务业务管理办法（试行）》旨在厘清私募基金管理人和私募基金服务机构之间的法律关系，并对各类业务作出规范化要求；《私募投资基金登记备案办法》（以下简称《登记备案办法》）旨在对私募基金登记备案、信息变更等程序作出规定。

（二）指引

《私募基金管理人登记指引》（1—3号）分别规定了私募基金管理人的基本经营要求，私募基金管理人的股东、合伙人、实际控制人及其法定代表人、高级管理人员、执行事务合伙人或其委派代表的相关要求；《私募投资基金备案指引第1号——私募证券投资基金》（以下简称《备案指引1号》）、《私募投资基金备案指引第2号——私募股权、创业投资基金》（以下简称《备案指引2号》）规定了办理私募投资基金的基金备案、备案信息变更、基金清算业务的具体要求；《私募投资基金管理人内部控制指引》（以下简称《内部控制指引》）规定了私募基金管理人内部控制的目标与原则、内部环境、风险评估、控制活动、信息与沟通及内部监督等方面的制度建设；《私募基金管理人登记法律意见书指引》（以下简称《法律意见书指引》）规定了申请机构向中基协申请私募基金管理人登记时，中国律师事务所出具的《法律意见书》的具体要求，《私募基金管理人重大事项变更专项法律意见书》参照适用；《私募投资基金合同指引》（1—3号）

第一章
私募基金法律法规体系介绍

分别规定了契约型私募基金合同内容与格式、公司章程必备条款、合伙协议必备条款的相关要求;《私募投资基金信息披露内容与格式指引1号》规定了私募证券投资基金运作期间的信息披露内容和格式要求;《私募投资基金信息披露内容与格式指引2号》规定了相关机构向投资者披露私募股权(含创业)投资基金信息的内容和格式要求;《基金募集机构投资者适当性管理实施指引(试行)》(以下简称《适当性指引》)规定了投资者分类及基金产品和服务风险等级划分制度,对投资者适当性制度作出了具体要求;《私募投资基金非上市股权投资估值指引(试行)》详细规定了私募投资基金非上市股权投资专业化估值的原则、方法;《私募投资基金命名指引》(以下简称《命名指引》)规定了契约型、公司型、合伙型私募投资基金的命名事宜;《不动产私募投资基金试点备案指引(试行)》明确了不动产私募投资基金的投资范围以及管理人参与此次试点的要求,对符合试点要求的不动产私募投资基金适度放宽股债比限制,并对不动产私募投资基金的风险防范作出了相关规定;《私募基金管理人失联处理指引》对私募基金管理人失联的处理办法及失联管理人基本情况的报告信息清单作出了具体规定。

(三)公告

《关于进一步规范私募基金管理人登记若干事项的公告》对取消私募基金管理人登记证明、加强信息报送、提交法律意见书、私募基金管理人高管人员基金从业资格等事宜作出了规定;《关于进一步加强私募基金行业自律管理的决定》旨在维护投资者合法权益,建立异常经营机构快速处理机制,充分发挥律师事务所的专业服务作用;《关于加强经营异常机构自律管理相关事项的通知》规定了私募基金管理人异常经营情形的判断、整改方案、相关法律意见书的出具等事项;《中国证券投资基金业协会自律检查规则》对中基协的自律检查工作作出了具体要求。

(四)解答

中基协于2023年12月发布了《私募基金登记备案问题解答标准化口径》,针对登记备案问题进行解答,涉及管理人登记、基金备案、自律管理、信息披露。2024年1月,中基协发布了涉及从业资格要求、合格投资者确认的问题解答。管理人可以通过中基协官网"查询服务——常见业务问题查询——私募基金咨询自助查询系统"查找学习。《私募基金登记备案相关问题解答》（1—15号）是中基协针对私募基金登记备案中的常见问题以问答形式予以解答，当前仅解答（六）、（八）、（十）、（十五）依然具有法律效力。

（五）材料清单

《私募基金管理人登记申请材料清单》（2023年修订）（以下简称《登记材料清单》）规定了申请私募基金管理人在登记机构时应当提交的申请材料。《私募投资基金备案材料清单（证券类）》（2023年修订）（以下简称《证券类材料清单》)《私募投资基金备案材料清单（非证券类）》（2023年修订）（以下简称《非证券类材料清单》）规定了管理人提请私募投资基金备案、重大变更及清算时提交材料的具体要求。《私募投资基金变更管理人材料清单》规定已在中基协备案的私募基金，提请办理私募基金变更管理人业务时提交的材料及要求。

申请登记相关要求 第二章

根据《基金法》、《监管条例》、《登记备案办法》、《私募管理暂行办法》及《关于加强私募基金监管的若干规定》，私募基金管理人应当在开展私募基金业务前依法向中基协办理登记手续，报送相关信息。

同时，为完善私募基金监管体系，持续推动私募基金行业健康发展，中基协发布了《内部控制指引》、《私募基金管理人登记指引第1号——基本经营要求》（以下简称《登记指引1号》）、《私募基金管理人登记指引第2号——股东、合伙人、实际控制人》（以下简称《登记指引2号》）、《私募基金管理人登记指引第3号——法定代表人、高级管理人员、执行事务合伙人或委派代表》（以下简称《登记指引3号》）、《中国基金业协会关于进一步规范私募基金管理人登记若干事项的公告》、《登记材料清单》等一系列自律规则，规范私募基金管理人登记业务。

2023年2月24日，中基协发布《登记备案办法》及配套指引，同年5月1日正式实施。新规实施后，截至2023年8月底，中基协新登记注册私募基金管理人48家，而新规实施前，单月新增登记管理人基本在50家以上。新规背景下，中基协对私募基金管理人的登记呈越发严格的监管态势。

拟申请登记为私募基金管理人的申请机构（以下简称申请机构）应当诚实守信，保证提交登记的信息及材料真实、准确、完整，不得有任何虚假记载、误导性陈述或者重大遗漏。为提升办理登记效能，申请机构应对照私募基金管理人登记材料清单，全面、真实、准确、规范地准备登记所需的申请材料，并通过资产管理业务综合报送平台（以下简称AMBERS系统）审慎完整提交申请材料。

申请机构提交的材料符合登记材料清单齐备性要求的，中基协将依法依规按时按要求办理登记手续。

一、基本设施和条件相关要求

（一）内部控制及管理制度基本要求

私募基金管理人内部控制是指私募基金管理人为防范和化解风险，保证各项业务的合法合规运作，实现经营目标，在充分考虑内外部环境的基础上，对经营过程中的风险进行识别、评价和管理的制度安排、组织体系和控制措施。私募基金管理人应当按照中国证监会和中基协的相关要求，结合自身的具体情况，建立健全内部控制机制，完善内部控制措施，强化内部控制保障，持续开展内部控制评价和监督。私募基金管理人最高权力机构对建立内部控制制度和维持其有效性承担最终责任，经营层对内部控制制度的有效执行承担责任。

就具体制度而言，根据《内部控制指引》、《登记材料清单》、《法律意见书指引》及《登记指引1号》等相关自律规则的规定，申请机构应当建立：

1. 内部控制及合规管理制度：建立科学合理、运转有效的内部控制、风险控制和合规管理制度，包括运营风险控制、信息披露、机构内部交易记录、关联交易管理、防范内幕交易及利益输送、业务隔离和从业人员买卖证券申报等制度；

2. 私募基金运作制度：包括私募基金宣传推介及募集、合格投资者适当性、保障资金安全、投资业务控制、公平交易、外包控制等制度；

3. 应急预案制度：建立突发事件处理预案，对严重损害投资者利益、影响正常经营或者可能引发系统性风险的突发事件的处理机制作出明确安排。

其中《内部控制指引》对申请机构内部控制机制进行了更为详尽的指导，明确内部控制总体目标，强调全面、制约、有效、独立、适时及成本效益六大原则，确立内部控制应当围绕内部环境、风险评估、控制活动、信息与沟通、内部监督五大方向展开。

申请机构应当通过建立上述内部控制具体制度，防范私募基金经营风险，确保经营业务的稳健运行。同时应当保存私募基金内部控制活动等方面的信息及相关资料，确保信息的完整、连续、准确和可追溯，保存期限自私募基金清算终止

第二章
申请登记相关要求

之日起不得少于 10 年。

（二）资本金要求

1. 实缴资金要求

申请机构应当确保有足够的资本金保证机构的有效运转，《登记备案办法》规定了申请机构应当财务状况良好，实缴货币资本不低于 1000 万元人民币或者等值可自由兑换货币，对专门管理创业投资基金的私募基金管理人另有规定的，从其规定。

2. 出资形式要求

根据《登记指引 1 号》第 5 条第 2 款的规定，私募基金管理人的资本金应当以货币出资，不得以实物、知识产权、土地使用权等非货币财产出资。境外出资人应当以可自由兑换的货币出资。

（三）办公场所要求

根据《登记指引 1 号》第 8 条的规定，申请机构应当具有独立、稳定的经营场所，不得使用共享空间等稳定性不足的场地作为经营场所，不得存在与其股东、合伙人、实际控制人、关联方等混同办公的情形。经营场所系租赁所得的，自提请办理登记之日起，剩余租赁期应当不少于 12 个月，但有合理理由的除外。

私募基金管理人注册地与经营地分离的，应当具有合理性并说明理由。根据《登记材料清单》的规定，注册地与经营地分离是指注册地与经营地不在中国证监会同一派出机构辖区的。

（四）财务清晰要求

根据《登记指引 1 号》的规定，申请机构应当财务清晰，具有良好的财务状况。私募基金管理人申请登记时，不应存在大额应收应付、大额未清偿负债或者不能清偿到期债务等可能影响正常经营的情形。申请机构存在大额长期股权投资的，应当建立有效隔离制度，保证私募基金财产与私募基金管理人固有财产独立运作、分别核算。申请机构与关联方存在资金往来的，应当就是否存在不正当关联交易进行说明。

申请机构在申请时应当提交财务状况的文件资料，包括经中国证监会备案的会计师事务所出具的审计报告或经审计的财务报告（含资产负债表、利润表、现金流量表等）。成立不满一年的，应当提交最近一个季度经审计的财务报告。成立满一年的，应当提交审计报告。

（五）人员要求

根据《法律意见书指引》的规定，私募基金管理人应按规定聘有开展私募基金管理业务所需的从业人员。具体从业人员要求详见下文"二、高管人员及其他从业人员相关要求"部分。

（六）外资性质特别要求

根据《登记备案办法》第14条的规定，在境内开展私募证券基金业务且外资持股比例合计不低于25%的私募基金管理人，还应当持续符合下列要求：

1. 私募证券基金管理人为在中国境内设立的公司；

2. 境外股东为所在国家或者地区金融监管部门批准或者许可的金融机构，且所在国家或者地区的证券监管机构已与中国证监会或者中国证监会认可的其他机构签订证券监管合作谅解备忘录；

3. 私募证券基金管理人及其境外股东最近3年没有受到监管机构和司法机关的重大处罚；

4. 资本金及其结汇所得人民币资金的使用，应当符合国家外汇管理部门的相关规定；

5. 在境内从事证券及期货交易，应当独立进行投资决策，不得通过境外机构或者境外系统下达交易指令，中国证监会另有规定的除外；

6. 法律、行政法规、中国证监会和中基协规定的其他要求。

有境外实际控制人的私募证券基金管理人，该境外实际控制人应当符合前款第2项、第3项的要求。

二、高级管理人员及其他从业人员相关要求

（一）高管及专职员工定义

1. 高级管理人员

根据《登记备案办法》第80条第1款的规定，私募基金管理人的高级管理人员是指公司的总经理、副总经理、合规风控负责人和公司章程规定的其他人员，以及合伙企业中履行前述经营管理和风控合规等职务的相关人员。虽不使用

第二章
申请登记相关要求

前述名称，但实际履行前述职务的其他人员，视为高级管理人员。

需要注意的是，私募基金管理人的实际控制人为自然人的，除另有规定外应当担任私募基金管理人的董事、监事、高级管理人员，或者执行事务合伙人或其委派代表。

2. 专职员工

根据《登记指引1号》第9条的规定，"专职员工"是指与私募基金管理人签订劳动合同并缴纳社保的正式员工，签订劳动合同或者劳务合同的外籍员工、退休返聘员工，以及国家机关、事业单位、政府及其授权机构控制的企业委派的高级管理人员。

（二）人员组织架构及聘用要求

1. 组织架构要求

根据《登记备案办法》及《内部控制指引》的要求，申请机构专职员工不少于5人，并且应当至少具有2名高级管理人员。

申请机构应当保持管理团队和相关人员的充足、稳定。其高级管理人员应当持续符合相关任职要求，原高级管理人员离职后，应当按照公司章程规定或者合伙协议约定，由符合任职要求的人员代为履职，并在6个月内聘任符合岗位要求的高级管理人员，不得因长期缺位影响内部治理和经营业务的有效运转。

申请机构需注意在首只私募基金完成备案手续之前，不得更换法定代表人、执行事务合伙人或其委派代表、经营管理主要负责人、负责投资管理的高级管理人员和合规风控负责人。

2. 人员聘用要求

根据《登记指引3号》的规定，申请机构聘用相关人员应当遵守下述规定：

（1）聘用从公募基金管理人、证券期货经营机构离职的负责投资管理的高级管理人员、基金经理或者投资经理，从事投资、研究、交易等相关业务，应当符合中国证监会的相关规定；

（2）聘用短期内频繁变更工作岗位的人员作为负责投资管理的高级管理人员的，应当对其诚信记录、从业操守、职业道德进行尽职调查；

（3）不得聘用挂靠人员，不得通过虚假聘用人员等方式办理私募基金管理人登记。

（三）机构人员基金从业资格要求

根据《基金法》及《登记备案办法》的规定，基金从业人员应当具备基金从业资格。不符合中国证监会和中基协规定的基金从业资格、执业条件的，不得担任私募基金管理人的法定代表人、高级管理人员、执行事务合伙人或其委派代表。

（四）机构人员专业胜任能力要求及禁入规定

1. 专业胜任能力要求

《登记备案办法》和《登记指引 3 号》规定了对申请机构的法定代表人、执行事务合伙人（委派代表）、经营管理主要责任人、合规风控负责人及负责投资管理的高级管理人员的相关工作经验要求，以及对负责投资管理的高级管理人员的投资管理业绩要求。具体要求详见表 1。

表 1 专业能力胜任要求

职务类型	任职要求
私募证券基金管理人法定代表人、执行事务合伙人或其委派代表、经营管理主要负责人	应当具有 5 年以上证券、基金、期货投资管理等相关工作经验。
私募股权基金管理人法定代表人、执行事务合伙人或其委派代表、经营管理主要负责人	应当具有 5 年以上股权投资管理或者相关产业管理等工作经验。
私募证券基金管理人负责投资管理的高级管理人员	1. 应当具有 5 年以上证券、基金、期货投资管理等相关工作经验； 2. 应当具有符合要求的投资管理业绩：最近 10 年内连续 2 年以上的投资业绩，单只产品或者单个账户的管理规模不低于 2000 万元人民币。多人共同管理的，应提供具体材料说明其负责管理的产品规模，无法提供相关材料的，按平均规模计算。
私募股权基金管理人负责投资管理的高级管理人员	1. 应当具有 5 年以上股权投资管理或者相关产业管理等工作经验。 2. 应当具有符合要求的投资管理业绩：最近 10 年内至少 2 起主导投资于未上市企业股权的项目经验，

第二章
申请登记相关要求

续表

职务类型	任职要求
私募股权基金管理人负责投资管理的高级管理人员	投资金额合计不低于 3000 万元人民币，且至少应有 1 起项目通过首次公开发行股票并上市、股权并购或者股权转让等方式退出，或者其他符合要求的投资管理业绩。
私募基金管理人合规风控负责人	应当具有 3 年以上投资相关的法律、会计、审计、监察、稽核，或者资产管理行业合规、风控、监管和自律管理等相关工作经验。

注：①《登记指引 3 号》第 4 条至第 6 条对"相关工作经验"进行了详细的列举解释，具体可参考《登记指引 3 号》的内容；②高级管理人员 24 个月内在 3 家以上非关联单位任职的，或者 24 个月内为 2 家以上已登记私募基金管理人提供相同业绩材料的，前述工作经验和投资业绩不予认可。

2. 禁入规定

《登记备案办法》及《登记指引 3 号》以负面清单的形式规定了相关人员禁入情形以及触发中基协严格审查规定的情形，具体如表 2 所示。

表 2 相关人员禁入情形以及触发中基协严格审查规定的情形

适用对象	监管措施	适用情形
私募基金管理人的法定代表人、高级管理人员、执行事务合伙人或其委派代表	加强核查	最近 3 年有下列情形之一的，中基协加强核查，并可以视情况征询相关部门意见： 1. 被中国证监会及其派出机构采取公开谴责、责令处分有关人员等行政监管措施； 2. 被中基协采取公开谴责、不得从事相关业务等纪律处分措施； 3. 在因《登记备案办法》第 25 条第 1 款第 6 项、第 8 项所列情形被终止登记的私募基金管理人担任主要出资人、未明确负有责任的高级管理人员； 4. 在因《登记备案办法》第 77 条所列情形被注销登记的私募基金管理人担任主要出资人、未明确负有责任的高级管理人员； 5. 在存在重大风险或者严重负面舆情的机构、被中基协注销登记的机构任职； 6. 需要加强核查的其他情形。

续表

适用对象	监管措施	适用情形
私募基金管理人的法定代表人、高级管理人员、执行事务合伙人或其委派代表	禁止任职	1. 最近5年从事过冲突业务； 2. 不符合中国证监会和中基协规定的基金从业资格、执业条件； 3. 没有与拟任职务相适应的经营管理能力，或者没有符合要求的相关工作经验； 4. 法律、行政法规、中国证监会和中基协规定的其他情形。
私募基金管理人的董事、监事、高级管理人员、执行事务合伙人或其委派代表	禁止任职	1. 因犯有贪污贿赂、渎职、侵犯财产罪或者破坏社会主义市场经济秩序罪，被判处刑罚； 2. 最近3年因重大违法违规行为被金融管理部门处以行政处罚； 3. 被中国证监会采取市场禁入措施，执行期尚未届满； 4. 最近3年被中国证监会采取行政监管措施或者被中基协采取纪律处分措施，情节严重； 5. 对所任职的公司、企业因经营不善破产清算或者因违法被吊销营业执照负有个人责任的董事、监事、高级管理人员、执行事务合伙人或其委派代表，自该公司、企业破产清算终结或者被吊销营业执照之日起未逾5年； 6. 因违法行为或者违纪行为被开除的基金管理人、基金托管人、证券期货交易场所、证券公司、证券登记结算机构、期货公司等机构的从业人员和国家机关工作人员，自被开除之日起未逾5年； 7. 因违法行为被吊销执业证书或者被取消资格的律师、注册会计师和资产评估等机构的从业人员、投资咨询从业人员，自被吊销执业证书或者被取消资格之日起未逾5年； 8. 因违反诚实信用、公序良俗等职业道德或者存在重大违法违规行为，引发社会重大质疑或者产生严重社会负面影响且尚未消除；对所任职企业的重大违规行为或者重大风险负有主要责任未逾3年； 9. 因《登记备案办法》第25条第1款第6项、第8项所列情形被终止私募基金管理人登记的机构的控股股东、实际控制人、普通合伙人、法定代表人、执行事务合伙人或其委派代表、负有责任的高级管理人员和直接责任人员，自该机构被终止私募基金管理人登记之日起未逾3年；

第二章
申请登记相关要求

续表

适用对象	监管措施	适用情形
私募基金管理人的董事、监事、高级管理人员、执行事务合伙人或其委派代表	禁止任职	10. 因《登记备案办法》第 77 条所列情形被注销登记的私募基金管理人的控股股东、实际控制人、普通合伙人、法定代表人、执行事务合伙人或其委派代表、负有责任的高级管理人员和直接责任人员，自该私募基金管理人被注销登记之日起未逾 3 年； 11. 所负债务数额较大且到期未清偿，或者被列为严重失信人或者被纳入失信被执行人名单； 12. 法律、行政法规、中国证监会和中基协规定的其他情形。

注：《登记指引 3 号》对部分情形作出了具体解释：①被中国证监会及其派出机构认定为不适当人选或者被中基协采取加入黑名单的纪律处分措施，期限尚未届满；②被中国证监会撤销基金从业资格或者被中基协取消基金从业资格；③其他社会危害性大，严重损害投资者合法权益和社会公共利益的情形。

（五）人员兼职限制

1. 一般员工兼职要求

根据《登记备案办法》的要求，申请机构的法定代表人、高级管理人员、执行事务合伙人或其委派代表以外的其他从业人员应当以所在机构的名义从事私募基金业务活动，不得在其他营利性机构兼职。

2. 高级管理人员、法定代表人、执行事务合伙人（委派代表）兼职要求

为维护投资者利益，严格履行"受人之托、代人理财"的义务，防范利益输送及道德风险，申请机构的法定代表人、高级管理人员、执行事务合伙人或其委派代表应当保证有足够的时间和精力履行职责，对外兼职的应当具有合理性，并遵守以下要求：

（1）不得在非关联私募基金管理人、冲突业务机构等与所在机构存在利益冲突的机构兼职；

（2）不得成为上述机构控股股东、实际控制人、普通合伙人；

（3）在关联机构兼职的应当合理分配工作精力，中基协重点关注在多家关联机构兼职的高管人员履职情况，并可以要求其说明在关联机构兼职的合理性、胜任能力、如何公平对待服务对象等；

（4）合规风控负责人不得从事投资管理业务，不得兼任与合规风控职责相冲突的职务，不得在其他营利性机构兼职。

3. 兼职豁免的情形

在对相关人员兼职限制的前提下，《登记指引3号》对认定兼职的范围进行了一定的限缩，规定下列情形不属于《登记备案办法》所指兼职的范围：

（1）在高等院校、科研院所、社会团体、社会服务机构等非营利性机构任职；

（2）在其他企业担任董事、监事；

（3）在所管理的私募基金任职；

（4）中基协认定的其他情形。

（六）诚信合规要求

申请机构的高级管理人员应当诚实守信，恪尽职守，勤勉尽责。最近3年内不存在因重大违法违规行为被金融管理部门处以行政处罚、被中国证监会采取行政监管措施或者被中基协采取纪律处分措施，情节严重。不存在因违反诚实信用、公序良俗等职业道德或者存在重大违法违规行为，引发社会重大质疑或者产生严重社会负面影响且尚未消除等情形。

三、名称及经营相关要求

（一）名称规范要求

根据《登记备案办法》及《登记指引1号》的规定，申请机构未经登记，不得使用"基金"或者"基金管理"字样或者近似名称进行私募基金业务活动，法律、行政法规另有规定的除外。

私募基金管理人应当在名称中标明"私募基金""私募基金管理""创业投资"字样。不得包含"金融""理财""财富管理"等字样，法律、行政法规和中国证监会另有规定的除外。未经批准，不得在名称中使用"金融控股""金融集团""中证"等字样，不得在名称中使用与国家重大发展战略、金融机构、知名私募基金管理人相同或者近似等可能误导投资者的字样，不得在名称中使用违背公序良俗或者造成不良社会影响的字样。

第二章
申请登记相关要求

（二）经营基本要求

1. 专业化经营原则

私募基金管理人应当遵循专业化运营的原则，不得兼营与私募基金管理无关或存在利益冲突的业务，其经营范围应当与管理业务类型一致。

私募基金管理人应当做到主营业务清晰，基金投资活动与私募基金管理人登记类型相一致，除另有规定外不得兼营或者变相兼营多种类型的私募基金管理业务。私募基金管理人开展投资顾问业务，应当符合中国证监会和中基协的要求。

2. 经营范围规范

根据《登记指引1号》第4条第1款、第3款的规定，私募基金管理人应当在经营范围中标明"私募投资基金管理""私募证券投资基金管理""私募股权投资基金管理""创业投资基金管理"等体现受托管理私募基金特点的字样，不得包含与私募基金管理业务相冲突或者无关的业务。

提请登记为私募证券基金管理人的，其经营范围不得包含"投资咨询"等咨询类字样。

3. 禁止兼营冲突业务

申请机构不得直接或间接从事民间借贷、民间融资、小额理财、小额借贷、担保、保理、典当、融资租赁、网络借贷信息中介、众筹、场外配资、房地产开发、交易平台等与私募基金管理相冲突的业务（以《登记备案办法》第80条为准）。不得通过设立子公司、合伙企业或者担任投资顾问等形式，变相开展冲突业务。

此外，根据《登记材料清单》的规定，私募证券投资基金管理人主要投资方向为债券投资，或出资人、法定代表人、执行事务合伙人或其委派代表、高级管理人员曾从事债券投资或提交债券投资业绩的，应当提交未来展业不违规从事结构化发债的承诺函。

四、出资人、实际控制人及出资相关要求

（一）主要出资人、实际控制人定义及认定

根据《登记备案办法》的规定，主要出资人的判断标准较为直接清晰，是指持有私募基金管理人25%以上股权或者财产份额的股东、合伙人。

相对而言，实际控制人的认定则更加复杂，实际控制人是指通过投资关系、协议或者其他安排，能够实际支配私募基金管理人运营的自然人、法人或者其他组织。实际控制人的具体认定路径由《登记指引2号》作出详细规定，具体可参考表3。

表3 实际控制人的认定路径

申请机构 基本情况	认定路径
公司性质的	1. 持股50%以上的； 2. 通过一致行动协议实际行使半数以上股东表决权的； 3. 通过行使表决权能够决定董事会半数以上成员当选的或者能够决定执行董事当选的。 实际控制人应当追溯至自然人、国有企业、上市公司、金融管理部门批准设立的金融机构、大学及研究院所等事业单位、社会团体法人、受境外金融监管部门监管的机构等。 通过一致行动协议安排认定实际控制人的，协议不得存在期限安排。不得通过任何方式隐瞒实际控制人身份，规避相关要求。不得滥用一致行动协议、股权架构设计等方式规避实际控制人认定，不得通过表决权委托等方式认定实际控制人。
合伙企业性质的	认定其执行事务合伙人或者最终控制该合伙企业的单位或者自然人为实际控制人； 执行事务合伙人无法控制私募基金管理人的，结合合伙协议约定的对合伙事务的表决办法、决策机制，按照能够实际支配私募基金管理人行为的合伙人路径进行认定。
政府及其授权机构控制的	实际控制人应当追溯至有效履行相关职责的相关主体，包括追溯至财政部、各地财政厅（局）或者国务院国有资产监督管理委员会、各地方政府、各地国有资产监督管理委员会等直接控股企业主体。 因层级过多或者股权结构复杂，导致前款主体无法履行实际控制人职责的，应当充分说明合理性和必要性，追溯至能够实际有效履行实际控制人责任的主体。因行政管理需要导致实际控制人认定的股权层级与行政管理层级不一致的，应当提供相关说明。

第二章
申请登记相关要求

续表

申请机构 基本情况	认定路径
私募证券基金管理人的实际控制人为境外机构的	追溯至与中国证监会签署合作备忘录的境外金融监管部门监管的机构。
私募股权基金管理人的实际控制人为境外机构或者自然人的	应当追溯至与中国证监会签署合作备忘录的境外金融监管部门监管的机构、境外上市公司或者自然人。
通过公司章程或者合伙协议、一致行动协议以及其他协议或者安排共同控制的	共同控制人签署方应当按照《登记指引2号》第11条和第12条的规定,同时穿透认定私募基金管理人的共同实际控制人。无合理理由不得通过直接认定单一实际控制人的方式规避实际控制人的相关要求。
出资分散无法认定实际控制人的	应当由占出资比例最大的出资人穿透认定并承担实际控制人责任,或者由所有出资人共同指定一名或者多名出资人,穿透认定并承担实际控制人责任,且满足实际控制人相关要求。

需注意的是,私募基金管理人的股东、合伙人、实际控制人不得通过股权或者出资份额质押、委托第三方行使表决权等方式变相转移对私募基金管理人的实际控制权。

（二）出资人和实际控制人的相关规定

1. 出资资格要求

《登记备案办法》及《登记指引2号》对私募基金管理人的出资资格作出了规定,以负面清单的形式列出了禁止情形以提高私募基金行业的准入门槛,具体要求详见表4。

表 4　私募基金管理人的出资资格要求

适用对象	监管措施	适用情形
私募基金管理人及其控股股东、实际控制人、普通合伙人、主要出资人	加强核查	最近3年有下列情形之一的，中基协加强核查，并可以视情况征询相关部门意见： 1. 被中国证监会及其派出机构采取公开谴责、限制业务活动、责令处分有关人员等行政监管措施； 2. 被中基协采取公开谴责、限制相关业务活动、不得从事相关业务等纪律处分措施； 3. 在因《登记备案办法》第25条第1款第6项、第8项所列情形被终止登记的私募基金管理人担任主要出资人、未明确负有责任的高级管理人员； 4. 在因《登记备案办法》第77条所列情形被注销登记的私募基金管理人担任主要出资人、未明确负有责任的高级管理人员； 5. 在存在重大风险或者严重负面舆情的机构、被中基协注销登记的机构任职； 6. 需要加强核查的其他情形。
私募基金管理人或私募基金管理人的控股股东、实际控制人、普通合伙人、主要出资人	禁止任职	1. 有《登记备案办法》第16条规定情形； 2. 被中基协采取撤销私募基金管理人登记的纪律处分措施，自被撤销之日起未逾3年； 3. 因《登记备案办法》第25条第1款第6项、第8项所列情形被终止办理私募基金管理人登记的机构及其控股股东、实际控制人、普通合伙人，自被终止登记之日起未逾3年； 4. 因《登记备案办法》第77条所列情形被注销登记的私募基金管理人及其控股股东、实际控制人、普通合伙人，自被注销登记之日起未逾3年； 5. 存在重大经营风险或者出现重大风险事件； 6. 从事的业务与私募基金管理存在利益冲突； 7. 有重大不良信用记录尚未修复； 8. 法律、行政法规、中国证监会和中基协规定的其他情形。

第二章
申请登记相关要求

续表

适用对象	监管措施	适用情形
私募基金管理人的股东、合伙人、实际控制人	禁止任职	1. 未以合法自有资金出资，以委托资金、债务资金等非自有资金出资，违规通过委托他人或者接受他人委托方式持有股权、财产份额，存在循环出资、交叉持股、结构复杂等情形，隐瞒关联关系； 2. 治理结构不健全，运作不规范、不稳定，不具备良好的财务状况，资产负债和杠杆比例不适当，不具有与私募基金管理人经营状况相匹配的持续资本补充能力； 3. 控股股东、实际控制人、普通合伙人没有经营、管理或者从事资产管理、投资、相关产业等相关经验，或者相关经验不足5年； 4. 控股股东、实际控制人、普通合伙人、主要出资人在非关联私募基金管理人任职，或者最近5年从事过冲突业务； 5. 法律、行政法规、中国证监会和中基协规定的其他情形。

2. 出资能力证明

根据《登记材料清单》的规定，鉴于相关规定对私募基金资本金的要求，申请机构在申请登记时，出资人需要提交相关材料说明出资人对申请机构已实缴资金的合法来源并具备相应的出资能力，出资能力材料应当能够覆盖其全部认缴出资。其中：

（1）出资人通过特殊目的载体（SPV）出资的，应当穿透至最终履行相应出资义务的主体，并按上述要求提交材料；

（2）自然人出资人的出资能力材料包括：银行账户存款或理财产品（应当提交近半年银行流水单据或金融资产证明）、固定资产（应当提交非首套房屋产权文件或其他固定资产价值评估材料）等材料；

（3）非自然人出资人的出资能力如为经营性收入，应当结合成立时间、实际业务情况、营收情况等说明收入来源的合理性与合法性，并提交审计报告等材料。

3. 出资合法性要求

出资人应当以货币出资，不得以实物、知识产权、土地使用权等非货币财产出资。境外出资人应当以可自由兑换的货币出资。

出资人应当以合法的自有资金出资，不得以委托资金、债务资金等非自有资金出资，保证资金来源真实合法，严禁股权代持。不得存在循环出资、交叉持股、结构复杂等情形，隐瞒关联关系。

4. 出资及股权转让相关要求

（1）出资架构要求

根据《登记指引2号》的规定，私募基金管理人的出资架构应当简明、清晰、稳定，不存在层级过多、结构复杂等情形，无合理理由不得通过特殊目的载体设立两层以上的嵌套架构，不得通过设立特殊目的载体等方式规避对股东、合伙人、实际控制人的财务、诚信和专业能力等相关要求。

此外，《登记材料清单》对于出资架构提出了更为明确的要求，规定申请机构，不得为规避监管要求而进行特殊出资架构设计。无合理理由不得通过特殊目的载体设立两层及以上嵌套架构，特殊情况下通过特殊目的载体设立两层及以上嵌套架构的，应当提交合理性、必要性说明材料。通过特殊目的载体间接持有申请机构股权或财产份额的，中基协按照股东、合伙人相关要求对其进行穿透核查，上述间接出资人应当提交其工作经验、诚信情况、经营情况、财务状况、是否从事冲突业务等相关材料。

需要注意的是，根据《登记指引2号》的规定，若私募基金管理人的出资人从事冲突业务的，其直接或者间接持有的私募基金管理人的股权或者财产份额合计不得高于25%。

（2）法定代表人、执行事务合伙人或其委派代表、负责投资管理的高级管理人员持股要求

根据《登记备案办法》及《登记指引1号》的规定，法定代表人、执行事务合伙人或其委派代表、负责投资管理的高级管理人员均需直接或者间接持有私募基金管理人一定比例的股权或者财产份额，且合计实缴出资不低于私募基金管理人实缴资本的20%，或者不低于《登记备案办法》第8条第1款第1项规定的私募基金管理人最低实缴资本的20%。金融机构控制、政府及其授权机构、受境外金融监管部门监管的机构控制的及其他符合规定的私募基金管理人不适用此规定。

（3）资产管理产品出资限制

为避免资产管理产品引发的股权架构不稳定的问题，《登记指引2号》规定

第二章
申请登记相关要求

了私募基金管理人的实际控制人不得为资产管理产品。主要出资人原则上不得为资产管理产品，但省级以上政府及其授权机构出资设立的私募基金管理人除外。

（4）股权转让限制

根据《登记备案办法》第20条的规定，私募基金管理人应当保持资本充足，满足持续运营、业务发展和风险防范需要，私募基金管理人的股东、合伙人不得虚假出资或者抽逃出资。私募基金管理人的控股股东、实际控制人、普通合伙人所持有的股权、财产份额或者实际控制权，自登记或者变更登记之日起3年内不得转让，但有下列情形之一的除外：

①股权、财产份额按照规定进行行政划转或者变更；

②股权、财产份额在同一实际控制人控制的不同主体之间进行转让；

③私募基金管理人实施员工股权激励，但未改变实际控制人地位；

④因继承等法定原因取得股权或者财产份额；

⑤法律、行政法规、中国证监会和中基协规定的其他情形。

5. 不得从事冲突类业务要求及竞业禁止、敏感行业要求

（1）申请机构的控股股东、实际控制人、普通合伙人、主要出资人不得在非关联私募基金管理人任职；

（2）申请机构的控股股东、实际控制人、普通合伙人、主要出资人最近5年内不得从事民间借贷、民间融资、小额理财、小额借贷、担保、保理、典当、融资租赁、网络借贷信息中介、众筹、场外配资、房地产开发、交易平台等与私募基金管理相冲突的业务（以《登记备案办法》第80条为准）；

（3）私募基金管理人的控股股东、实际控制人担任上市公司高级管理人员的，应当出具该上市公司知悉相关情况的说明材料；

（4）私募基金管理人出资行为涉及金融管理部门、国有资产管理部门等其他主管部门职责的，应当符合相关部门的规定；

（5）私募基金管理人的股东、合伙人、实际控制人在金融机构任职的，应当出具该金融机构知悉相关情况的说明材料，并符合相关竞业禁止要求。

6. 集团化运作要求

根据《登记备案办法》的规定，同一控股股东、实际控制人控制两家以上私募基金管理人的，应当：

（1）符合中国证监会和中基协的规定，具备充分的合理性与必要性，其控

的私募基金管理人应当持续、合规、有效展业；

（2）合理区分各私募基金管理人的业务范围，并就业务风险隔离、避免同业化竞争、关联交易管理和防范利益冲突等内部控制制度作出合理有效安排；

（3）建立与所控制的私募基金管理人的管理规模、业务情况相适应的持续合规和风险管理体系，在保障私募基金管理人自主经营的前提下，加强对私募基金管理人的合规监督、检查。

五、关联方相关要求

（一）关联方的定义

根据《登记指引2号》的规定，私募基金管理人的关联方包括：

1. 私募基金管理人的分支机构；

2. 私募基金管理人持股5%以上的金融机构、上市公司及持股30%以上或者担任普通合伙人的其他企业，已在中基协备案的私募基金除外；

3. 受同一控股股东、实际控制人、普通合伙人直接控制的金融机构、私募基金管理人、上市公司、全国中小企业股份转让系统挂牌公司、投资类企业、冲突业务机构、投资咨询企业及金融服务企业等；

4. 其他与私募基金管理人有特殊关系，可能影响私募基金管理人利益的法人或者其他组织。

（二）对关联方的规范要求

1. 避免同业化竞争要求

在同一控股股东、实际控制人控制两家以上私募基金管理人的情形下，很有可能在集团内引发同业化竞争、关联交易等情形，因此《登记备案办法》要求上述控股股东、实际控制人应当合理区分各私募基金管理人的业务范围，并就业务风险隔离、避免同业化竞争、关联交易管理和防范利益冲突等内部控制制度作出合理有效安排。

2. 信息披露要求

申请机构在开展基金募集、投资管理等私募基金业务活动前应当如实向中基协披露关联方工商登记信息、业务开展情况等基本信息。因人员、股权、协议安排、业务合作等实际可能存在关联关系的相关方，应当按照实质重于形式原则进

第二章
申请登记相关要求

行披露。

申请机构的关联方从事小额贷款、融资租赁、商业保理、融资担保、互联网金融、典当等冲突业务的，应当向中基协披露相关主管部门的批复文件。

申请机构与关联方存在资金往来的，应当就是否存在不正当关联交易进行说明。

3. 隔离机制要求

申请机构应当完善防火墙等隔离机制，有效隔离自有资金投资与私募基金业务，与从事冲突业务的关联方采取办公场所、人员、财务、业务等方面的隔离措施，切实防范内幕交易、利用未公开信息交易、利益冲突和利益输送。

第三章 私募基金备案相关规定

根据《监管条例》第 2 条的规定，私募基金是指在中华人民共和国境内，以非公开方式募集资金，设立投资基金或者以进行投资活动为目的依法设立公司、合伙企业，由私募基金管理人或者普通合伙人管理，为投资者的利益进行投资活动。管理人应当自私募基金募集完毕之日起 20 个工作日内，向中基协报送材料，办理备案手续。

在私募基金监管 2.0 时代的背景下，监管机构强调分类管理、扶优限劣的监管原则，对私募基金实施差异化自律管理和行业服务。中基协支持治理结构健全、运营合规稳健、专业能力突出、诚信记录良好的管理人规范发展，对其办理登记备案业务提供便利。

一、私募基金备案流程简介

私募基金备案程序分为一般程序以及"分道制+抽查制"程序，"分道制+抽查制"程序是指针对持续合规运行、信用状况良好的管理人所报备的私募基金采取"申请后公示备案，备案后抽查合规"的形式简化审核流程，目前该程序适用条件、标准较为严格，适用范围亦较为局限，故本章就更具普适性的一般程序进行介绍。

私募基金备案一般程序主要包括：申请、核查、退回补正、办结、结果公示等阶段。具体如下：

1. 申请：是指管理人通过资产管理业务综合报送平台（https：//ambers.amac.org.cn）填报私募基金相关信息、上传备案材料并提交；

第三章
私募基金备案相关规定

2. 核查：是指备案材料齐备性核查和形式合规性核查。其中，备案材料齐备性核查，指中基协按照《非证券类材料清单》/《证券类材料清单》对私募基金备案材料的齐备性进行反馈；形式合规性核查，是指在备案材料齐备的基础上核查私募基金是否符合备案相关要求；

3. 退回补正：是指经核查后，中基协就相关问题反馈补正意见，并将申请退回给管理人。管理人应按照补正意见修正相关信息、补充相关材料并再次提交；

4. 办结：是指中基协对申请备案的私募基金作出备案通过、不予备案的办理意见；

5. 结果公示：是指在中基协官网信息公示界面（https：//gs. amac. org. cn）公示备案通过的私募基金相关信息。

私募基金备案简要流程如图 1 所示：

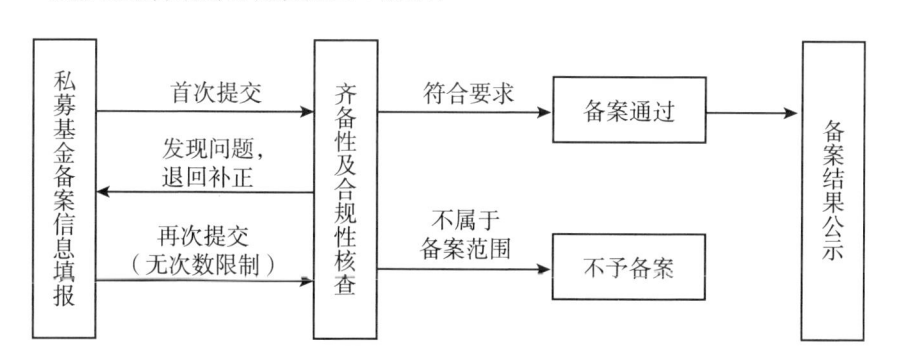

图 1　私募基金备案简要流程

此外，为鼓励创业投资基金发展，《备案指引 2 号》第 32 条规定中基协在基金备案、事项变更等方面对创业投资基金提供区别于私募股权基金的差异化自律管理服务，包括专人专岗办理、适当简化办理手续等。

原则上来讲，私募基金应当在备案完成后开展投资活动，但根据《登记备案办法》第 40 条第 3 款的规定，私募基金在中基协完成备案之前，可以以现金管理为目的，投资于银行活期存款、国债、中央银行票据、货币市场基金等中国证监会认可的现金管理工具。

二、私募基金备案核心条件

(一) 分类备案要求

1. 组织形式

根据组织形式的不同,私募基金分为公司型、合伙型和契约型,其中合伙型私募基金是目前私募基金的主要组织形式。

需要注意的是,公司型或合伙型私募基金设立或发生登记事项变更的,应当按照《公司法》或《合伙企业法》规定的程序和期限要求,向工商登记机关申请办理登记或变更登记。

2. 产品及备案类型

以业务类型、投资方向为分类依据,私募基金可分为四大类:私募证券投资基金、私募股权投资基金、创业投资基金和其他私募基金:

(1) 私募证券投资基金:指以非公开方式募集设立并以证券投资为其主营业务的私募基金;

(2) 私募股权投资基金:"Private Equity Fund",俗称"PE",是指投资未上市企业和上市企业非公开发行和交易的普通股(包含上市公司定向增发、大宗交易、协议转让等),以及可转换为普通股的优先股和可转换债等的私募基金;

(3) 创业投资基金:"Venture Capital Fund",俗称"VC",是指主要投资于未上市创业企业普通股或者依法可转换为普通股的优先股、可转换债券等权益的股权投资基金,也就是向处于创业各阶段的未上市成长型企业进行股权投资的基金;

(4) 其他私募基金:指投资除证券及其衍生品和股权以外的其他领域的基金。

中基协在资产管理业务综合报送平台系统中发布的《有关私募投资基金"基金类型"和"产品类型"的说明》在上述分类的前提下对私募基金进行了更详细的划分,具体见表5。

第三章
私募基金备案相关规定

表5　私募基金类型

分类	名称	内容
私募证券投资基金	股票类基金	投资于股票或股票型基金的资产比例高于80%（含）。
	固定收益类基金	投资于银行存款、标准化债券、债券型基金、股票质押式回购以及有预期收益率的银行理财产品、信托计划等金融产品的资产比例高于80%（含）。
	混合类基金	投资范围包括股票、债券、货币市场工具但无明确的主要投资方向。
	期货及其他衍生品类基金	主要投资于期货、期权及其他金融衍生产品、现金。
	其他类基金	上述4类产品以外的其他类私募证券投资基金。
私募股权投资基金	并购基金	主要对处于重建期企业的存量股权展开收购。
	房地产基金	从事一级房地产项目开发的私募基金，包括采用夹层方式进行投资。
	基础设施基金	投资于基础设施项目的私募基金，包括采用夹层方式进行投资。
	上市公司定增基金	主要投资于上市公司定向增发。
	其他类基金	除上述4类产品之外的私募股权投资基金。
创业投资基金	主要投资于未上市创业企业普通股或者依法可转换为普通股的优先股、可转换债券等权益的股权投资基金。	
其他私募基金	红酒艺术品等商品基金	以艺术品、红酒等商品为投资对象。
	其他类基金	除上述红酒艺术品等商品基金之外的其他类私募基金。

续表

分类	名称	内容
FOF 基金	私募证券类 FOF	主要投向证券类私募基金、信托计划、券商资管、基金专户等资产管理计划。
	私募股权类 FOF	主要投向股权类私募基金、信托计划、券商资管、基金专户等资产管理计划。
	创投类 FOF	主要投向创投类私募基金、信托计划、券商资管、基金专户等资产管理计划。
	其他私募 FOF	主要投向其他类私募基金、信托计划、券商资管、基金专户等资产管理计划。

（二）基金运作及存续期要求

1. 基金运作方式及信息披露、风险揭示

（1）运作方式

根据《基金法》第 44 条、第 45 条的规定，基金合同应当约定基金的运作方式。基金的运作方式可以采用封闭式、开放式或者其他方式。

采用封闭式运作方式的基金，是指基金份额总额在基金合同期限内固定不变，基金份额持有人不得申请赎回的基金；采用开放式运作方式的基金，是指基金份额总额不固定，基金份额可以在基金合同约定的时间和场所申购或者赎回的基金。采用其他运作方式的基金的基金份额发售、交易、申购、赎回的办法，由国务院证券监督管理机构另行规定。

（2）基金基本信息披露要求

根据《登记备案办法》第 28 条第 1 款的规定，管理人、基金销售机构向投资者募集资金，应当在募集推介材料、风险揭示书等文件中，就私募基金的管理人以及管理团队、投资范围、投资策略、投资架构、基金架构、托管情况、相关费用、收益分配原则、基金退出等重要信息，以及投资风险、运营风险、流动性风险等风险情况向投资者披露。

同时，《备案指引 1 号》第 3 条、《备案指引 2 号》第 3 条对于上述"重要信息"的内涵作了进一步阐释，具体如表 6 所示。

第三章
私募基金备案相关规定

表6　"重要信息"释义

私募证券基金募集推介材料中的"重要信息"	私募股权基金募集推介材料中的"重要信息"
①私募证券基金有多名投资经理的，应当披露设置多名投资经理的合理性、管理方式、分工安排、调整机制等内容； ②委托基金投资顾问机构提供证券投资建议服务的，应当披露基金投资顾问机构名称、投资顾问服务范围、投资顾问费用，以及更换、解聘投资顾问的条件和程序等内容； ③私募证券基金进行份额分级的，应当披露分级设计及相应风险、收益分配、风险控制等内容； ④中国证监会、中基协规定的其他内容。	①关键人士（如有）或者投资决策委员会成员（如有）； ②单一拟投项目或者首个拟投项目组合（如有）的主营业务、交易对手方（如有）、基金投资款用途、退出方式等； ③中国证监会、中基协规定的其他内容。

注：关键人士是指在基金募集、项目获取、投资决策、增值服务、投资退出等重要环节发挥关键性作用的基金管理团队核心成员。

此外，《备案指引2号》第16条对于私募股权基金需披露的投资架构进一步进行了说明，规定管理人应当向投资者披露投资架构，包含特殊目的载体（如有）、底层投资标的、基金交易对手方（如有），以及基金与特殊目的载体（如有）、特殊目的载体（如有）与交易对手方（如有）之间的划款路径等事项。

（3）风险揭示要求

根据《登记备案办法》第28条第2款的规定，有下列情形之一的，管理人应当通过风险揭示书向投资者进行特别提示：

①基金财产不进行托管；

②管理人与基金销售机构存在关联关系；

③私募基金投资涉及关联交易；

④私募基金通过特殊目的载体投向投资标的；

⑤基金财产在境外进行投资；

⑥私募基金存在分级安排或者其他复杂结构，或者涉及重大无先例事项；

⑦私募证券基金主要投向收益互换、场外期权等场外衍生品标的，或者流动性较低的标的；

⑧管理人的控股股东、实际控制人、普通合伙人发生变更，尚未在中基协完

成变更手续；

⑨其他重大投资风险或者利益冲突风险。

此外，根据《备案指引1号》第6条、《备案指引2号》第6条的规定，国务院金融监督管理机构监管的机构、国务院金融监督管理机构监管的机构依法发行的资产管理产品及私募基金可以豁免签署风险揭示书和风险调查问卷等材料。

2. 私募股权投资基金运作方式特别规定

（1）封闭式运作原则

根据《登记备案办法》第35条的规定，私募股权基金应当封闭运作，备案完成后投资者不得赎回或者退出。基金封闭运作期间的分红、进行基金份额转让、投资者减少尚未实缴的认缴出资、对有违约或者法定情形的投资者除名、替换或者退出、退出投资项目减资以及中国证监会、中基协规定的其他情形不在此列。私募股权基金开放认购、申购或者认缴，应当符合中国证监会和中基协的相关要求。

（2）基金扩募相关要求

根据《备案指引2号》第22条的规定，私募股权基金开放申购或者认缴的，应当符合下列条件（见表7）：

表7 私募股权基金扩募要求

分类	内容
扩募条件	①由私募基金托管人进行托管； ②在基金合同约定的投资期内； ③开放申购或者认缴按照基金合同约定经全体投资者一致同意或者经全体投资者认可的决策机制决策通过； ④中国证监会、中基协规定的其他条件。
扩募规模限制及除外情形	规模限制：私募股权基金开放申购或者认缴，增加的基金认缴总规模不得超过备案时基金认缴总规模的3倍。 除外情形： ①既存投资者或者新增投资者中存在社会保障基金、企业年金等养老基金；

第三章
私募基金备案相关规定

续表

分类	内容
扩募规模限制及除外情形	②既存投资者或者新增投资者中存在慈善基金等社会公益基金、保险资金或者地市级以上政府出资产业投资基金,并且前述投资者之一的实缴出资不低于1000万元; ③既存投资者和新增投资者均为首期实缴出资不低于1000万元的投资者,管理人、管理人员工直接或者间接通过合伙企业等非法人形式间接投资于本公司管理的私募股权基金,且实缴出资不低于100万元的除外; ④在中基协备案为创业投资基金,且开放申购或者认缴时,基金已完成不少于2个对早期企业、中小企业或者高新技术企业的投资; ⑤中国证监会、中基协规定的其他情形。 适用上述第3项要求的投资者为在中基协备案的私募基金以及合伙企业等非法人形式的,管理人应当穿透认定投资者是否符合上述第3项要求。
信息披露义务	增加基金认缴规模的,管理人应当依法履行信息披露义务,向投资者披露扩募资金的来源、规模、用途等信息。

注:①管理人员工是指与管理人签订劳动合同并缴纳社保的正式员工,签订劳动合同或者劳务合同的外籍员工、退休返聘员工,国家机关、事业单位、政府及其授权机构控制的企业委派的高级管理人员,以及中国证监会和中基协规定的其他从业人员;②早期企业:是指接受私募股权基金投资时,成立时间不满60个月的未上市企业;③中小企业:是指接受私募股权基金投资时,职工人数不超过500人,同时根据会计事务所审计的年度合并会计报表,年销售额不超过2亿元、资产总额不超过2亿元的未上市企业;④高新技术企业:是指接受私募股权基金投资时,依据《高新技术企业认定管理办法》(国科发火〔2016〕32号)已取得高新技术企业证书的未上市企业。(下文如有相关表述,参考此处释义)

3. 维持运作机制

根据《登记备案办法》第29条的规定,基金合同应当明确约定,管理人因失联、注销私募基金管理人登记、破产等原因无法履行或者怠于履行管理职责等情况时,私募基金变更管理人、清算等相关决策机制、召集主体、表决方式、表决程序、表决比例等相关事项。《私募基金登记备案动态》(第1期)(以下简称《动态一期》)[①] 为私募基金维持运作机制的建立提供了更为详细的指导,具体如表8所示。

---

① 参见中基协:《〈私募基金登记备案动态〉(第1期)》,载AMBERS系统2023年8月11日。

表8 维持运作机制相关条款核心要素及参考范例

条款类型	核心要素	参考范例
客观上丧失继续管理基金能力的情形界定	应在基金合同中载明管理人无法履行或者怠于履行管理人职责的具体情形,如管理人失联,主动申请注销登记或者被注销、撤销登记,被依法宣告破产等。	基金管理人无法履行或者怠于履行管理职责的情形包括:(1)基金管理人失联的;(2)被注销、撤销登记的;(3)依法解散、注销,依法被撤销、吊销营业执照、责令关闭或者被依法宣告破产的;(4)出现重大风险的;……
变更管理人、清算等决策机制	应在基金合同中载明变更管理人、清算事项的召集主体(如一定比例的基金份额持有人、管理人、托管人)、表决方式(如投票表决、书面表决等方式)、表决程序(如履行基金份额持有人大会表决程序、合伙人会议表决程序、股东会决议程序等)、表决比例(如基金份额持有人比例、有限合伙权益比例等)。	①当管理人因失联,主动申请注销登记或者被注销、撤销登记,被依法宣告破产等情形客观上丧失继续管理基金能力时,基金委托人可以按照本合同的约定召开基金份额持有人大会,将基金清算等处置方案作为审议事项进行表决。基金清算无法进行的,基金份额持有人大会就更换基金管理人事项进行表决。更换基金管理人基金份额持有人大会的召集程序、召开方式、表决方式及表决比例等相关事项参照本合同第【 】章关于基金份额持有人大会及日常机构的相关约定执行;②当管理人因失联,主动申请注销登记或者被注销、撤销登记,被依法宣告破产等情形无法履行或者怠于履行管理人职责时,则经持有有限合伙权益之全部或2/3及以上或其他比例的有限合伙人同意,应解除与该管理人之间的委托管理协议,终止该管理人的权利,经持有有限合伙权益之全部或2/3及以上或其他比例的投资者同意,可更换替任管理人。【 】个月内没有新基金管理人承接基金管理职责的,则应根据本合同第【 】章的约定终止并进入清算。

第三章
私募基金备案相关规定

续表

条款类型	核心要素	参考范例
少数投资者权益保障机制	应在基金合同中建立当私募基金按照基金合同约定已履行完变更管理人程序，但少数投资者仍不同意变更时的权益保障机制。	若本基金按照基金合同约定的程序，已经持有有限合伙权益之全部或2/3及以上或其他比例的有限合伙人同意履行完变更管理人程序，但未获少数投资者同意变更的，本基金应当制定少数投资者权益保障机制，保证公平对待所有投资者，确保基金份额权益不因管理人变更受到影响。
无法正常退出的机制安排	应在基金合同中载明管理人因失联、注销管理人登记或者出现重大风险等情形无法履行或者怠于履行职责导致私募基金无法正常退出时，为妥善处置基金财产、保护投资者合法权益建立的退出机制。如管理人、托管人、基金份额持有人大会或者持有一定份额比例以上的投资者成立专项机构或者委托会计师事务所、律师事务所等中介服务机构行使相关职权。	管理人因失联，主动申请注销登记或者被注销、撤销登记，被依法宣告破产或者出现重大风险等情形无法履行或者怠于履行职责导致私募基金无法正常退出的，经全部或2/3及以上或其他比例的投资者表决，成立专项机构，行使清理核查私募基金资产情况，制定、执行清算退出方案，管理、处置、分配基金财产，依法履行解散、清算、破产等法定程序，代表私募基金进行纠纷解决等职权。

4. 存续期

根据《登记备案办法》第36条、《备案指引1号》第10条的规定，私募基金应当约定明确的存续期（投资期＋退出期，不包括延长期），鼓励管理人设立存续期不少于7年的私募股权基金，其中：

（1）私募股权基金约定的存续期除另有规定外，不得少于5年。

（2）私募证券基金的存续期不得约定为无固定期限。

（三）管理人相关制度规范

1. 单管理人制

根据《登记备案办法》第30条的规定，管理人应当按照诚实信用、勤勉尽责的原则切实履行受托管理职责,不得将投资管理职责委托他人行使。管理人委托他人履行职责的,其依法应当承担的责任不因委托而减轻或者免除。

私募基金的管理人不得超过一家。

2. 管理人与普通合伙人的强关联关系要求

根据《登记备案办法》第34条的规定,管理人设立合伙型基金,应当担任执行事务合伙人,或者与执行事务合伙人存在控制关系或者受同一控股股东、实际控制人控制,不得通过委托其他管理人等方式规避监管规则关于管理人的相关规定。

需注意的是,《备案指引2号》第12条对上述强关联关系要求进行了一定的放松,允许合伙型私募股权基金在双普通合伙人/多普通合伙人情形下,管理人不担任合伙人的,与其中一名执行事务合伙人存在控制关系或者受同一控股股东、实际控制人控制即可。

3. 禁止转委托及专业化运营要求

根据《登记备案办法》第34条的规定,管理人不得违规委托他人行使职责。《备案指引2号》第11条重申了上述规定,强调管理人不得将资金募集、投资管理等职责委托他人行使,变相开展多管理人或者通道业务。

此外,《备案指引2号》第11条规定私募证券基金管理人或者其他类管理人不得通过担任合伙型私募股权基金的普通合伙人等方式,变相突破专业化运营要求。

(四)名称合规要求

根据《登记备案办法》第45条及《命名指引》的要求,契约型、合伙型、公司型等各类组织形式募集设立的私募基金均应有符合规定要求的名称。其中《命名指引》详细地从风险收益特征相匹配、业绩客观性、合法授权、与资产管理产品可区分性等方面对基金名称所含字样进行限制,同时强调名称必须简洁明了、足以体现基金业务类别。同时,上述规则对于契约型基金、创业投资基金的名称进行了特别强调:

1. 契约型基金名称中应当包含"私募"及"基金"字样,有分级安排的应当含有"分级"或"结构化"字样。同一管理人管理相同策略的系列契约型私募基金,在系列私募基金名称中原则上应当使用连续的中文大小写数字、阿拉伯

第三章
私募基金备案相关规定

数字或字母进行区分。

2. 创业投资基金名称应当包含"创业投资基金",或者在公司、合伙企业经营范围中包含"从事创业投资活动"字样。

此外,私募基金名称应当同时符合各类型组织命名的一般性规则,如公司型基金应当符合工商行政登记相关规定的要求。

需要注意的是,《备案指引1号》第14条规定,封闭式分级私募证券基金的名称应当包含"分级"或者"结构化"字样。而此前《命名指引》第10条中仅对契约型分级私募基金有此要求。

(五)募集行为规范要求

资金募集行为即管理人自行或委托具有基金销售业务资格的机构以非公开方式向合格投资者募集资金的行为。私募基金的资金募集应当严格依照相关法律法规、自律规则的规定进行,其中"合格投资者"及"适当性管理"为上述规则体系中较为核心的问题。由于募集行为所涉规定较为繁多,本章暂不介绍,将在第四章进行梳理。

(六)资金管理相关要求

1. 初始实缴募集资金规模

根据《登记备案办法》第33条的规定,私募基金应当具有保障基本投资能力和抗风险能力的实缴募集资金规模。私募基金初始实缴募集资金规模除另有规定外应当符合下列要求(见表9)。

表9 私募基金初始实缴募集资金规模要求

分类	内容
私募证券投资基金	不低于1000万元人民币。
私募股权投资基金	不低于1000万元人民币。
创业投资基金	备案时首期实缴资金不低于500万元人民币,但应当在基金合同中约定备案后6个月内完成符合不低于1000万元人民币初始募集规模的实缴出资。
投向单一标的的私募基金	不低于2000万元人民币。

注:契约型私募基金份额的初始募集面值应当为1元人民币,在基金成立后至到期日前不得擅自改变。

需注意的是，根据《备案指引1号》第7条、《备案指引2号》第7条的规定，单个投资者对私募基金的首次出资金额不得低于合格投资者最低出资要求（100万元），但下列投资者除外（见表10）：

表10　单个投资者首次出资最低限额要求例外情形

私募证券基金	私募股权基金
①社会保障基金、企业年金等养老基金，慈善基金等社会公益基金； ②投资于所管理私募证券基金的管理人及其员工； ③中国证监会、中基协规定的其他投资者。	①社会保障基金、企业年金等养老基金，慈善基金等社会公益基金； ②保险资金； ③地市级以上政府出资产业投资基金； ④投资于所管理私募股权基金的管理人及其员工； ⑤中国证监会、中基协规定的其他投资者。

《备案指引2号》第7条特别强调，私募股权基金备案后，管理人不得允许投资者以抽逃出资或者虚假出资为目的，通过向私募股权基金借款等方式规避最低出资要求。

2. 资金托管要求

（1）鼓励托管原则

根据《监管条例》第15条及《登记备案办法》第32条的规定，除基金合同另有约定外，私募基金财产应当由私募基金托管人托管，并且私募基金的托管人不得超过一家。私募基金财产不进行托管的，应当明确保障私募基金财产安全的制度措施和纠纷解决机制。私募基金进行托管的，基金托管人应当为依法设立并具有基金托管业务资格的商业银行或者其他金融机构。

《备案指引1号》第21条对不进行托管的私募证券基金所需的合同约定提出了进一步的要求，明确需设置能够切实履行安全保管基金财产职责的基金份额持有人大会日常机构等制度措施。

基金托管人名单可通过中基协官方网站进行查询（查询地址为：http://www.amac.org.cn；查询路径为：点击"信息公示"—"机构公示"—"基金托管机构公示"）。

第三章
私募基金备案相关规定

（2）强制托管情形

原则上私募基金并不强制要求托管，但在一些交易结构比较复杂的情形，为保障资金安全，《备案指引2号》第21条特别强调应当进行托管，主要包括：

①私募股权基金的组织形式为契约型，但按照基金合同约定设置能够切实履行安全保管基金财产职责的基金份额持有人大会日常机构等制度措施的除外；

②通过特殊目的载体开展投资的；

③法律、行政法规、中国证监会和中基协规定的其他情形；

④《政府出资产业投资基金管理暂行办法》《政府投资基金暂行管理办法》规定的政府出资产业投资基金、政府投资基金应托管。

同时，私募股权基金通过特殊目的载体开展投资的，托管人应当持续监督私募股权基金与特殊目的载体的资金流向，事前掌握资金划转路径，事后获取并保管资金划转及投资凭证。管理人应当及时将投资凭证交付托管人。

3. 募集监督要求

根据《备案指引1号》第8条、《备案指引2号》第8条的规定，管理人或者基金销售机构应当按照中国证监会和中基协的规定，与募集监督机构签署募集监督协议，明确约定私募基金募集结算资金专用账户的控制权、责任划分以及保障资金划转安全等事项。

同时《备案指引2号》第24条明确规定，私募股权基金的财产账户应当以基金名义开立，管理人不得使用自己或者他人名义为私募股权基金开立账户和接收出资，不得使用基金财产为自己或者他人垫付资金。

4. 禁止资金池业务形式

《关于加强私募基金监管的若干规定》第9条规定管理人及其从业人员从事私募基金业务，应当对不同私募基金单独管理、单独建账、单独核算，不得将其固有财产、他人财产混同于私募基金财产，不得将不同私募基金财产混同运作，或者不公平对待不同私募基金财产；不得开展或者参与具有滚动发行、集合运作、期限错配、分离定价等特征的资金池业务；严禁私募基金收益不与投资项目的资产、收益、风险等情况挂钩，包括不按照投资标的实际经营业绩或者收益情况向投资者分红、支付收益等；不得直接或者间接侵占、挪用私募基金财产（见表11）。

表 11　资金池业务典型违规操作

分类	内容
短募长投、期限错配	备案基金存在基金投资人，且备案基金的到期日晚于该基金投资人的到期日，将募集的短期资金投放到长期的债权或股权项目。
分离定价	未按照规定合理确定私募基金估值，脱离对应标的资产的实际收益率及底层资产实际经营状况进行分离定价。
滚动发行	私募基金未实际投资于约定的目标资产而系以后续发行基金的资金向前期发行基金的投资者兑付投资本金及/或收益，或者单只私募基金不能按时退出收回投资本金和收益，通过开放后续募集的方式引入后期投资者替换前期投资者。
集合运作	包括基金财产与非基金财产的混同以及不同基金之间的混同运作。私募基金未单独管理、单独建账、独立核算，特定单只基金的财产与底层资产无法明确对应。

需要注意的是，《备案指引 2 号》第 17 条对于私募股权基金期限错配事项提出了进一步要求，强调管理人应当合理确定私募股权基金所投资资产的期限，加强流动性风险管理。私募股权基金投资资产管理产品、其他私募股权基金，或者接受其他私募股权基金投资的，私募股权基金的到期日应当不早于下层资产管理产品、私募股权基金的到期日 6 个月以上，不晚于上层私募股权基金的到期日 6 个月以上。但有下列情形之一的除外：

①上层基金全体投资者一致同意期限错配事项；

②本基金承担国家或者区域发展战略需要；

③上层基金为规范运作的母基金；

④上层基金投资者中有社会保障基金、企业年金等养老基金，保险资金或者地市级以上政府出资产业投资基金等；

⑤中国证监会、中基协规定的其他情形。

（七）投资范围、基金运营及关联交易规范

1. 投资范围限定

根据《登记备案办法》第 31 条、第 45 条，《备案指引 1 号》第 12 条及《备案指引 2 号》第 13 条的规定，私募基金投资范围应当符合监管规定，并在基金

第三章
私募基金备案相关规定

合同中对必要事项作出约定。中基协重点关注基金合同约定的投资范围是否符合各类型私募基金投资范围要求，同时，《关于加强私募基金监管的若干规定》第8条以负面清单的形式列出了私募基金禁止投资的范围，具体要求详见表12。

表12 私募基金投资范围要求

基金类型	投资范围	基金合同必要约定事项	禁止投资范围
私募证券投资基金	主要包括股票、债券、期货合约、期权合约、证券类基金份额以及中国证监会认可的其他资产。	①投资策略与基金的风险收益特征；②调整投资范围或者投资比例限制时应当履行的变更程序，并设置临时开放日允许投资者赎回；③中国证监会、中基协规定的其他内容。	①国家禁止或者限制投资的项目，不符合国家产业政策、环境保护政策、土地管理政策的项目；②借（存）贷、担保、明股实债等非私募基金投资活动，但是私募基金以股权投资为目的，按照合同约定为被投企业提供一年期限以内借款、担保除外（以股权投资为目的，为被投企业提供借款、担保的，基金合同需明确约定借款或者担保的期限、到期日及投资比例，其中借款或者担保期限不超过一年，到期日不晚于股权投资退出日，借款或者担保余额不超过私募股权、创业投资基金实缴金额的20%）；③保理资产、融资租赁资产、典当资产等类信贷资产、股权或其收（受）益权；④金融资产交易中心发行的产品；
私募股权投资基金	主要包括未上市企业股权、上市公司非公开发行或交易的股票、可转债、市场化和法治化债转股、股权类基金份额，以及中国证监会认可的其他资产。	主要投资行业、投资地域、投资阶段、投资集中度等。	
创业投资基金	限于未上市企业，但所投资企业上市后基金所持股份的未转让部分及其配售部分除外。鼓励创业投资基金投资早期企业、中小企业和高新技术企业。		

续表

基金类型	投资范围	基金合同必要约定事项	禁止投资范围
创业投资基金	除中国证监会和中基协另有规定外，创业投资基金不得直接或者间接投资下列资产：①不动产（含基础设施）；②首发企业股票、存托凭证；③上市公司可转换债券和可交换债券；④公开募集基础设施证券投资基金份额；⑤资产支持证券；⑥上市公司股票，但所投资公司上市后基金所持股份的未转让及其配售部分除外。		⑤首发企业股票（战略配售和港股基石投资除外）；⑥上市公司股票（向特定对象发行、大宗交易、协议转让、所投资的企业上市后参股企业所持股份的未转让部分及其配售部分除外）；⑦从事承担无限责任的投资；⑧法律、行政法规和中国证监会禁止的其他投资活动；⑨分级私募证券基金不得投资其他分级或者结构化金融产品。

需注意的是，基金通过可转债方式投资的，中基协重点关注基金合同是否明确约定借款期限、借款利率、转股条件等内容，是否变相从事债权业务。如基金合同未明确约定，将关注是否上传包含以上内容的说明材料。

同时，《备案指引2号》第13条对私募股权基金不同资产投资作出了进一步要求，具体如表13所示。

表13 私募股权基金投资规范要求

投资资产类型	规范要求
未上市企业股权	应当符合《登记备案办法》第41条的规定，不得变相从事信贷业务、经营性民间借贷活动，不得投向从事保理、融资租赁、典当等与私募基金相冲突业务的企业股权，不得投向国家禁止或者限制投资以及不符合国家产业政策、环境保护政策、土地管理政策的企业股权。

第三章
私募基金备案相关规定

续表

投资资产类型	规范要求
首发企业股票、存托凭证	应当通过战略配售、基石投资（港股等境外市场）等方式，不得参与网下申购和网上申购。
上市公司股票	应当通过定向增发、大宗交易和协议转让等方式，不得参与公开发行或者公开交易，但所投资公司上市后基金所持股份的未转让及其配售部分和所投资公司在北京证券交易所上市后基金增持部分除外。
上市公司可转换债券和可交换债券	应当通过非公开发行或者非公开交易的方式。
公开募集基础设施证券投资基金份额	应当通过战略配售、网下认购和非公开交易等方式，不得参与面向公众投资者的发售和竞价交易。
资产支持证券	限于不动产持有型资产支持证券。
区域性股权市场可转债	投资金额应当不超过基金实缴金额的20%。

此外，《备案指引2号》第14条规定了私募股权基金附转股权的债权投资：除《关于加强私募基金监管的若干规定》规定的借款外，私募股权基金以股权投资为目的，对被投企业进行附转股权的债权投资的，约定的转股条件应当科学、合理、具有可实现性，与被投企业或者其关联方的股权结构、商业模式、经营业绩、上市进度、知识产权和核心人员等相挂钩。满足转股条件的，应当及时将债权转为股权，并办理对被投企业或者其关联方的股权确权手续。未选择转股的，应当按照基金合同约定征得投资者同意或者向投资者披露未转股原因。私募股权基金不得利用附转股权的债权投资变相从事借贷活动。

2. 基金运营规范

（1）禁止刚性兑付

刚性兑付一直是国家明令禁止的行为，早在2018年，《资管新规》第2条就明确规定资产管理业务是金融机构的表外业务，金融机构开展资产管理业务时不得承诺保本保收益。出现兑付困难时，金融机构不得以任何形式垫资兑付。之后《全国法院民商事审判工作会议纪要》（以下简称《九民纪要》）也确立了信托公司、商业银行等金融机构作为资产管理产品的受托人与受益人订立的含有保证本息固定回报、保证本金不受损失等保底或者刚兑条款无效①。

在私募基金法规体系中，《登记备案办法》第 27 条第 2 款规定管理人及其股东、合伙人、实际控制人、关联方和基金销售机构，以及前述机构的工作人员不得以任何方式明示或者暗示基金预期收益率，不得承诺或者误导投资者投资本金不受损失或者限定损失金额和比例，或者承诺最低收益。

同时，《备案指引 1 号》第 16 条规定，管理人及私募证券基金不得通过设置增强资金、费用返还等方式调节基金收益或者亏损，不得以自有资金认购的基金份额先行承担亏损的方式提供风险补偿。

（2）禁止投资单元

《备案指引 1 号》第 15 条、《备案指引 2 号》第 10 条规定管理人不得在私募基金内部设立由不同投资者参与并投向不同资产的投资单元或者基金子份额，规避备案义务，不公平对待投资者。投资单元设置通常有横向份额分割式以及纵向阶段划分式，具体详见图 2、图 3。

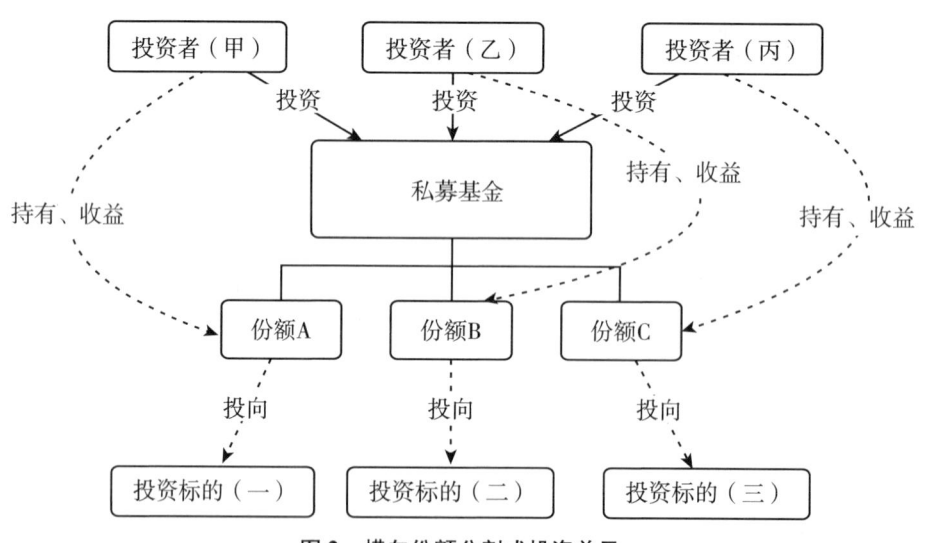

图 2　横向份额分割式投资单元

---

① 《九民纪要》第 92 条规定：信托公司、商业银行等金融机构作为资产管理产品的受托人与受益人订立的含有保证本息固定回报、保证本金不受损失等保底或者刚兑条款的合同，人民法院应当认定该条款无效。受益人请求受托人对其损失承担与其过错相适应的赔偿责任的，人民法院依法予以支持。实践中，保底或者刚兑条款通常不在资产管理产品合同中明确约定，而是以"抽屉协议"或者其他方式约定，不管形式如何，均应认定无效。

第三章
私募基金备案相关规定

①横向份额分割式

横向份额分割式投资单元指对于同期进入同一私募基金的投资者，不同投资者的资金分别投入不同的目标资产，并基于各自所投目标资产独立进行收益分配或损失承担。

②纵向阶段划分式

纵向的投资单元指对于不同期（含封闭运作基金的扩募期）进入同一私募基金的投资者，各期投资者的资金仅投入其进入当期的目标资产，并基于各自所投目标资产独立进行收益分配或损失承担。

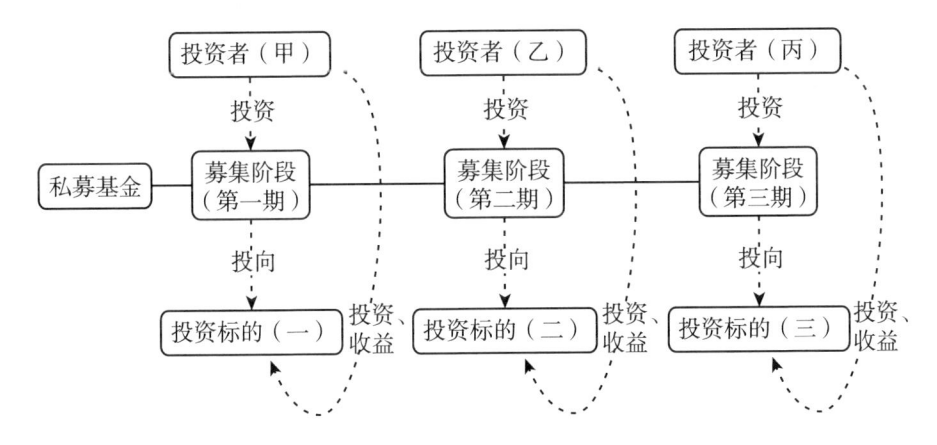

图 3　纵向阶段划分式投资单元

无论何种模式，其本质都是通过基金内部安排，从而达到规避备案监管义务，存在差异化对待投资者的现象。

值得注意的是，《备案指引 2 号》第 10 条允许了私募股权基金因投资排除等机制导致的投资单元形式存在。投资排除机制亦可称为投资豁免安排，通常是指投资者因客观原因、政策限制等特殊因素无法参与某一具体项目投资，如私募基金后续投资者不参与基金前期已投项目。

（3）组合投资原则

《登记备案办法》第 28 条第 3 款明确规定私募基金投向单一标的、未进行组合投资的，管理人应当特别提示风险，对投资标的的基本情况、投资架构、因未进行组合投资而可能受到的损失、纠纷解决机制等进行书面揭示，并由投资者签署确认。《备案指引 2 号》第 23 条亦重申了此规定。

此外,《动态一期》中给出了单一标的投资的示范条款:

> **示范条款:**
>
> 当本合伙企业可能仅投资于单一的投资项目,该项目中投资标的的名称为【】,本项目具体情况为【主营业务、发展情况等】,通过【直接投资或SPV 等间接投资】方式进行投资,存在投资过于集中的风险,可能存在单一项目投资失败的风险,可能导致本基金的本金及收益损失。根据基金合同第【】章约定,如因基金合同引起的及与基金合同有关的一切争议(包括因投资于单一投资标的产生的争议),首先应由相关各方之间通过友好协商解决,如相关各方不能协商解决,则应提交【】处理。

(4) 基金杠杆要求

《资管新规》第 20 条规定了资产管理产品应当设定负债比例(总资产/净资产)上限,私募基金杠杆倍数不得超过监管部门规定的杠杆倍数要求。

私募基金杠杆通常通过负债或分级两种形式来实现。需注意的是,《登记备案办法》第 45 条第 2 款第 3 项明确规定,创业投资基金不使用杠杆融资,但国家另有规定的除外。

①负债杠杆

负债杠杆是指私募基金募集后,通过拆借、质押回购等负债行为增加投资杠杆,负债杠杆限制要求如表 14 所示。

表 14 私募基金负债杠杆限制

类型	杠杆限制
私募基金	总资产不得超过该产品净资产的 200%。
分级私募基金	总资产不得超过该产品净资产的 140%。

注:计算单只产品的总资产时应当按照穿透原则合并计算所投资资产管理产品的总资产。金融机构不得以受托管理的资产管理产品份额进行质押融资,放大杠杆。

②分级杠杆

分级杠杆是指私募基金根据所投资资产的风险程度设定分级比例(优先级份额/劣后级份额,中间级份额计入优先级份额),由优先级份额投资者向劣后级份

第三章
私募基金备案相关规定

额投资者提供一定的风险补偿,收益分配不按份额比例计算,由基金合同另行约定。分级杠杆限制要求如表 15 所示。

表 15 私募基金分级杠杆限制

类型	杠杆限制
开放式私募基金	不得进行份额分级。
固定收益类基金	分级比例不得超过 3∶1。
权益类基金	分级比例不得超过 1∶1。
商品及金融衍生品类基金、混合类基金	分级比例不得超过 2∶1。

发行分级私募基金的管理人应当对该分级私募基金进行自主管理,不得转委托给劣后级投资者。

分级资产管理产品不得直接或者间接对优先级份额认购者提供保本保收益安排。

此外,中基协明确强调对于分级私募基金中关注是否设置极端的优先级与劣后级收益分配比例,是否遵循利益共享、风险共担、风险与收益相匹配的原则,《备案指引 1 号》第 13 条、《备案指引 2 号》第 15 条也对私募基金杠杆作出了要求,具体如表 16 所示。

表 16 分级私募基金备案关注要点

类型	原则性要求	份额权益规范
分级私募证券投资基金	公平对待各基金份额持有人。基金合同应当明确约定基金份额类别的划分标准等相关要素,对不同份额类别可以设置差异化的认(申)购费率、赎回费率、管理费率、销售服务费率及业绩报酬计提比例等,不得设置差异化的开放日、封闭期、份额锁定期、业绩报酬计提基准。	同级份额享有同等权益、承担同等风险,若存在中间级份额,中间级份额应当计入优先级份额。
		优先级份额投资者获取收益或者承担亏损的比例不得低于 30%。
		劣后级份额投资者获取收益或者承担亏损的比例不得高于 70%。
		不得直接或者间接对优先级份额投资者提供保本保收益安排。

续表

类型	原则性要求	份额权益规范
分级私募股权投资基金（主要投资首发企业股票、存托凭证、上市公司股票、上市公司可转换债券和可交换债券、公开募集基础设施证券投资基金份额、资产支持证券的）	私募股权基金采用分级安排的，管理人应当向投资者充分披露私募股权基金的分级设计、完整的风险收益分配情形等信息。	分级私募股权基金若存在中间级份额，计算杠杆、收益或者亏损比例时，中间级份额应当计入优先级份额。
		优先级与劣后级的比例不得超过1:1。
		优先级份额投资者获取收益或者承担亏损的比例不得低于30%。
		劣后级份额投资者获取收益或者承担亏损的比例不得高于70%。

（5）管理费合理化要求

根据《备案指引1号》第18条、《备案指引2号》第19条的规定，管理人应当设置合理的管理费。管理人以外的其他主体不得收取管理费。管理人不得通过约定管理费返还等方式，变相向投资者提供保本保收益安排。其中：

①私募证券基金的管理费应当综合考虑投资范围、投资策略、产品结构等因素；

②私募股权基金管理人不收取管理费或者管理费明显低于管理基金成本的，应当具有合理性，并在提请办理备案时提供相关说明。

（6）运营费用明确化、关联化要求

根据《备案指引1号》第17条、《备案指引2号》第18条的规定，基金合同应当约定私募基金各项费用的计费标准、计费时点、计提方式、计提频率等相关事项。从私募基金财产中支出的费用应当与基金运营、服务直接相关，不得支出与基金运作无关的费用。

此外，《备案指引2号》第10条第1款特别指出，私募股权基金的架构应当清晰、透明，不得通过设置复杂架构、多层嵌套等方式规避监管要求，收取不合理费用。管理人应当向投资者充分披露投资架构及投资者承担的费用等有关信息。

第三章
私募基金备案相关规定

3. 关联交易规范

关联交易是指私募基金与管理人、投资者、管理人管理的私募基金、同一实际控制人下的其他管理人管理的私募基金或者与上述主体有其他重大利害关系的关联方发生的交易行为。

根据《登记备案办法》第38条的规定，管理人应当建立健全关联交易管理制度，在基金合同中明确约定关联交易的识别认定、交易决策、对价确定、信息披露和回避等机制。关联交易应当遵循投资者利益优先、平等自愿、等价有偿的原则，不得隐瞒关联关系，不得利用关联关系从事不正当交易和利益输送等违法违规活动。私募股权基金管理人应当在经审计的私募股权基金年度财务报告中对关联交易进行披露。

此外，《动态一期》总结了上述关联交易规范核心条款要素以及提供了相应的参考范例，具体如表17所示。

表17 关联交易相关条款核心要素及参考范例

条款类型	核心要素	参考范例
识别认定	应当根据基金的实际情况进行清晰、具体的阐述，包括属于关联交易的情形，也包括不属于关联交易的情形，以及不构成法定关联方或关联交易但存在利益冲突应适用关联交易机制的情形。关联交易的识别认定不得排除或豁免明显具有潜在利益输送可能性的交易类型。	关联交易是指本基金与管理人、投资者、管理人管理的私募基金、同一实际控制人下的其他管理人管理的私募基金，或者与上述主体有其他重大利害关系的关联方发生的交易行为。具体包括：①向普通合伙人、管理人及其控股股东、实际控制人、关键人士或其关联方进行投资；②收购普通合伙人、管理人及其控股股东、实际控制人或其关联方正在管理的其他基金已投资的项目；……。为免疑义，各方进一步确认，以下情况不属于关联交易：①合伙企业向普通合伙人、管理人或其关联方投资的投资项目增资或购买股权（份）时，非领投方，且存在第三方定价的；②合伙企业与平行投资实体联合投资，合伙企业接受联接投资载体投资或合伙企业投资于投资持有实体的；……

续表

条款类型	核心要素	参考范例
交易决策	应在基金合同中载明交易决策的主体、决策流程，或指明参照基金合同以及管理人内部制度中约定的具体流程。	①【顾问委员会/合伙人会议】就基金中可能存在的关联交易情形，普通合伙人将在第一时间向全体合伙人进行披露，同时按照本协议的规定将有关关联交易事项提交给【顾问委员会/合伙人会议】进行审议（存在利益冲突的相关方需回避表决）。关联交易事项的表决需经【全部或2/3及以上或其他比例】非关联合伙人通过而生效；②合伙企业在进行关联交易前应获得【咨询委员会】的批准（与该事项具有关联关系的委员有权参加咨询委员会会议，但应在表决时回避，不享有就关联交易事项的表决权），关联交易表决等相关事项参照本合同第【】章的相关约定执行。
对价确定	应在基金合同中载明对价确定的处理原则或影响因素、定价方法。	关联交易定价应当公允，参照下列原则执行：①交易事项执行政府定价的，可以直接适用该价格；②交易事项实行政府指导价的，可在政府指导价的范围内合理确定交易价格；③交易事项有可比的独立第三方（如公开市场报价）的市场价格或收费标准的，可以优先参考该价格或标准确定交易价格；……
信息披露	应在基金合同中载明关联交易的信息披露义务、方式。	本基金将进行可能对投资者利益产生重大影响的关联交易的，管理人应当在进行关联交易前及时告知全体投资者，并在必要情况下指定相应开放日（含临时开放日）供不同意该关联交易的投资者赎回。在关联交易期间或交易完成后，管理人应当向投资者充分披露关联交易信息。本基金在经审计的私募基金年度财务报告中对关联交易进行披露。
回避机制	应在基金合同中载明涉及利益冲突的表决回避机制。	与该事项具有关联关系的【委员/合伙人】有权参加【顾问委员会/合伙人会议】，但应在表决时回避，不享有就关联交易事项的表决权，该项表决由其他无需回避的【全部或2/3及以上或其他比例】的【委员/合伙人】投赞成票方为通过。

第三章
私募基金备案相关规定

（八）业绩报酬计提规范要求

《备案指引 1 号》第 19 条、《备案指引 2 号》第 20 条对私募基金的业绩报酬计提作出了规范要求，其中证券类基金的计提规范较为严格，业绩报酬计提规范具体如表 18 所示。

表 18　私募基金业绩报酬计提规范要求

基金类型	原则性要求	具体规范要求
私募股权基金	业绩报酬计提应当清晰、合理，与基金实际表现相挂钩。	不得采取在特定基准线以上 100% 计提等类似存款计息的计提方式。
私募证券基金	业绩报酬计提应当与私募证券基金的存续期限、收益分配和投资运作特征相匹配，单只私募证券基金只能采取一种业绩报酬计提方法，保证公平对待投资者。鼓励管理人在投资者持有基金份额期间不计提业绩报酬，以投资者赎回份额或者基金清算时的净值为基准计提业绩报酬。	①计提比例：不得超过业绩报酬计提基准以上投资收益的 60%；②间隔期：连续两次计提业绩报酬的间隔期不应短于 6 个月。在投资者赎回基金份额时或者在私募证券基金清算时计提业绩报酬的，可以不受前述间隔期的限制；③超基准计提要求：管理人按照基金合同约定的计提比例、计提时点、计提频率和计提方法对基金业绩超出计提基准的部分计提业绩报酬的，应当以投资者取得正收益为前提，但同时符合下列条件的除外：i 以获取基于指数的超额收益为目标，将业绩报酬计提基准设置为某个指数，并采用紧盯该指数的投资策略；ii 仅在投资者赎回或者基金清算时计提业绩报酬；iii 在募集推介材料及基金合同的醒目位置明确提示投资者可能会在亏损的情况下计提业绩报酬。

（九）各类基金特殊备案要求

1. 私募证券投资基金（含 FOF）特殊备案要求

（1）开放要求和投资者申赎管理

根据《备案指引 1 号》第 11 条的规定，开放式私募证券基金的基金合同应当设置固定开放日，明确投资者认（申）购、赎回时间、频率、程序以及限制事项。未按照基金合同约定征得投资者同意，管理人不得擅自更改投资者认（申）

购、赎回时间、频率、程序以及限制事项。

私募证券基金设置临时开放日的，应当在基金合同中明确约定临时开放日的触发条件仅限于因法律、行政法规、监管政策调整、合同变更或解除等情形，不得利用临时开放日进行申购。管理人应当在临时开放日前2个交易日通知全体投资者。

（2）投资经理规定

根据《备案指引1号》第20条的规定，投资经理应当具有股票、债券、衍生品、证券投资基金等证券投资领域的投资管理或者研究经验，具备良好的诚信记录和职业操守。

基金合同应当明确约定投资经理及其变更程序。投资经理发生变更的，应当按照基金合同约定履行相关变更程序后将变更情况及时告知投资者，并设置临时开放日允许投资者赎回。

2. 私募股权投资基金（含FOF）特殊备案要求

（1）股权确权

管理人运用基金财产进行股权投资，或者持有的被投企业股权、财产份额发生变更的，应当根据《公司法》《合伙企业法》等法律法规的规定，及时采取要求被投企业更新股东名册、向登记机关办理登记或者变更登记等合法合规方式进行投资确权。

（2）利益冲突防范

根据《备案指引2号》第25条的规定，管理人应当公平地对待其管理的不同私募股权基金财产，有效防范私募股权基金之间的利益输送和利益冲突，不得在不同私募股权基金之间转移收益或者亏损。在已设立的私募股权基金尚未完成认缴规模70%的投资（含为支付基金税费的合理预留）之前，除经全体投资者一致同意或者经全体投资者认可的决策机制决策通过外，管理人不得设立与前述基金的投资策略、投资范围、投资阶段、投资地域等均实质相同的新基金。

三、私募基金的备案时间节点

根据《登记备案办法》第39条的规定，管理人应当在私募基金募集完毕后20个工作日内通过AMBERS系统申请私募基金备案，并签署备案承诺函承诺已完成募集，承诺已知晓以私募基金名义从事非法集资所应承担的刑事、行政和自律后果，并保证私募基金备案所提供的所有备案材料及信息真实、准确、完整，不存在任何虚假记载、误导性陈述或重大遗漏。

其中，"募集完毕"是指私募基金的已认缴投资者已签署基金合同，且首期实缴募集资金已进入托管账户等基金财产账户。单个投资者首期实缴出资除另有规定外，不得低于合格投资者的最低出资要求。

此外，考虑到部分募资的复杂性及程序要求，《备案指引2号》第26条第1款放宽了部分情形下提请备案的时限要求，具体如下：

1. 实缴规模不低于1000万元；

2. 由私募基金托管人进行托管；

3. 投资范围符合《登记备案办法》第31条和《备案指引2号》第13条的要求；（详见第三章"投资范围限定"部分）

4. 《登记备案办法》和《备案指引2号》关于私募股权基金备案的其他要求。

同时，《备案指引2号》第26条第2款规定了上述情况的最长备案时限：私募股权基金募集完成后3个月内，管理人未提请办理备案手续，或者自退回补正之日起3个月内未重新报送备案材料的，中基协不予办理私募基金备案。所管理的私募股权基金被中基协不予办理备案的，管理人应当及时告知投资者，解除或者终止基金合同和委托管理协议，妥善处置基金财产，及时清算并向投资者分配。

此外，为督促管理人尽快处理超限基金，《备案指引2号》第26条第3款规定管理人未按要求提请办理基金备案手续的，在未完成相关基金备案或者整改前，中基协不予办理其他基金备案。

四、私募基金的备案平台与备案材料

（一）备案平台

私募基金采取线上备案的模式进行，管理人应当通过AMBERS系统（登录网址为：https://ambers.amac.org.cn）进行私募基金备案。

登录系统后，管理人需选择"基金类型"，填写"管理人信息""基本信息""结构化信息＆杠杆信息""募集信息""合同信息""托管及外包服务机构信息""投资经理或投资决策人信息""投资者信息"并上传相关备案材料（见下文），以完成私募基金的备案。各项信息填报注意事项可参考中基协在其官方网站上传的《资产管理业务综合报送平台管理人登记培训课件》（登录网址为：http：//www.amac.org.cn/；获取路径为：点击"业务服务"—"私募基金业务"—"登记备案"—"私募基金业务系统培训课件"）。

（二）备案材料

1. 备案材料类目及简要释义

私募基金备案材料和信息应当真实、准确、完整，不存在任何虚假记载、误导性陈述或重大遗漏。根据《登记备案办法》第39条的规定，办理备案手续的材料包括：（1）基金合同；（2）托管协议或者保障基金财产安全的制度措施相关文件；（3）募集账户监督协议；（4）基金招募说明书；（5）风险揭示书以及投资者适当性相关文件；（6）募集资金实缴证明文件；（7）投资者基本信息、认购金额、持有基金份额的数量及其受益所有人相关信息；（8）中国证监会、中基协规定的其他材料。实践中，《私募投资基金备案业务办理》[①] 更详尽地对私募基金备案申请材料进行了罗列和简单释义如表19所示。

表19 申请材料目录

类型	主要内容
管理人信息	主要包括管理人名称（全称）、管理人组织机构代码、登记编号等信息。
基本信息	主要包括产品名称（全称）、基金成立日期、基金到期日、普通合伙人/执行事务合伙人（名称）、实缴出资额（万元）、认缴出资额（万元）、是否仅投资单一标的、主要投资方向等信息。
结构化信息/杠杆信息	主要包括是否为结构化产品等信息。
募集信息	主要包括募集机构、募集结算资金专用账户、募集行为程序确认、向投资者揭示基金风险、相关风险提示是否获得投资者承诺等信息。

---

① 参见中基协：《【登记备案事项服务指南】私募投资基金备案业务办理》，载中基协网站2023年11月29日，https：//www.amac.org.cn/fwdt/wyb/jgdjhcpbeian/smjjglrdjhcpba/fwzn/202206/t20220624_19657.html。

续表

类型	主要内容
合同信息	主要包括基金存续期限、投资范围、管理费、托管费、业绩报酬等信息。
托管及外包服务机构信息	主要包括托管相关信息、基金财产银行账户信息、外包机构信息、投资顾问信息等信息。
投资经理或投资决策人信息	主要包括姓名、证件类型、证件号码、担任本产品投资经理的起始时间等信息。
投资者信息	主要包括投资者名称、有效证件号码、合伙人类型、认缴金额（万元）、实缴金额（万元）等信息。
相关上传附件	详见《非证券类材料清单》/《证券类材料清单》。

私募基金应当在申请备案时将上述材料以电子文件形式准备齐全，并上传至AMBERS系统，上传备案材料的名称应当与备案材料内容标题一致，上传备案材料的命名规则为"私募基金全称—备案材料名称"。管理人可参考《非证券类材料清单》/《证券类材料清单》。两份清单详细列示了基金备案、重大变更及清算时需上传的附件材料名称、适用情形、内容要求、文件格式、签章要求等。

2. 部分备案材料审核要点

募集推介材料、风险揭示书等相关材料要求。

私募基金提交的募集推介材料应当为管理人、基金销售机构在募集过程中真实使用的募集推介材料。根据《登记备案办法》第28条第1款的规定，管理人、基金销售机构向投资者募集资金，应当在募集推介材料、风险揭示书等文件中，就私募基金的管理人以及管理团队、投资范围、投资策略、投资架构、基金架构、托管情况、相关费用、收益分配原则、基金退出等重要信息，以及投资风险、运营风险、流动性风险等风险情况向投资者披露。

五、私募基金备案审查要点及审批时限

（一）私募基金备案材料审查要点

管理人应按所属类型，对照清单全面、真实、准确、规范地准备基金备案申请材料，在AMBERS系统一次性提交相关材料。同时，中基协已上线AMBERS

系统前台校验，备案材料清单形式齐备的，将进入正式备案办理流程。如备案材料完备，且页签信息填报准确，予以备案通过。如材料不符合要求，将予以退回。

（二）私募基金备案审批时限

根据《登记备案办法》第23条的规定，中基协自备案材料齐备之日起20个工作日内为私募基金办结备案手续，通过官方网站对已办理备案的私募基金相关信息进行公示。私募基金备案信息、材料不完备或者不符合要求的，管理人应当根据中基协的要求及时补正，或者进行解释说明或者补充、修改。

中基协可以采取要求书面解释说明、当面约谈、现场检查、向中国证监会及其派出机构或者其他相关单位征询意见、公开问询等方式对登记信息、材料进行核查；对存在复杂、新型或者涉及政策、规则理解和适用等重大疑难问题的，中基协可以采取商请有关部门指导、组织专家会商等方式进行研判。

拟登记机构对登记信息、材料进行解释说明或者补充、修改的时间和中基协采取前述方式核查、研判的时间，不计入办理时限。

中基协通过官方网站对已办理备案的私募基金相关信息进行公示。

六、快速备案、严格审核、暂停备案及不予备案情形

（一）快速备案情形

根据《登记备案办法》第43条的规定，中基协支持私募基金在服务国家战略、推动创新驱动发展和经济转型升级等方面发挥积极作用，对承担国家重大战略实施等职能的私募基金提供重点支持。

对治理结构健全、业务运作合规、持续运营稳健、风险控制有效、管理团队专业、诚信状况良好的管理人，中基协可以对其管理的符合条件的私募基金提供快速备案制度安排。具体规则由中基协另行制定。

（二）严格审核情形

根据《登记备案办法》第44条的规定，管理人存在较大风险隐患，私募基金涉及重大无先例事项，或者存在结构复杂、投资标的类型特殊等情形的，中基协按照规定对管理人拟备案的私募基金采取提高投资者要求、提高基金规模要求、要求基金托管、要求托管人出具尽职调查报告或者配合询问、加强信息披

第三章
私募基金备案相关规定

露、提示特别风险、额度管理、限制关联交易，以及要求其出具内部合规意见、提交法律意见书或者相关财务报告等措施。

管理人的资本实力、专业人员配备、投资管理能力、风险控制水平、内部控制制度、场所设施等，应当与其业务方向、发展规划和管理规模等相匹配。不匹配的，中基协可以采取上述规定的措施；情节严重的，采取暂停办理其私募基金备案的自律管理措施。

（三）暂停备案情形

根据《登记备案办法》第42条的规定，管理人有下列情形之一的，中基协暂停办理其私募基金备案，并说明理由：

1. 存在《登记备案办法》第24条第1款规定的情形；（中止管理人登记情形）
2. 被列为严重失信人或者被纳入失信被执行人名单；
3. 私募基金管理人及其控股股东、实际控制人、普通合伙人、关联私募基金管理人出现可能危害市场秩序或者损害投资者利益的重大经营风险或者其他风险；
4. 因涉嫌违法违规、侵害投资者合法权益等多次受到投诉，未能向中基协和投资者作出合理说明；
5. 未按规定向中基协报送信息，或者报送的信息存在虚假记载、误导性陈述或者重大遗漏；
6. 登记备案信息发生变更，未按规定及时向中基协履行变更手续，存在未及时改正等严重情形；
7. 办理登记备案业务时的相关承诺事项未履行或者未完全履行；
8. 采取拒绝、阻碍中国证监会及其派出机构、中基协及其工作人员依法行使检查、调查职权等方式，不配合行政监管或者自律管理，情节严重；
9. 中国证监会及其派出机构要求中基协暂停备案；
10. 中国证监会、中基协规定的其他情形。

（四）不予备案情形

根据《登记备案办法》第41条的规定，有下列情形之一的，中基协不予办理私募基金备案，并说明理由：

1. 从事或者变相从事信贷业务，或者直接投向信贷资产，中国证监会、中基协另有规定的除外；

2. 通过委托贷款、信托贷款等方式从事经营性民间借贷活动；

3. 私募基金通过设置无条件刚性回购安排变相从事借贷活动，基金收益不与投资标的的经营业绩或者收益挂钩；

4. 投向保理资产、融资租赁资产、典当资产等与私募基金相冲突业务的资产、资产收（受）益权，以及投向从事上述业务的公司的股权；

5. 投向国家禁止或者限制投资的项目，不符合国家产业政策、环境保护政策、土地管理政策的项目；

6. 通过投资公司、合伙企业、资产管理产品等方式间接从事或者变相从事本款第 1 项至第 5 项规定的活动；

7. 不属于《登记备案办法》第 2 条第 2 款规定的私募基金，不以基金形式设立和运作的投资公司和合伙企业；

8. 以员工激励为目的设立的员工持股计划和管理人的员工跟投平台；

9. 中国证监会、中基协规定的其他情形。

已备案的私募基金不得将基金财产用于经营或者变相经营上述第 1 项至第 6 项规定的相关业务。私募基金被中基协不予备案的，管理人应当及时告知投资者，妥善处置相关财产，保护投资者的合法权益。

（五）撤销备案情形

根据《登记备案办法》第 66 条的规定，有下列情形之一的，中基协可以撤销办理私募基金备案：

1. 管理人提交的登记备案和相关信息变更材料存在虚假记载、误导性陈述或者重大遗漏的；

2. 管理人通过欺骗、贿赂或者以规避监管、自律管理为目的与中介机构违规合作等不正当手段办理登记备案相关业务的。

此外，《备案指引 1 号》第 25 条、《备案指引 2 号》第 31 条加重了撤销备案后的法律后果，中基协撤销相关私募基金备案的，可以对管理人后续提请办理备案的私募基金采取要求其出具内部合规意见等措施。

第四章 私募基金募集相关规定

资金募集是私募基金运作过程中必不可少的环节，同时也是合规监管重点关注的一环。在中基协公布的于2023年9月、10月作出的21起监管纪律处分中，有12起涉及资金募集行为违规，其中违法违规类型主要表现为变相保本保收益、未妥善履行投资者适当性审查义务以及未妥善保管募集环节相关资料。因此，做好私募基金募集行为规范，紧紧扣住以适当性义务及合格投资者制度为核心的募集监管规范体系，稳固防范违规风险的第一道防线尤为重要。

一、私募基金募集基本要求

（一）募集机构、募集程序和基本要求

1. 募集机构

（1）募集机构类型

根据《募集行为办法》第2条的规定，在中基协办理管理人登记的机构可以自行募集其设立的私募基金，在中国证监会注册取得基金销售业务资格并已成为中基协会员的机构可以受管理人的委托募集私募基金。其他任何机构和个人不得从事私募基金的募集活动。

募集行为包含推介私募基金，发售基金份额（权益），办理基金份额（权益）认/申购（认缴）、赎回（退出）等活动。

需注意的是，根据《内部控制指引》第17条的规定，管理人委托募集的，应当委托获得中国证监会基金销售业务资格且成为中基协会员的机构募集私募基金，并制定募集机构遴选制度，切实保障募集结算资金安全，确保私募基金向合格投资者募集以及不变相进行公募。

（2）管理人与基金销售机构权责划分

《募集行为办法》第 7 条规定，管理人应当履行受托人义务，承担基金合同、公司章程或者合伙协议的受托责任。委托基金销售机构募集私募基金的，不得因委托募集免除管理人依法承担的责任。

同时，《募集行为办法》第 8 条明确规定，管理人委托基金销售机构募集私募基金的，应当以书面形式签订基金销售协议，并将协议中关于管理人与基金销售机构权利义务划分以及其他涉及投资者利益的部分作为基金合同的附件。基金销售机构负责向投资者说明相关内容。基金销售协议与作为基金合同附件的关于基金销售的内容不一致的，以基金合同附件为准。

2. 募集流程

私募基金募集流程通常可以分为 9 个主要环节，具体如图 4 所示。

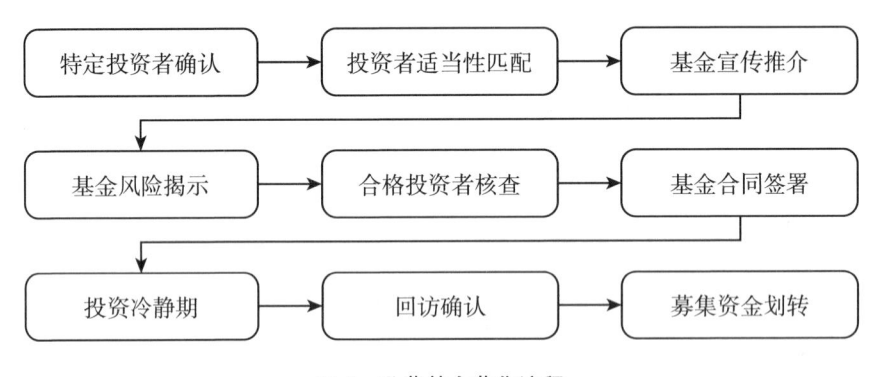

特定投资者确认 → 投资者适当性匹配 → 基金宣传推介 → 基金风险揭示 → 合格投资者核查 → 基金合同签署 → 投资冷静期 → 回访确认 → 募集资金划转

图 4　私募基金募集流程

3. 募集需遵守的基本义务

根据《募集行为办法》第 6 条、第 10 条及第 11 条的规定，募集机构应当恪尽职守、诚实信用、谨慎勤勉，防范利益冲突，履行说明义务、反洗钱义务等相关义务，承担特定对象确定、投资者适当性审查、私募基金推介及合格投资者确认等相关责任。

募集机构及其从业人员不得从事侵占基金财产和客户资金、利用私募基金相关的未公开信息进行交易等违法活动。

同时应当对投资者的商业秘密及个人信息严格保密。除法律法规和自律规则另有规定的，不得对外披露。

第四章
私募基金募集相关规定

最后，募集机构应当妥善保存投资者适当性管理以及其他与私募基金募集业务相关的记录及其他相关资料，保存期限自基金清算终止之日起不得少于10年。

（二）合格投资者

1. 合格投资者定义及投资者数量限制

根据《基金法》第87条的规定，合格投资者是指达到规定资产规模或者收入水平，并且具备相应的风险识别能力和风险承担能力、其基金份额认购金额不低于规定限额的单位和个人。私募基金应当向合格投资者募集，合格投资者累计不得超过200人。《监管条例》第18条也强调，管理人不得采取为单一融资项目设立多只私募基金等方式，突破法律规定的人数限制，不得采取将私募基金份额或者收益权进行拆分转让等方式，降低合格投资者标准。

《私募管理暂行办法》第12条、第13条以及《关于加强私募基金监管的若干规定》第7条对私募基金合格投资者作出了更详细的规定，具体如表20所示。

表20 私募基金合格投资者相关规定

一般标准	视为合格投资者的投资者
具备相应风险识别能力和风险承担能力，投资于单只私募基金的金额不低于100万元且符合下列相关标准的单位和个人：①净资产不低于1000万元的单位；②金融资产不低于300万元或者最近3年个人年均收入不低于50万元的个人。上述所称金融资产包括银行存款、股票、债券、基金份额、资产管理计划、银行理财产品、信托计划、保险产品、期货权益等。	①社会保障基金、企业年金等养老基金，慈善基金等社会公益基金；②依法设立并在基金业协会备案的投资计划；③投资于所管理私募基金的管理人及其从业人员；④中国证监会规定的其他投资者；⑤国务院金融监督管理部门监管的机构依法发行的资产管理产品；⑥合格境外机构投资者（QFII）；⑦人民币合格境外机构投资者（RQFII）。

2. 合格投资者的核查方式

根据《私募管理暂行办法》第13条第2款的规定，以合伙企业、契约等非法人形式，通过汇集多数投资者的资金直接或者间接投资于私募基金的，管理人或者私募基金销售机构应当穿透核查最终投资者是否为合格投资者，并合并计算投资者人数。但是，社会保障基金、企业年金等养老基金、慈善基金等社会公益基金、依法设立并在基金业协会备案的投资计划、中国证监会规定的其他投资者投资私募基金的，不再穿透核查最终投资者是否为合格投资者和合并计算投资者人数。

需注意的是，《备案指引1号》第4条、《备案指引2号》第4条明确了以合伙企业、契约等非法人形式，通过汇集多数投资者的资金直接或者间接投资于私募基金的，管理人、基金销售机构应当穿透核查每一层的投资者是否为合格投资者，并合并计算投资者人数。同时规定下列投资者视为合格投资者，不再穿透核查和合并计算投资者人数：

（1）社会保障基金、企业年金等养老基金，慈善基金等社会公益基金；

（2）国务院金融监督管理机构监管的机构依法发行的资产管理产品、私募基金；

（3）合格境外机构投资者、人民币合格境外机构投资者；

（4）投资于所管理私募基金的管理人及其员工；

（5）中国证监会规定的其他投资者。

3. 转让范围限于合格投资者

根据《监管条例》第20条的规定，私募基金不得向合格投资者以外的单位和个人募集或者转让，不得向为他人代持的投资者募集或者转让。

（三）募集中的禁止行为

《关于加强私募基金监管的若干规定》第6条以负面清单的形式规定了私募基金募集过程中不得直接或者间接存在的行为，具体如表21所示。

表21 私募基金募集中禁止行为

行为类型	禁止内容
募集对象选取	向合格投资者之外的单位、个人募集资金或者为投资者提供多人拼凑、资金借贷等满足合格投资者要求的便利。
募集渠道选取	通过报刊、电台、电视、互联网等公众传播媒体，讲座、报告会、分析会等方式，布告、传单、短信、即时通信工具、博客和电子邮件等载体，向不特定对象宣传推介，但是通过设置特定对象确定程序的官网、客户端等互联网媒介向合格投资者进行宣传推介的情形除外。

第四章
私募基金募集相关规定

续表

行为类型	禁止内容
宣传内容设置	①口头、书面或者通过短信、即时通信工具等方式直接或者间接向投资者承诺保本保收益，包括投资本金不受损失、固定比例损失或者承诺最低收益等情形； ②夸大、片面宣传私募基金，包括使用安全、保本、零风险、收益有保障、高收益、本金无忧等可能导致投资者不能准确认识私募基金风险的表述，或者向投资者宣传预期收益率、目标收益率、基准收益率等类似表述； ③向投资者宣传的私募基金投向与私募基金合同约定投向不符； ④宣传推介材料有虚假记载、误导性陈述或者重大遗漏，包括未真实、准确、完整披露私募基金交易结构、各方主要权利义务、收益分配、费用安排、关联交易、委托第三方机构以及管理人的出资人、实际控制人等情况； ⑤以登记备案、金融机构托管、政府出资等名义为增信手段进行误导性宣传推介。
募集方式	①委托不具有基金销售业务资格的单位或者个人从事资金募集活动； ②以从事资金募集活动为目的设立或者变相设立分支机构。
其他	法律、行政法规和中国证监会禁止的其他情形。

管理人的出资人、实际控制人、关联方不得从事私募基金募集宣传推介，不得从事或者变相从事上述行为。

二、特定对象确定及风险承受能力评估

（一）基本要求

根据《募集行为办法》第17条、第18条的规定，募集机构应当向特定对象宣传推介私募基金。未经特定对象确定程序，不得向任何人宣传推介私募基金。募集机构应当采取问卷调查等方式履行特定对象确定程序，对投资者风险识别能力和风险承担能力进行评估。投资者应当以书面形式承诺其符合合格投资者标准。

（二）信息采集

根据《募集行为办法》第19条的规定，募集机构应当在投资者自愿的前提

下获取投资者问卷调查信息。问卷调查主要内容应包括但不限于以下 5 个方面（见表22）。

表22 投资者问卷调查主要内容

调查类型	具体内容
投资者基本信息	其中个人投资者基本信息包括身份信息、年龄、学历、职业、联系方式等信息；机构投资者基本信息包括工商登记中的必备信息、联系方式等信息。
财务状况	其中个人投资者财务状况包括金融资产状况、最近3年个人年均收入、收入中可用于金融投资的比例等信息；机构投资者财务状况包括净资产状况等信息。
投资知识	包括金融法律法规、投资市场和产品情况、对私募基金风险的了解程度、参加专业培训情况等信息。
投资经验	包括投资期限、实际投资产品类型、投资金融产品的数量、参与投资的金融市场情况等。
风险偏好	包括投资目的、风险厌恶程度、计划投资期限、投资出现波动时的焦虑状态等。

同时，中基协发布《私募基金投资者问卷调查内容与格式指引（个人版）》以供募集机构设计问卷调查时用作参考。

（三）风险评估

根据《募集行为办法》第18条、第19条的规定，募集机构应建立科学有效的投资者问卷调查评估方法，确保问卷结果与投资者的风险识别能力和风险承担能力相匹配。

投资者的评估结果有效期最长不得超过3年。募集机构逾期再次向投资者推介私募基金时，需重新进行投资者风险评估。同一私募基金产品的投资者持有期间超过3年的，无须再次进行投资者风险评估。

投资者风险承担能力发生重大变化时，可主动申请对自身风险承担能力进行重新评估。

第四章
私募基金募集相关规定

（四）在线特定对象确定程序

《募集行为办法》第 20 条规定了在线特定对象确定程序，要求募集机构通过互联网媒介在线向投资者推介私募基金之前，应当设置在线特定对象确定程序，投资者应承诺其符合合格投资者标准。前述在线特定对象确定程序如图 5 所示。

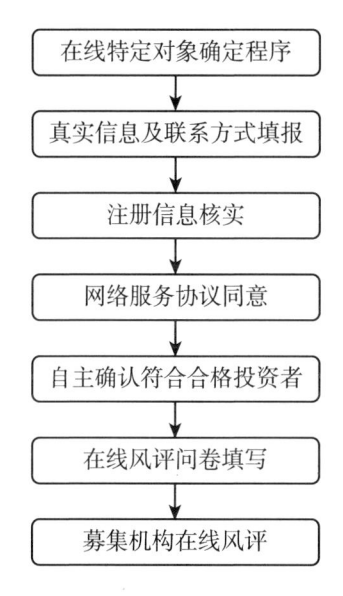

```
在线特定对象确定程序
      ↓
真实信息及联系方式填报
      ↓
   注册信息核实
      ↓
  网络服务协议同意
      ↓
 自主确认符合合格投资者
      ↓
   在线风评问卷填写
      ↓
   募集机构在线风评
```

图 5　在线特定对象确定程序

三、基金风险评级及投资者适当性匹配

（一）投资者适当性义务要求

1. 投资者适当性义务简介

（1）投资者适当性义务概念

《适当性指引》第 3 条第 1 款规定，投资者适当性是指基金募集机构在销售基金产品或者服务的过程中，根据投资者的风险承受能力销售不同风险等级的基金产品或者服务，把合适的基金产品或者服务卖给合适的投资者。

（2）适当性管理制度的建立义务

根据《适当性指引》第 4 条、第 5 条的规定，基金募集机构应当建立健全投资者适当性管理制度。在销售基金产品或者服务过程中，勤勉尽责，诚实信用深入调查分析基金管理人、基金产品或者服务及投资者信息，充分揭示基金产品或者服务风险,降低投诉风险。

中基协依据法律法规和自律规则,对基金募集机构投资者适当性制度建立及实施情况进行自律管理。

同时,《适当性指引》第 7 条对适当性管理制度的具体建设内容提出了要求,规定基金募集机构建立适当性管理制度,至少包括以下内容:

①对基金管理人进行审慎调查的方式和方法;

②对基金产品或者服务的风险等级进行设置、对基金产品或者服务进行风险评价的方式或方法;

③对投资者进行分类的方法和程序、投资者转化的方法和程序;

④对普通投资者风险承受能力进行调查和评价的方式和方法;

⑤对基金产品或者服务和投资者进行匹配的方法;

⑥投资者适当性管理的保障措施和风控制度。

(3)投资者适当性义务的实施原则

根据《适当性指引》第 6 条的规定,基金募集机构在实施投资者适当性的过程中遵循 4 个指导原则(见图 6)。

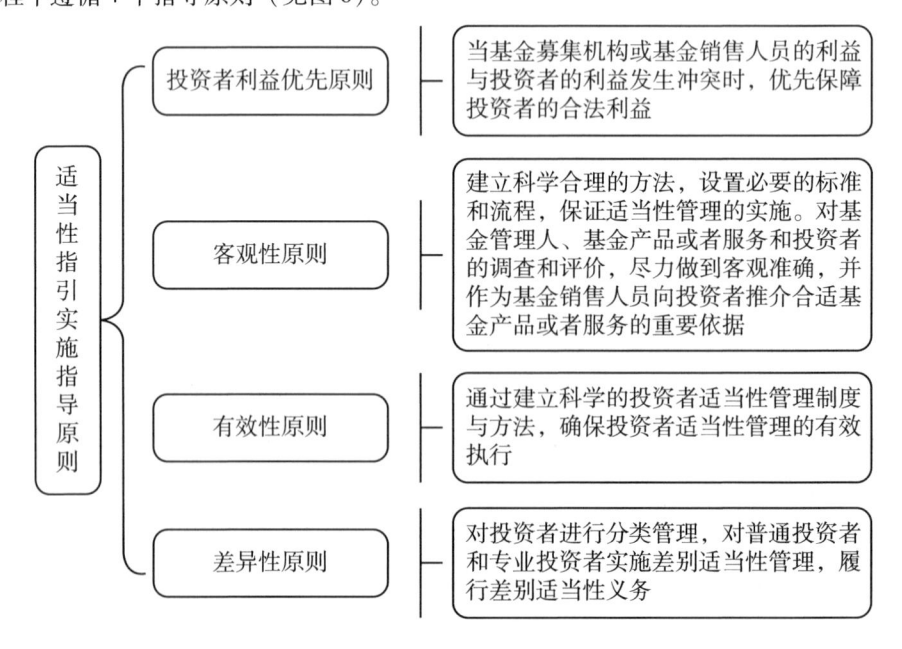

适当性指引实施指导原则	投资者利益优先原则	当基金募集机构或基金销售人员的利益与投资者的利益发生冲突时,优先保障投资者的合法利益
	客观性原则	建立科学合理的方法,设置必要的标准和流程,保证适当性管理的实施。对基金管理人、基金产品或者服务和投资者的调查和评价,尽力做到客观准确,并作为基金销售人员向投资者推介合适基金产品或者服务的重要依据
	有效性原则	通过建立科学的投资者适当性管理制度与方法,确保投资者适当性管理的有效执行
	差异性原则	对投资者进行分类管理,对普通投资者和专业投资者实施差别适当性管理,履行差别适当性义务

图 6 适当性指引实施指导原则

第四章
私募基金募集相关规定

《适当性指引》第11条规定，基金募集机构及其销售人员要对履行投资者适当性管理职责过程中获取的投资者信息、投资者风险承受能力评价结果等信息和资料严格保密，防止该等信息和资料泄露或被不当利用。

2. 售前调查考核要求

（1）管理人审查

根据《适当性指引》第8条第1款的规定，基金募集机构选择销售基金产品或者服务，要对基金管理人进行审慎调查并作出评价，了解基金管理人的诚信状况、经营管理能力、投资管理能力产品设计能力和内部控制情况，并可将调查结果作为是否销售该基金管理人产品或者服务、是否向投资者推介该基金管理人的重要依据。

（2）募集机构审查

根据《适当性指引》第8条第2款的规定，基金管理人在选择基金募集机构时，为确保适当性的贯彻实施，要对基金募集机构进行审慎调查，了解基金募集机构的内部控制情况、信息管理平台建设、账户管理制度、销售人员能力和持续营销能力，并可将调查结果作为选择基金募集机构的重要依据。

（3）销售人员考核管理

根据《适当性指引》第9条的规定，基金募集机构要建立对销售人员的考核、监督问责、培训等机制规范销售人员履行投资者适当性工作职责的情况。基金募集机构不得采取鼓励其向投资者销售不适当基金产品或者服务的考核、激励机制或措施。

3. 适当性义务回访要求

根据《适当性指引》第12条、第13条的规定，基金募集机构要建立健全普通投资者回访制度，对购买基金产品或者服务的普通投资者定期抽取一定比例进行回访，对持有R5等级基金产品或者服务的普通投资者增加回访比例和频次。

基金募集机构对回访时发现的异常情况进行持续跟踪，对异常情况进行核查，存在风险隐患的及时排查，并定期整理总结，以完善投资者适当性制度。回访内容包括但不限于以下信息：

①受访人是否为投资者本人；
②受访人是否已知晓基金产品或者服务的风险以及相关风险警示；
③受访人是否已知晓自己的风险承受能力等级、购买的基金产品或者接受的服务的风险等级以及适当性匹配意见；

④受访人是否知晓承担的费用以及可能产生的投资损失;

⑤基金募集机构及其工作人员是否存在《适当性管理办法》第22条规定的禁止行为。

4. 投诉处理体系及适当性管理自查

(1) 投诉处理体系建设

根据《适当性指引》第14条的规定,基金募集机构要建立完备的投资者投诉处理体系,准确记录投资者投诉内容。

基金募集机构要妥善处理因履行投资者适当性职责引起的投资者投诉,及时发现业务风险,完善内部控制制度。

(2) 适当性管理自查

根据《适当性指引》第15条的规定,基金募集机构每半年开展一次投资者适当性管理自查。自查可以采取现场、非现场及暗访相结合的方式进行,并形成自查报告留存备查。

自查内容包括但不限于投资者适当性管理制度建设及落实情况、人员考核及培训情况、投资者投诉处理情况、发现业务风险及时整改情况,以及其他需要报告的事项。

5. 双录留痕及档案管理

根据《适当性指引》第16条、第17条的规定,基金募集机构通过营业网点等现场方式执行普通投资者申请成为专业投资者,向普通投资者销售高风险产品或者服务,调整投资者分类、基金产品或者服务分级以及适当性匹配意见,向普通投资者销售基金产品或者服务前对其进行风险提示的环节要录音或者录像;通过互联网等非现场方式执行的,基金募集机构及合作平台要完善信息管理平台留痕功能,记录投资者确认信息。

基金募集机构要建立完善的档案管理制度,妥善保存投资者适当性管理业务资料。投资者适当性管理制度、投资者信息资料、告知警示投资者资料、录音录像资料、自查报告等至少保存20年。

(二) 基金或服务风险评级

1. 风险评级义务

根据《募集行为办法》第21条第1款的规定,基金募集机构应当自行或者

第四章
私募基金募集相关规定

委托第三方机构对私募基金进行风险评级，建立科学有效的私募基金风险评级标准和方法。

同时，《适当性指引》第 36 条、第 37 条规定，委托第三方机构提供基金产品或者服务风险等级划分的，管理人应当要求其提供基金产品或者服务风险等级划分方法及其说明。基金募集机构落实适当性义务不因委托第三方而免除。

基金募集机构还应通过适当途径向潜在投资者告知其所使用的基金产品或者服务风险等级划分方法及其说明。

2. 风险等级划分基本方式

（1）风险等级划分类型

《适当性指引》第 38 条对风险等级划分类型提出了基本的要求，规定基金产品或者服务的风险等级要按照风险由低到高顺序，至少划分为：R1、R2、R3、R4、R5 5 个等级（见图 7）。

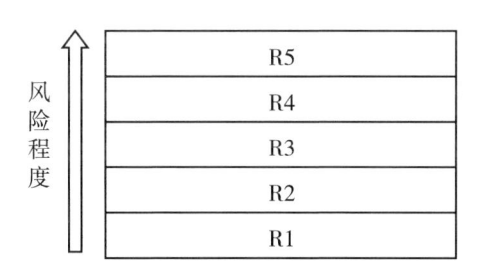

图 7　风险等级划分类型

基金募集机构可以根据实际情况在图 7 所列等级的基础上进一步进行风险细分。

（2）风险等级划分具体方法

《适当性指引》第 42 条对风险等级划分方法进行了指导，规定基金募集机构可以通过定量和定性相结合的方法对基金产品或者服务进行风险分级。

基金募集机构可以根据基金产品或者服务风险因素与风险等级的相关性，确定各项评估因素的分值和权重，建立评估分值与基金产品风险等级的对应关系。

基金募集机构通过定量分析对基金产品进行风险分级时，可以运用贝塔系数、标准差、风险在险值等风险指标体系，划分基金的期限风险、流动性风险、波动性风险等。

3. 等级划分前的信息收集

根据《适当性指引》第 39 条的规定，基金募集机构对基金产品或者服务进行风险等级划分，要了解以下信息：

（1）基金管理人的诚信状况、经营管理能力、投资管理能力、内部控制情况、合法合规情况；

（2）基金产品或者服务的合法合规情况，发行方式，类型及组织形式，托管情况，投资范围、投资策略和投资限制概况，业绩比较基准，收益与风险的匹配情况，投资者承担的主要费用及费率。

4. 风险等级划分的考虑因素

根据《适当性指引》第 40 条的规定，基金产品或者服务风险等级划分要综合考虑以下因素：

（1）基金管理人成立时间，治理结构，资本金规模，管理基金规模，投研团队稳定性，资产配置能力、内部控制制度健全性及执行度，风险控制完备性，是否有风险准备金制度安排，从业人员合规性，股东、高级管理人员及基金经理的稳定性等；

（2）基金产品或者服务的结构（母子基金、平行基金），投资方向、投资范围和投资比例，募集方式及最低认缴金额，运作方式，存续期限，过往业绩及净值的历史波动程度，成立以来有无违规行为发生，基金估值政策、程序和定价模式，申购和赎回安排，杠杆运用情况等。

5. 审慎评估风险等级的情形

根据《适当性指引》第 41 条的规定，基金产品或者服务存在下列因素的，要审慎评估其风险等级：

（1）基金产品或者服务合同存在特殊免责条款、结构性安排、投资标的具有衍生品性质等导致普通投资者难以理解的；

（2）基金产品或者服务不存在公开交易市场，或因参与投资者少等难以在短期内以合理价格顺利变现的；

（3）基金产品或者服务的投资标的流动性差、存在非标准资产投资导致不易估值的；

（4）基金产品或者服务投资杠杆达到相关要求上限、投资单一标的集中度过高的；

第四章
私募基金募集相关规定

（5）基金管理人、实际控制人、高级管理人员涉嫌重大违法违规行为或正在接受监管部门或自律管理部门调查的；

（6）影响投资者利益的其他重大事项；

（7）协会认定的高风险基金产品或者服务。

（三）投资者类型划分

1. 专业投资者与普通投资者划分

根据《适当性指引》第 18 条、第 19 条的规定，投资者分为专业投资者和普通投资者。未对投资者进行分类的，要履行普通投资者适当性义务。基金募集机构要设计风险测评问卷，并对普通投资者进行风险测评。

根据《适当性管理办法》第 8 条的规定，专业投资者范围具体如表 23 所示。

表 23　专业投资者范围

序号	类型	范围/条件
1	经有关金融监管部门批准设立的金融机构	包括证券公司、期货公司、基金管理公司及其子公司、商业银行、保险公司、信托公司、财务公司等；经行业协会备案或者登记的证券公司子公司、期货公司子公司、管理人。
2	经有关金融监管部门批准设立的金融机构面向投资者发行的理财产品	包括但不限于证券公司资产管理产品、基金管理公司及其子公司产品、期货公司资产管理产品、银行理财产品、保险产品、信托产品、经行业协会备案的私募基金。
3	公益基金	包含社会保障基金、企业年金等养老基金，慈善基金等社会公益基金。
4	境外投资者	包含合格境外机构投资者、人民币合格境外机构投资者。
5	法人或者其他组织	同时符合下列条件： ①最近 1 年末净资产不低于 2000 万元； ②最近 1 年末金融资产不低于 1000 万元； ③具有 2 年以上证券、基金、期货、黄金、外汇等投资经历。

续表

序号	类型	范围/条件
6	自然人	同时符合下列条件： ①金融资产不低于500万元，或者最近3年个人年均收入不低于50万元； ②具有2年以上证券、基金、期货、黄金、外汇等投资经历，或者具有2年以上金融产品设计、投资、风险管理及相关工作经历，或者属于本表第1类专业投资者的高级管理人员、获得职业资格认证的从事金融相关业务的注册会计师和律师。 上述所称金融资产，是指银行存款、股票、债券、基金份额、资产管理计划、银行理财产品、信托计划、保险产品、期货及其他衍生产品等。

根据《适当性指引》第23条的规定，基金募集机构要结合上述规定，对专业投资者资格进行认定。

2. 投资者信息收集

（1）投资者信息表分类及提供

《适当性指引》第18条第1款规定，基金募集机构要根据自然人投资者、机构投资者、金融机构理财产品的各自特点，向投资者提供具有针对性的投资者信息表。

同时，《适当性指引》第21条规定，基金募集机构在为投资者开立账户时，要以纸质或者电子文档的形式，向投资者提供信息表，要求其填写相关信息，并遵循以下程序：

①基金募集机构要执行对投资者的身份认证程序，核查投资者的投资资格，切实履行反洗钱等法律义务；

②基金募集机构要根据投资者的主体不同，提供相应的投资者信息表；

③基金募集机构核查自然人投资者本人或者代表金融机构及其产品的工作人员身份，并要求其如实填写投资者信息表；

④基金募集机构要对投资者身份信息进行核查，并在核查工作结束之日起5个工作日内，将结果以及投资者类型告知投资者。

（2）信息收集内容

根据《适当性指引》第20条的规定，了解投资者信息要包含但不限于《适

第四章
私募基金募集相关规定

当性管理办法》第6条所规定的内容。自然人投资者还要提供有效身份证件、出生日期、性别、国籍等信息。

《适当性管理办法》第8条第1款所述机构作为投资者的，还要向基金募集机构提供营业执照、开展金融相关业务资格证明、机构负责人或者法定代表人信息、经办人身份信息等资料。

《适当性管理办法》第8条第2款所述产品作为投资者的，要向基金募集机构提供产品成立、备案证明文件等资料及参照金融机构要求提交该产品管理人的机构信息。基金募集机构要告知投资者对其所填资料的真实性、有效性、完整性负责。

（3）投资者评估数据库建立及动态管理

根据《适当性指引》第33条、第34条、第35条的要求，基金募集机构要建立投资者评估数据库，为投资者建立信息档案，并对投资者风险等级进行动态管理（见图8）。基金募集机构要充分使用已了解信息和已有评估结果，避免投资者信息重复采集，提高评估效率。

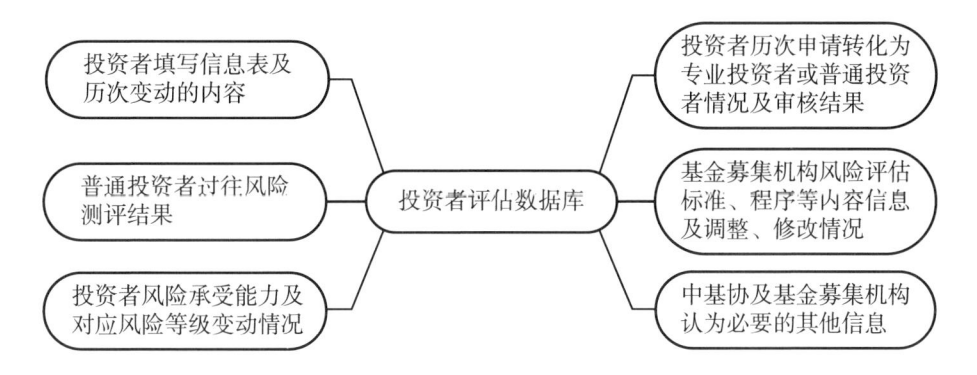

图8 投资者评估数据库动态管理

同时，基金募集机构要告知投资者，其重要信息发生变更时要及时告知基金募集机构。基金募集机构还要通过明确的公开方式，提醒投资者及时告知重大信息变更事项。

3. 专业投资者细化和分类管理

《适当性指引》第24条、第25条规定，基金募集机构可以根据专业投资者的业务资格、投资实力、投资经历等因素，对专业投资者进行细化分类和管理。基金募集机构对专业投资者进行细化分类的，要向投资者提供风险测评问卷，对专业投资者的投资知识、投资经验、风险偏好进行评估,并得出相对应的风险等级。

4. 普通投资者风评测试

(1) 风险测评程序

根据《适当性指引》第27条、第28条的规定,基金募集机构向普通投资者以纸质或者电子文档形式提供风险测评问卷,对其风险承受能力进行测试,并遵循以下程序:

①基金募集机构要核查参加风险测评的投资者或机构经办人员的身份信息;

②基金募集机构以及工作人员在测试过程中,不得有提示、暗示、诱导、误导等行为对测试人员进行干扰,影响测试结果;

③风险测评问卷要在填写完毕后5个工作日内,得出相应结果。

基金募集机构要根据投资者信息表、风险测评问卷以及其他相关材料,对普通投资者风险等级进行综合评估,并在评估工作结束之日起5个工作日内,告知投资者风险等级评估结果。

(2) 风险测评结果

根据《适当性指引》第26条、第29条的规定。基金募集机构要按照风险承受能力,将普通投资者按照图9所示标准划分。

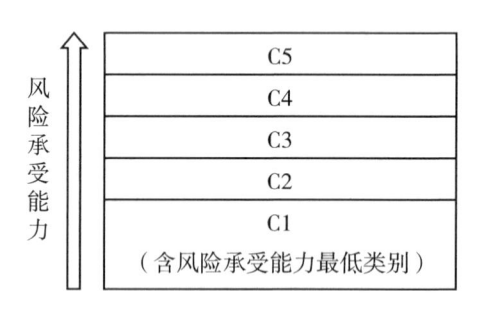

风险承受能力	
	C5
	C4
	C3
	C2
	C1（含风险承受能力最低类别）

图9 风险承受能力

其中,基金募集机构可以将C1中符合下列情形之一的自然人,作为风险承受能力最低类别投资者:

①不具有完全民事行为能力;

②没有风险容忍度或者不愿承受任何投资损失;

③法律、行政法规规定的其他情形。

第四章
私募基金募集相关规定

5. 专业投资者与普通投资者的相互转化

（1）转化条件

根据《适当性管理办法》第 11 条的规定，普通投资者和专业投资者在一定条件下可以互相转化，具体条件如图 10 所示。

符合下列条件之一的普通投资者可以申请转化成为专业投资者，但经营机构有权自主决定是否同意其转化：
① 最近 1 年末净资产不低于 1000 万元，最近 1 年末金融资产不低于 500 万元，且具有 1 年以上证券、基金、期货、黄金、外汇等投资经历的除专业投资者外的法人或其他组织；
② 金融资产不低于 300 万元或者最近 3 年个人年均收入不低于 30 万元，且具有 1 年以上证券、基金、期货、黄金、外汇等投资经历或者 1 年以上金融产品设计、投资、风险管理及相关工作经历的自然人投资者。

普通投资者 ⇄ 转化 ⇄ 专业投资者

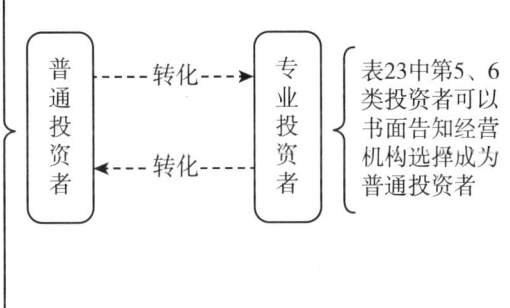

表 23 中第 5、6 类投资者可以书面告知经营机构选择成为普通投资者

图 10　普通投资者和专业投资者转化条件

同时，《适当性指引》第 30 条第 2 款规定，投资者转化效力范围仅适用于所告知、申请的基金募集机构。其他基金募集机构不得以此作为参考依据，将投资者自行转化。

（2）转化程序

根据《适当性指引》第 31 条、第 32 条的规定，转化程序分别如图 11、图 12 所示。

专业投资者转化为普通投资者 → 转化告知 → 资格核查 → 核查结果

符合转化条件的专业投资者，通过纸质或者电子文档形式告知基金募集机构其转化为普通投资者的决定

基金募集机构要在收到投资者转化决定 5 个工作日内，对投资者的转化资格进行核查

基金募集机构要在核查工作结束之日起 5 个工作日内，以纸质或者电子文档形式，告知投资者核查结果

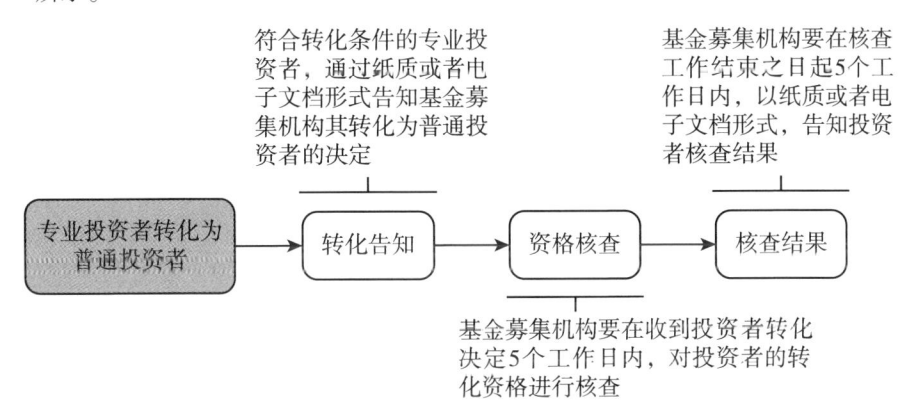

图 11　专业投资者转化为普通投资者程序

```
符合转化条件的普通投资者，          对于符合转化条件的，
要通过纸质或者电子文档形            基金募集机构要在5个
式向基金募集机构提出转化            工作日内，通知投资
申请，同时还要向基金募集            者以纸质或者电子文
机构作出了解相应风险并自            档形式补充提交相关
愿承担相应不利后果的意思            信息、参加投资知识
表示                                 或者模拟交易等测试
```

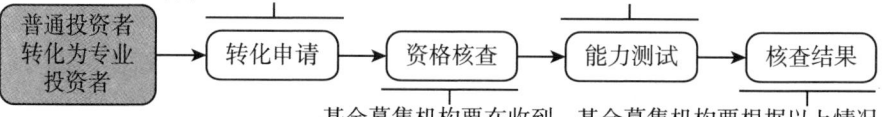

```
普通投资者          转化申请    →    资格核查    →    能力测试    →    核查结果
转化为专业      →
投资者
```

```
                        基金募集机构要在收到          基金募集机构要根据以上情况，
                        投资者转化申请之日起          结合投资者的风险承受能力、
                        5个工作日内，对投资          投资知识、投资经验、投资偏
                        者的转化资格进行核查          好等要素，对申请者进行谨慎
                                                      评估，并以纸质或者电子文档
                                                      形式，告知投资者是否同意其
                                                      转化的决定以及理由
```

图12　普通投资者转化为专业投资者程序

（四）投资者适当性匹配

1. 风险匹配方法设计

《适当性指引》第43条规定，基金募集机构要制定普通投资者和基金产品或者服务匹配的方法、流程，明确各个岗位在执行投资者适当性管理过程中的职责。

匹配方法至少要在普通投资者的风险承受能力类型和基金产品或者服务的风险等级之间建立合理的对应关系，同时在建立对应关系的基础上将基金产品或者服务风险超越普通投资者风险承受能力的情况定义为风险不匹配。

2. 适当性匹配一般原则

根据《适当性指引》第44条的规定，基金募集机构要根据普通投资者风险承受能力和基金产品或者服务的风险等级建立适当性匹配原则（见图13）。

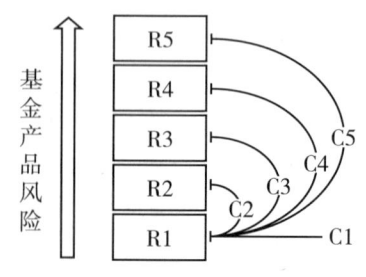

```
         R5 ────────────┐
基       R4 ──────────┐ │
金       R3 ────────┐ │ │── C5
产       R2 ──────┐ │ │ │── C4
品       R1 ────┐ │ │ │ │── C3
风              │ │ │ │ │── C2
险              └─┴─┴─┴─┴── C1
```

图13　适当性匹配原则

第四章
私募基金募集相关规定

3. 适当性义务下的规范销售

（1）一般性销售规范

《适当性指引》第 45 条、第 46 条、第 47 条规定了适当性义务下基金募集机构需遵循的销售规范，具体如表 24 所示。

表 24　适当性义务下的基金销售规范

类别	规范要求
禁止性行为	①向不符合准入要求的投资者销售基金产品或者服务； ②向投资者就不确定的事项提供确定性的判断，或者告知投资者有可能使其误认为具有确定性的判断； ③向普通投资者主动推介风险等级高于其风险承受能力的基金产品或者服务； ④向普通投资者主动推介不符合其投资目标的基金产品或者服务； ⑤向风险承受能力最低类别的普通投资者销售风险等级高于其风险承受能力的基金产品或者服务； ⑥其他违背适当性要求，损害投资者合法权益的行为。
跨级购买限制	最低风险承受能力类别的普通投资者不得购买高于其风险承受能力的基金产品或者服务。 除因遗产继承等特殊原因产生的基金份额转让之外，普通投资者主动购买高于其风险承受能力的基金产品或者服务的行为，不得突破相关准入资格的限制。
面向普通投资者的 R5 产品销售	基金募集机构在向普通投资者销售 R5 风险等级的基金产品或者服务时，应向其完整揭示以下事项： ①基金产品或者服务的详细信息、重点特性和风险； ②基金产品或者服务的主要费用、费率及重要权利、信息披露内容、方式及频率； ③普通投资者可能承担的损失； ④普通投资者投诉方式及纠纷解决安排。

（2）跨级购买特别程序

根据《适当性指引》第 48 条的规定，普通投资者主动要求购买与之风险承受能力不匹配的基金产品或者服务的，基金销售要遵循相应程序（见图 14）。

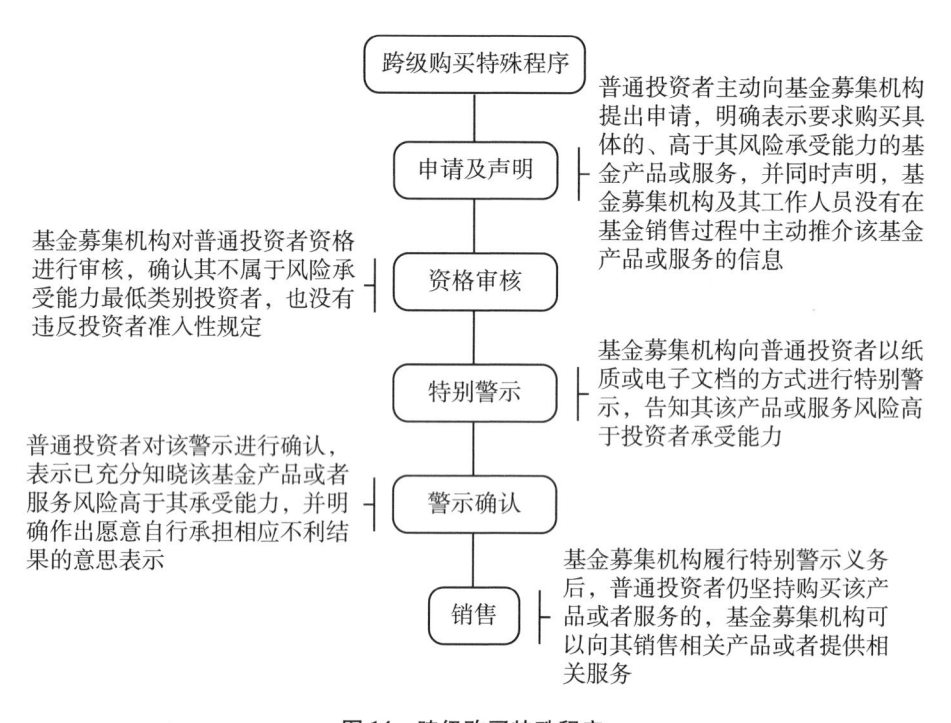

```
跨级购买特殊程序 ──┐  普通投资者主动向基金募集机构
                  │  提出申请,明确表示要求购买具
                  │  体的、高于其风险承受能力的基
   申请及声明 ────┤  金产品或服务,并同时声明,基
                  │  金募集机构及其工作人员没有在
                  │  基金销售过程中主动推介该基金
基金募集机构对普通投资者资格  │  产品或服务的信息
进行审核,确认其不属于风险承   │
受能力最低类别投资者,也没有   ├── 资格审核
违反投资者准入性规定          │
                              │  基金募集机构向普通投资者以纸
                              │  质或电子文档的方式进行特别警
   特别警示 ──────────────────┤  示,告知其该产品或服务风险高
                              │  于投资者承受能力
普通投资者对该警示进行确认,   │
表示已充分知晓该基金产品或者  │
服务风险高于其承受能力,并明  ├── 警示确认
确作出愿意自行承担相应不利结  │
果的意思表示                  │  基金募集机构履行特别警示义务
                              │  后,普通投资者仍坚持购买该产
   销售 ─────────────────────┤  品或者服务的,基金募集机构可
                              │  以向其销售相关产品或者提供相
                              │  关服务
```

图14　跨级购买特殊程序

4. 适当性匹配相关信息更新

根据《适当性指引》第49条、第50条及第51条的规定,投资者信息发生重大变化的,基金募集机构要及时更新投资者信息,重新评估投资者风险承受能力,并将调整后的风险承受能力告知投资者。

基金募集机构销售的基金产品或者服务信息发生变化的,要及时依据基金产品或者服务风险等级划分参考标准,重新评估其风险等级。基金募集机构还要建立长效机制,对基金产品或者服务的风险定期进行评价更新。

由于投资者风险承受能力或基金产品或者服务风险等级发生变化,导致投资者所持有基金产品或者服务不匹配的,基金募集机构要将不匹配情况告知投资者,并给出新的匹配意见。

四、募集中的宣传推介与信息披露

(一) 宣传推介一般性要求

《募集行为办法》第21条第2款明确规定,募集机构应当根据私募基金的风

第四章
私募基金募集相关规定

险类型和评级结果，向投资者推介与其风险识别能力和风险承担能力相匹配的私募基金。

《募集行为办法》第 16 条规定，基金募集机构仅可以通过合法途径公开宣传管理人的品牌、发展战略、投资策略、管理团队、高管信息以及由协会公示的已备案私募基金的基本信息。基金募集机构应确保前述信息真实、准确、完整。

（二）募集推介材料

1. 推介材料专用性

根据《募集行为办法》第 22 条的规定，私募基金推介材料应由管理人制作并使用。管理人应当对私募基金推介材料内容的真实性、完整性、准确性负责。除管理人委托募集的基金销售机构可以使用推介材料向特定对象宣传推介外，其他任何机构或个人不得使用、更改、变相使用私募基金推介材料。

2. 募集材料中的信息披露要求

根据《募集行为办法》第 23 条的规定，募集机构应当采取合理方式向投资者披露私募基金信息，揭示投资风险，确保推介材料中的相关内容清晰、醒目。私募基金推介材料内容应与基金合同主要内容一致，不得有任何虚假记载、误导性陈述或者重大遗漏。如有不一致的，应当向投资者特别说明。私募基金推介材料内容如表 25 所示。

表 25　募集推介材料内容清单

分类	内容
管理人基本信息	包含管理人名称、登记编码、基金管理团队等基本信息以及在中基协上的公示信息（含相关诚信信息）。
基金基本信息	私募基金的名称和基金类型、基金托管情况（如无，应以显著字体特别标注）、其他服务提供商（如律师事务所、会计师事务所、保管机构等）、是否聘用投资顾问、外包情况、投资范围、投资策略和投资限制概况、收益与风险的匹配情况、风险揭示、承担的主要费用及费率、信息披露的内容、方式及频率。
账户基本信息	私募基金募集结算资金专用账户及其监督机构信息。
投资者相关重要信息	投资者承担的主要费用及费率，投资者的重要权利（如认购、赎回、转让等限制、时间和要求等）。

续表

分类	内容
私募基金采取合伙企业、有限责任公司组织形式的	应当明确说明入伙（股）协议不能替代合伙协议或公司章程。说明根据《合伙企业法》或《公司法》，合伙协议、公司章程依法应当由全体合伙人、股东协商一致，以书面形式订立。申请设立合伙企业、公司或变更合伙人、股东的，并应当向企业登记机关履行申请设立及变更登记手续。
其他	需明确指出该文件不得转载或给第三方传阅以及中基协规定的其他内容。

（三）募集推介行为规范

《募集行为办法》第24条及第25条以负面清单的形式，列举出了私募基金资金募集过程中的禁止性事项，具体如表26所示。

表26 禁止的推介行为及媒介渠道

禁止的推介行为	禁止的媒介渠道
①公开推介或者变相公开推介； ②推介材料虚假记载、误导性陈述或者重大遗漏； ③以任何方式承诺投资者资金不受损失，或者以任何方式承诺投资者最低收益，包括宣传"预期收益""预计收益""预测投资业绩"等相关内容； ④夸大或者片面推介基金，违规使用"安全""保证""承诺""保险""避险""有保障""高收益""无风险"等可能误导投资人进行风险判断的措辞； ⑤使用"欲购从速""申购良机"等片面强调集中营销时间限制的措辞； ⑥推介或片面节选少于6个月的过往整体业绩或过往基金产品业绩； ⑦登载个人、法人或者其他组织的祝贺性、恭维性或推荐性的文字； ⑧采用不具有可比性、公平性、准确性、权威性的数据来源和方法进行业绩比较，任意使用"业绩最佳""规模最大"等相关措辞； ⑨恶意贬低同行； ⑩允许非本机构雇用的人员进行私募基金推介； ⑪推介非本机构设立或负责募集的私募基金； ⑫法律、行政法规、中国证监会和中基协禁止的其他行为。	①公开出版资料； ②面向社会公众的宣传单、布告、手册、信函、传真； ③海报、户外广告； ④电视、电影、电台及其他音像等公共传播媒体； ⑤公共、门户网站链接广告、博客等； ⑥未设置特定对象确定程序的募集机构官方网站、微信朋友圈等互联网媒介； ⑦未设置特定对象确定程序的讲座、报告会、分析会； ⑧未设置特定对象确定程序的电话、短信和电子邮件等通信媒介； ⑨法律、行政法规、中国证监会规定和中基协自律规则禁止的其他行为。

第 四 章
私募基金募集相关规定

五、风险揭示及基金合同签署流程

本部分内容是关于风险揭示义务及基金签署合同过程中募集机构需履行的义务，需要注意的是，根据《募集行为办法》第 32 条的规定，私募基金投资者属于以下情形的，可以不适用《募集行为办法》第 17 条至第 21 条、第 26 条至第 31 条的规定：

1. 社会保障基金、企业年金等养老基金，慈善基金等社会公益基金；
2. 依法设立并在中基协备案的私募基金产品；
3. 受国务院金融监督管理机构监管的金融产品；
4. 投资于所管理私募基金的管理人及其从业人员；
5. 法律法规、中国证监会和中基协规定的其他投资者。

投资者为专业投资机构的，可不适用投资冷静期、投资回访以及特别解除权相关规定。

（一）风险揭示义务及揭示内容

《募集行为办法》第 26 条规定，在投资者签署基金合同之前，募集机构应当向投资者说明有关法律法规，说明投资冷静期、回访确认等程序性安排以及投资者的相关权利，重点揭示私募基金风险，并与投资者签署风险揭示书。

风险揭示书的内容包括但不限于：

1. 私募基金的特殊风险，包括基金合同与中基协合同指引不一致所涉风险、基金未托管所涉风险、基金委托募集所涉风险、外包事项所涉风险、聘请投资顾问所涉风险、未在中基协登记备案的风险等；
2. 私募基金的一般风险，包括资金损失风险、基金运营风险、流动性风险、募集失败风险、投资标的的风险、税收风险等；
3. 投资者对基金合同中投资者权益相关重要条款的逐项确认，包括当事人权利义务、费用及税收、纠纷解决方式等。

具体可参见中基协发布的《私募投资基金风险揭示书内容与格式指引》[①]。

[①] 参见中基协：《关于发布〈私募投资基金募集行为管理办法〉的通知》，载中基协网站 2016 年 4 月 15 日，https：//www.amac.org.cn/xwfb/tzgg/201604/t20160415_18610.html。

(二) 基金合同签署流程

1. 签署前的审慎核查义务

根据《募集行为办法》第 27 条的规定，在完成私募基金风险揭示后，募集机构应当要求投资者提供必要的资产证明文件或收入证明。《备案指引》第 5 条同样强调了对投资者出资能力核验的要求。

募集机构应当合理审慎地审查投资者是否符合私募基金合格投资者标准，依法履行反洗钱义务，并确保单只私募基金的投资者人数累计不得超过《基金法》《公司法》《合伙企业法》等法律规定的特定数量。合格投资者标准具体详见上文内容。

《募集行为办法》第 9 条强调，任何机构和个人不得为规避合格投资者标准，募集以私募基金份额或其收益权为投资标的的金融产品，或者将私募基金份额或其收益权进行非法拆分转让，变相突破合格投资者标准。募集机构应当确保投资者已知悉私募基金转让的条件。投资者应当以书面方式承诺其为自己购买私募基金，任何机构和个人不得以非法拆分转让为目的购买私募基金。

2. 基金合同内容规范指引

为规范基金合同内容，中基协发布了《私募投资基金合同指引》（1—3号），其中包含了契约型私募基金合同内容与格式指引、公司章程必备条款指引、合伙协议必备条款指引等详尽的指引内容，考虑其规定较为细致繁杂，碍于篇幅本章暂不展开。

3. 签署后投资冷静期设置

为保障投资者利益，《募集行为办法》第 29 条设置了投资冷静期制度，规定基金合同应当约定给投资者设置不少于 24 小时的投资冷静期，基金募集机构在投资冷静期内不得主动联系投资者。

私募股权投资基金、创业投资基金的基金合同可以约定投资冷静期自基金合同签署完毕且投资者缴纳认购基金的款项后起算，也可以另行约定。

4. 冷静期后回访制度

《募集行为办法》第 30 条规定，募集机构应当在投资冷静期满后，指令本机构从事基金销售推介业务以外的人员以录音电话、电邮、信函等适当方式进行投资回访。回访过程不得出现诱导性陈述。募集机构在投资冷静期内进行的回访确

第 四 章
私募基金募集相关规定

认无效。

回访应当包括但不限于以下内容：

（1）确认受访人是否为投资者本人或机构；

（2）确认投资者是否为自己购买了该基金产品以及投资者是否按照要求亲笔签名或盖章；

（3）确认投资者是否已经阅读并理解基金合同和风险揭示的内容；

（4）确认投资者的风险识别能力及风险承担能力是否与所投资的私募基金产品相匹配；

（5）确认投资者是否知悉投资者承担的主要费用及费率，投资者的重要权利、私募基金信息披露的内容、方式及频率；

（6）确认投资者是否知悉未来可能承担投资损失；

（7）确认投资者是否知悉投资冷静期的起算时间、期间以及享有的权利；

（8）确认投资者是否知悉纠纷解决安排。

5. 特别解除权

《募集行为办法》第31条规定，基金合同应当约定，投资者在募集机构回访确认成功前有权解除基金合同。出现前述情形时，募集机构应当按合同约定及时退还投资者的全部认购款项。未经回访确认成功，投资者交纳的认购基金款项不得由募集账户划转到基金财产账户或托管资金账户，管理人不得投资运作投资者交纳的认购基金款项。

六、私募基金募集结算资金账户

（一）募集结算资金专用账户的井立

根据《募集行为办法》第12条的规定，基金募集机构或相关合同约定的责任主体应当开立私募基金募集结算资金专用账户，用于统一归集私募基金募集结算资金、向投资者分配收益、给付赎回款项及分配基金清算后的剩余基金财产等，确保资金原路返达。

私募基金募集结算资金是指由基金募集机构归集的，在投资者资金账户与私募基金财产账户或托管资金账户之间划转的往来资金。募集结算资金从投资者资金账户划出，到达私募基金财产账户或托管资金账户之前，属于投资者的合法财产。

(二) 募集结算资金的独立性

《募集行为办法》第 14 条规定,涉及私募基金募集结算资金专用账户开立、使用的机构不得将私募基金募集结算资金归入其自有财产。禁止任何单位或者个人以任何形式挪用私募基金募集结算资金。管理人、基金销售机构、基金销售支付机构或者基金份额登记机构破产或者清算时,私募基金募集结算资金不属于其破产财产或者清算财产。

(三) 监督机构

《募集行为办法》第 13 条规定,基金募集机构应当与监督机构签署账户监督协议,明确对私募基金募集结算资金专用账户的控制权、责任划分及保障资金划转安全的条款。监督机构应当按照法律法规和账户监督协议的约定,对募集结算资金专用账户实施有效监督,承担保障私募基金募集结算资金划转安全的连带责任。

取得基金销售业务资格的商业银行、证券公司等金融机构,可以在同一私募基金的募集过程中同时作为募集机构与监督机构。符合前述情形的机构应当建立完备的防火墙制度,防范利益冲突。

上述监督机构,是指中国证券登记结算有限责任公司、取得基金销售业务资格的商业银行、证券公司以及协会规定的其他机构。监督机构应当成为中基协的会员。

管理人应当向中基协报送私募基金募集结算资金专用账户及其监督机构信息。

七、非居民金融账户涉税信息尽职调查及反洗钱义务

(一) 非居民金融账户涉税信息尽职调查

根据《非居民金融账户涉税信息尽职调查管理办法》(以下简称《涉税尽调办法》)第 3 条、第 4 条的规定,金融机构应当遵循诚实信用、谨慎勤勉的原则,针对不同类型账户,按照《涉税尽调办法》的规定,了解账户持有人或者有关控制人的税收居民身份,识别非居民金融账户,收集并报送账户相关信息。金融机构应当建立完整的非居民金融账户尽职调查管理制度,设计合理的业务流程和操作规范,并定期对《涉税尽调办法》的执行落实情况进行评估,妥善保管尽职调

第四章
私募基金募集相关规定

查过程中收集的资料,严格进行信息保密。金融机构应当对其分支机构执行《涉税尽调办法》规定的尽职调查工作作出统一要求并进行监督管理。

同时根据《涉税尽调办法》第6条的规定,私募投资基金等以投资、再投资或者买卖金融资产为目的而设立的投资实体属于上述金融机构的范畴,应当依规履行涉税尽调义务。《涉税尽调办法》对于个人账户及机构账户涉税尽调的具体方式、调查内容等都作了详细的规定,碍于篇幅,暂不详细展开。

(二)反洗钱义务

《募集行为办法》第6条明确规定了募集机构的反洗钱义务,因此,虽然目前的法律法规体系中并未明确私募基金募集机构反洗钱义务的具体内涵以及提供操作指引,但各募集机构仍然可以参考《反洗钱法》《金融机构反洗钱规定》《金融机构客户身份识别和客户身份资料及交易记录保存管理办法》以及中基协发布的《证券公司反洗钱工作指引》《基金管理公司反洗钱工作指引》自觉履行反洗钱义务。其中,《基金管理公司反洗钱工作指引》从反洗钱义务的基本要求、客户身份识别和风险等级划分、大额交易和可疑交易报告、资料保存和信息保密、培训与宣传等方面系统地整理了反洗钱义务的履行要求,具有重要的参考价值。

八、法律责任

(一)《监管条例》规定的法律责任

《监管条例》第49条规定,违反《监管条例》第19条规定,未向投资者充分揭示投资风险,并误导其投资与其风险识别能力和风险承担能力不匹配的私募基金产品的,给予警告或者通报批评,并处10万元以上30万元以下的罚款;情节严重的,责令其停止私募基金业务活动并予以公告。对直接负责的主管人员和其他直接责任人员给予警告或者通报批评,并处3万元以上10万元以下的罚款。

(二)《募集行为办法》规定的法律责任

根据《募集行为办法》第六章的规定,中基协可以按照相关自律规则,对会员及登记机构的私募基金募集行为合规性进行定期或不定期的现场和非现场自律检查,会员及登记机构应当予以配合。针对不同的违规募集行为,中基协可能采取要求限期改正、行业内谴责、加入黑名单、公开谴责、暂停受理或办理相关业务、撤销管理人登记等纪律处分;对相关工作人员采取要求参加强制培训、行业内谴责、加入黑名单、公开谴责、认定为不适当人选、暂停基金从业资格、取消基金从业资格等纪律处分措施。

同时规定，募集机构在一年之内两次被采取谈话提醒、书面警示、要求限期改正等纪律处分的，中基协可对其采取加入黑名单、公开谴责等纪律处分；在两年之内两次被采取加入黑名单、公开谴责等纪律处分的，中基协可以采取撤销管理人登记等纪律处分，并移送中国证监会处理。

(三)《适当性管理办法》规定的法律责任

根据《适当性管理办法》第37条至第42条的规定，经营机构违反办法规定的，中国证监会及其派出机构可以对经营机构及其直接负责的主管人员和其他直接责任人员，采取责令改正、监管谈话、出具警示函、采取监督管理措施、警告罚款、市场禁入等监督管理措施。

(四)《九民纪要》规定的法律责任

在《九民纪要》中，最高人民法院强调在审理金融产品发行人、销售者以及金融服务提供者（以下简称卖方机构）与金融消费者之间因销售各类高风险等级金融产品和为金融消费者参与高风险等级投资活动提供服务而引发的民商事案件中，必须坚持"卖者尽责、买者自负"原则，将金融消费者是否充分了解相关金融产品、投资活动的性质及风险并在此基础上作出自主决定作为应当查明的案件基本事实，依法保护金融消费者的合法权益，规范卖方机构的经营行为。

例如，《九民纪要》第74条规定，金融产品发行人、销售者未尽适当性义务，导致金融消费者在购买金融产品或者接受金融服务过程中遭受损失的，金融消费者既可以请求金融产品的发行人承担赔偿责任，也可以请求金融产品的销售者承担赔偿责任，还可以请求金融产品的发行人、销售者共同承担连带赔偿责任。这意味着，在基金募集过程中，若管理人在履行适当性核查义务上存在瑕疵，便可能对投资损失承担赔偿责任。《九民纪要》第75条规定，卖方机构不能提供其已经建立了金融产品（或者服务）的风险评估及相应管理制度，对金融消费者的风险认知、风险偏好和风险承受能力进行了测试，向金融消费者告知产品（或者服务）的收益和主要风险因素等相关证据的，应承担举证不能的法律后果。此外，《九民纪要》第76条规定了金融机构告知说明义务，第77条确定了损失赔偿数额的计算标准，第78条则列举了相应的免责事由。

私募股权投资基本流程概述

第五章

根据中基协发布的数据，截至 2024 年 1 月末，存续基金规模 20.33 万亿元，其中，私募股权、创业投资基金存续规模达 14.32 万亿元，私募股权投资基金已成为市场上重要的投资主体。私募股权投资基金除利用自有资金进行对外投资之外，多数情况下基金所募集的资金来自投资人并由专业的管理团队进行管理及投资，因此基金会制定明确的制度文件以保证基金各项业务的合法合规运作，其中就有私募基金的投资流程（见图 15）。

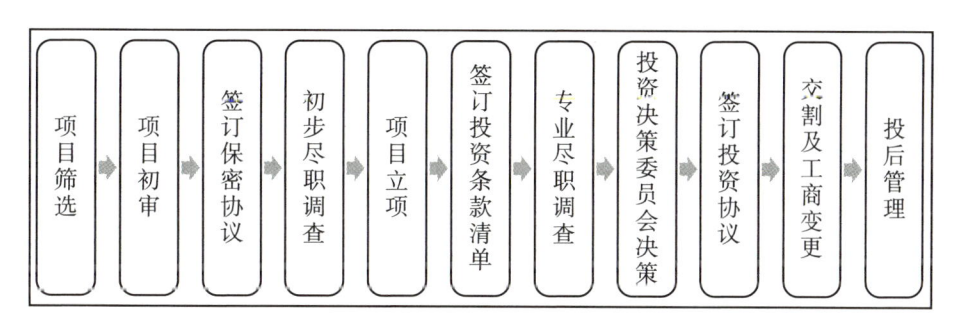

项目筛选 → 项目初审 → 签订保密协议 → 初步尽职调查 → 项目立项 → 签订投资条款清单 → 专业尽职调查 → 投资决策委员会决策 → 签订投资协议 → 交割及工商变更 → 投后管理

图 15 私募股权投资基本流程

一、项目筛选与初审

私募股权投资基金的投资团队可以通过财务顾问介绍、人脉推荐、行业研究，甚至创业大赛、展会等多种渠道获取项目源，之后通过初步筛选，过滤掉发展潜力不足、不符合投资策略的企业。对于项目的初步筛选，基金对不同行业、不同发展阶段的企业所关注的侧重点有所不同，通常会由投资团队对项目进行初始人访谈、现场考察，分析企业的行业定位、竞争优势、盈利模式、融资方案等，判断与基金自身的投资策略是否匹配。基金内部对于项目投资均设有不同的标准，例如，某基金仅投资于大健康行业、某基金对于被投企业设置了严格的财务数据要求（最近两年连续盈利且最近一年净利润不少于2000万元）、某基金优先考虑国家鼓励类产业范围且项目处于细分行业领先地位等。

在项目收集与筛选过程中，除了应当符合基金内部投资策略定位之外，还应当确保拟投项目符合法律法规对于基金投资范围的基本要求。例如，《登记备案办法》第31条明确规定了私募股权基金的投资范围，包括"未上市企业股权，非上市公众公司股票，上市公司向特定对象发行的股票，大宗交易、协议转让等方式交易的上市公司股票，非公开发行或者交易的可转换债券、可交换债券，市场化和法治化债转股，股权投资基金份额，以及中国证监会认可的其他资产"。《备案指引2号》第13条及第14条对私募股权基金的投资范围进行了大幅的细化和补充。

在基金对项目源进行筛选之后，大部分项目会因各种因素无法进入下一阶段，少数基本面符合基金投资策略的项目将会进入基金内部的初审环节，从这一环节开始，投资团队将在拟投项目中投入大量精力进一步分析和及时跟进。

二、签订保密协议

项目初审通过，意味着基金方初步认定该项目具备投资价值，但是否进行投资需要对项目方进行尽职调查。在进行初步尽职调查之前，基金方需要与拟投项目方签订保密协议。处于风口期的优质项目可能会在短时间内与不同的投资方签署数10份甚至上百份保密协议，虽然并非所有签署了保密协议的投资方都会继续推进，但保密协议仍可视为投资方抛出的橄榄枝。

保密协议的主要内容是投融资交易过程中信息接收方向信息披露方承诺，对磋商过程中知悉的技术信息、行业信息、交易信息、经营信息等保密信息负有一定期限的保密义务，违反保密义务的当事人将承担相应的民事责任。保密协议的核心条款包括：承担保密义务的主体、保密信息的定义及使用范围、保密期限、保密措施、知识产权以及相应的违约责任、争议解决条款等。保密义务一般是投融资双方对彼此对等的承诺，但由于这一阶段中项目方是主要的保密信息披露方，因此在部分项目中，仅为基金方单方面对于项目方承担保密义务，也因此我

第五章
私募股权投资基本流程概述

们建议项目方应当尤其重视保密协议的条款设计与签署时点，从而有效降低信息泄露的交易风险，也起到防范极个别第三方恶意获取保密信息的效果。

保密协议通常是投资流程中基金方与项目方签署的第一个重要法律文件，在磋商保密协议的过程中，投融资双方对于彼此的行事风格、投资交易的认知水平等均有一定程度的了解。

三、初步尽职调查与立项

保密协议签署后，基金方即会对项目方展开初步的尽职调查。与签订投资意向书后的尽职调查有所不同，初步尽职调查重点在于对于项目的价值判断，而非细致的定量估值，同时，初步尽职调查主要由基金方自行完成，项目资料及时间等条件有限，要对调查内容有所侧重。初步尽职调查的主要内容有：项目公司的股权结构、股权变动以及实际控制人情况；创始人及管理团队情况；商业模式及市场份额、竞争优劣势；行业发展趋势、政策与监管环境；研发、采购、销售、上下游供应情况；财务情况、客户情况以及企业潜在的法律风险等。初步尽职调查要抓大放小，通过与相关人员访谈、查阅现有资料、公开渠道检索等方式在有限的条件下了解项目公司的实际情况，为项目是否立项提供判断依据。

在投资团队初步尽调的同时，基金方还会视情况与项目方初步商谈项目估值、交易架构、核心交易条款等事项。在这一阶段，基金方的合规风控部门也会结合初步尽调的情况对项目公司进行初步分析并发表初步意见。

立项程序要求投资项目组提交立项报告等相关资料，由决策机构进行表决，决定项目立项与否。项目立项意味着基金方将项目推向正式投资流程，进一步投入更多资源。一般来说，通过立项程序后项目将进入正式尽职调查阶段。

四、签订投资条款清单

引入第三方专业机构进行尽职调查前或专业机构尽职调查的同时，基金方为锁定投资机会，会基于目前对项目方的判断出具一份投资条款清单并与项目公司签署，签署方一般是基金或者基金管理人、项目公司、项目公司实际控制人。投资条款清单（Term Sheet，TS）概述了本次交易的主要条款和条件，篇幅较短、内容精练，涉及内容可以区分为两类。

（一）交易相关条款

正式投资协议中的核心条款在投资条款清单中都可能有所体现，包括但不限于估值及融资额度、资金用途、交易结构、投资先决条件、估值调整、投资方特殊权利、公司治理等。绝大多数投资条款清单中会约定，"除了'费用''保密''排他期''适用法律和争议解决'条款对各签署方具有法律约束力之外，其余条款在正式投资协议签署之前对各方均不具有法律约束力"，也就是说，这部分交易条款是现阶段投融资双方对于本次交易能够达成的共识，对于后续正式投资协议的拟定及谈判有着相当的"参考"价值，投融资双方通常会秉持诚信尽可能沿用投资条款清单的约定，尤其是在投资方内部已对项目立项的情况下，若涉及核心条款的变动将会带来更多耗时和不确定性。但是，这些交易条款并不产生法律效力，随着尽职调查的进行以及投资方对项目方的进一步了解，这些条款很可能会发生重大变化。

（二）效力条款

"费用""保密""排他期""适用法律和争议解决"条款是投资条款清单中能够产生法律效力的条款，也是投融资双方签署投资条款清单的主要出发点。以排他条款为例，排他条款系投资方对项目公司的约束，该条款约定在投资条款清单签署后的一定时间内，项目方不得与其他投资方达成/磋商相同或相似的投资交易，以此来保护投资条款清单中基金方的独家谈判权，防止在基金方付出大量成本推进交易时，项目方寻找其他投资机会导致投资目的落空。优质的项目方同样可能收获多份投资条款清单，排他条款的接受与否、排他期限长短、是否排除已知的其他投资方等内容，均是双方的谈判要点。

五、专业尽职调查

在项目通过立项并与投资方签署保密协议后，基金方会聘请外部律师及会计师共同对拟投项目进行全面、深入的尽职调查，主要围绕业务、法律、财务等多个维度进行专业评估。通过全面的尽职调查，专业机构协助投资方更深入地了解项目公司的真实情况，分析项目公司的问题、提出解决方案并提示风险，一定程度上解决信息不对称的问题，也为后续的条款谈判提供了重要基础。尽调结果将会在很大程度上影响基金方对于交易是否继续推进、估值及其他交易结构是否需要调整、核心条款设计等关键问题的判断,整个过程通常需要耗时 1—3 个月,是整个投资流程中的重要环节。

法律尽职调查的要点主要涵盖项目公司的历史沿革、股东与股权结构、业务、关联交易与同业竞争、资产、知识产权、劳动人事、财务与税务、环境与安全、诉讼、仲裁及行政处罚等多方面的信息。在尽调方法上,可以同时采取公开渠道检索、管理层访谈、实地走访、工商档案调取及第三方访谈等多种方式,最终形成书面尽调报告并提供给基金方。

特殊情况下,在取得投资部负责人、合规风控部负责人及投资决策委员会主任委员的同意后(或者经过其他基金内部规定的表决机制),可以不聘请外部第三方进行尽职调查。例如,基金仅为跟投方时,可以经协商后选择参考领投方的尽调报告,节省时间及财务成本;再如,项目方面对多个投资方的尽调负担过重,因此项目方自行委托专业机构对其进行尽职调查,并向投资方提供该等尽调报告。

六、投资决策委员会表决

专业尽职调查完成后,投资团队及合规风控部门将有关项目的各类报告、风险评估、已签署的投资条款清单(如有)等文件提交至投资决策委员会,由投资决策委员会根据议事规则最终作出是否投资的决策。投资决策委员会通常为私募基金投资的决策机构,一般由基金管理人的高级团队成员担任投资决策委员会委员,有时也会聘请外部专家担任委员,基金同时设有关于投资决策委员会组成、决策流程及评议规则等制度。

投资决策委员会评估项目通过与否的因素主要有:项目是否符合基金的投资策略、项目尽调结果、投资额度是否在权限范围内、项目的财务预测是否可观、投资方退出机制是否明朗、是否与基金存续期等安排相适配等。

投资决策委员会形成有效的表决决议之后,基金方方可与项目方推进投资协议的签署。若投资决策委员会认为投决项目需要补充说明,可以要求投资团队补充后重新上会表决。

七、签订投资协议

在项目上投决会表决之后或同时,投资团队将委托律师拟定投资协议初稿,并与项目方进行多轮谈判直至签署。

投资协议是关于本次投融资交易安排的正式法律文件，规定了投融资双方的权利义务以及交易安排，与投资条款清单不同，投资协议经签署后即对投资方和项目公司都具有法律效力，签署各方应当共同遵守。根据投资方式的不同，投资协议一般分为增资协议/股权转让协议、股东协议。增资协议/股权转让协议的主要条款包括：估值、投资方式、交割安排、陈述与保证、违约条款等内容；股东协议的主要条款包括：投资人的优先权利（优先购买权、优先认购权、保护性条款、回购权、反稀释权、领售权、共售权、优先分红权、清算优先权、知情权、优先投资权等）、创始人的权利限制（股权分期成熟及转让限制、员工股权激励、全职工作及竞业禁止、禁止劝诱等）。除正文外，投资协议还可能附有关键雇员清单、披露函等各类附件。投资协议包含复杂的商务和法律条款，不同的交易结构在条款设计上存在诸多不同，详见本书第九章、第十章。

在前期投融资双方签署的投资条款清单中，虽然已对部分核心内容达成共识，但随着交易的进一步推进，诸多条款和细节可能需要重新探讨设计。此外，如果项目公司在本次交易之前已经存在前轮投资人，则需要平衡本轮投资人与前轮投资人的利益关系；如果项目公司本次交易中存在多个投资方，还需要兼顾各个投资方的考量及内部控制要求；如果在本次交易进行的同时有在先股东存在退出意向，还需综合考虑交易步骤、税负等各个因素。因此，整个投资协议的谈判往往需要持续数月，需要投资方、项目方、各方律师、会计师的密切配合，共同处理可能出现的各种情况。

八、交割及工商变更

投资协议生效后，投资交易将正式推进到交割程序。当前的私募股权投资交易中，投资协议生效往往并不意味着投资人需要即时支付投资款，而是投融资双方在投资协议中约定，以满足一定先决条件为节点，全部先决条件达成或被投资方以书面形式豁免后，投资方才有义务支付投资款项（"交割"），实践中也多有分期支付投资款且每一期投资款支付前都应当满足一定先决条件的案例，交割安排亦是投资交易中双方博弈的重点之一。该等安排旨在督促项目公司尽快完成投资协议中约定的交割先决条件，常见的交割先决条件包括：项目公司工商变更登记完成、已向投资方提供股东名册及出资证明书、已向投资方提供预算、项目公司取得特定的业务资质、CXO 入职完成、解除代持关系、员工持股平台增资完成等。交割先决条件满足后，项目公司应当向投资方提供证明文件，投资方确认后按照投资协议约定向项目公司放款。

其中，项目公司何时进行关于本次融资的工商变更登记也需在投资协议中予以明确，先支付投资款后工商变更或反之、分期支付投资款的交易中分步办理工商变更等安排都属常见。

至此，投资协议签署且交割完成，投资方成为项目公司股东，享有法律、章程规定以及协议约定的股东权利并承担相应的义务。

九、投后管理

私募股权基金通常以财务投资人的角色对项目公司进行股权投资，因而投资完成后，基金方不会对项目公司的日常运营施以过多干涉，但出于资金安全等方面的考虑，私募股权基金需要对项目进行恰当的投后管理。在投资协议中亦会对投后管理作出一定安排，例如约定了投资方的董事委派权，投资方即可通过其委派的董事实现投后管理；例如约定了投资方的一票否决权，则项目公司发生重大事项时，均需事先征得投资方的同意方可进行。除此以外，投资方也会利用自身专业化的团队、丰富的经验和资源在一定程度上支持项目公司，帮助其健康发展，直至投资方实现退出。

第六章 常用法律尽调方法简介

常规投资流程中很重要的一步是对拟投资标的进行尽职调查，可能包括商业尽调、法律尽调、财务尽调、税务尽调、技术尽调、工程尽调等多个方面。根据拟投项目的具体情况，尽调可能着重于其中某些方面，但法律尽调几乎是每个投资项目中必不可少的一项。

根据标的所处行业、阶段及目的（特殊的例如反向尽调、由被投方自行进行的尽调等，不在本章讨论范围内），法律尽调时关注点可能存在较多的差异，但多数投资项目在尽调过程中采用的尽调方法，则无显著差异，通常包括根据尽调资料清单搜集、管理层访谈、第三方访谈、政府部门查档、公开渠道检索等。每一类都有一些更细节的方法。法律尽调中所侧重的方法，通常基于具体项目特征等方面需有所不同，具体尽调方法也须定制。

本章主要介绍法律尽调的一些常用尽调方法及其在实践中的常规要点。另外，本章所指的投资是指在一级市场中的投资并购，尤其指私募股权基金对未上市企业的股权投资，不涉及上市公司或其子公司的投资或被投行为。

一、尽调资料清单

（一）全面

法律尽调的第一步，通常是准备一份尽调所需的资料清单。这份清单，一般会列明关于拟投项目的所有需查阅的文件名称（或类型名称）。除客户非常明确地指示尽调范围局限于某几个特定领域外，这份清单原则上应该尽量全面，涵盖尽量广的方面。"全面"应该是这第一份尽调清单的主要特点之一。

第六章
常用法律尽调方法简介

实践中也常将尽调材料清单与尽调问题问卷融合为同一份尽调清单，并要求被尽调方进行逐一回复。此种操作相较于提供纯粹清单（而无须对方书面回复）更严谨，对于投资方而言更有利。

（二）定制

没有两个项目完全一样，对于尽调清单，常被忽略的一个要点是，尽调清单也要定制化。这不仅是将拟投项目的名称等体现于清单中。更重要的是，基于拟投项目的已有信息及公开可查的信息，尽量定制需关注的事项和问题。

在起草初步清单时，可以定制的问题至少可以包括基于拟投项目的行业特点、产品特点等设计具体的问题。此外，通常只要了解了标的名称等信息，即可通过公开渠道检索发现一些需关注的事实，进而在初步尽调清单中提出对应的材料要求及疑问，加快尽调进度。

（三）更新

法律服务者通常非常关心新法规。一个愈加明显的现象是，每当有新的规定（甚至只是草稿或修订稿的更新稿）公布时，从业者都铆足了劲写解读文章，新文章的出炉速度距离新规发布时点已恨不得按小时来计。但在非对外的层面，时常还有进步空间。例如，关于全面的法律尽调清单，无论是进行法律尽调的是外聘的律师团队，还是投资机构的内部法务或风控团队，其通常均有相应的尽调清单模板，但实践中时常会有一些尽调清单中的部分事项或要求因规定已被废止从而不适用，甚至还有过根据新规出现的新要求在清单中有所欠缺的情形。这些问题主要源于尽调清单模板（包括在出具具体清单时）未能及时更新。

比较好的操作是定期回顾和更新尽调清单模板。更好的操作则是在每次有新的相关规定出台时，尽快对应更新尽调清单。当然，这并不容易，不能立即对外显示的工作更显功夫。

（四）受众

在尽调过程中，常被忽视的一个问题是，尽调清单具体是出具给哪一方的什么人来处理。

处理这个清单的人员虽然通常隶属于被投方，但需进一步考虑到，实践中，清单处理人的身份或背景可能有很大差异，其各自理解清单中各项材料或问题的程度也不尽相同。例如，很多初创型企业尚未设立法务岗，可能只是创业团队中的一员（甚至是实控人本人）或财务等职能部门的人士来处理法律尽调材料的分工、搜集与提供，其专业背景并非直接与法律工作相关，其对于尽调清单中各项具体问题或要求的理解，与清单起草人的实际意图或需求，容易出现偏离。对于这种情况，尽调清单中的各项材料要求及问题，建议尽量清晰，必要时加以详细的备注作阐释或进一步说明。

（五）补充清单

随着尽调的进行，收到相关底稿材料和了解更多标的项目的信息后，通常会有进一步的具体材料需求，以及需要进一步了解的问题。此时，可以整理补充材料清单。合格的补充清单通常是非常定制化的，多数情况下需要列明具体的问题和有名称的材料。

在对业务已有一定规模的标的企业进行法律尽调时，补充清单的数量经常不止一份，随着尽调的深入不断补充。

二、管理层访谈

（一）必要

商业运营中的很多信息可能并不能完全体现在具体的书面材料中。故尽调时通常还需要与项目公司内部人士进行访谈，以便对尽调材料中未能显示的信息，予以说明和补充；有时也借此对一些重要信息，进行交叉验证。

在做尽调安排时，需要考虑访谈的时间。一方面，如果访谈对象多或涉及的中介方和部门多，协调管理层访谈时间也不轻松。另一方面，对于已有一定业务规模的项目公司尽调时，在消化了大部分甚至全部书面尽调材料后再进行访谈，才会更有针对性，更能深挖关键的细节。

（二）访谈对象

具体需要访谈的对象，取决于访谈的目的及具体需求（需要了解的具体问题）。通常除了项目公司的实控人或核心团队外，重要职能部门的管理人员也会作为访谈对象。当然，访谈的目标还是获取需要的信息，如果发现有更合适的人员（比如一些职能部门的前线员工）更了解尽调时关注的具体问题，也应加入访谈对象。

如果是对于控股权收购或整体收购型的交易，有时出于严格保密的要求，

第六章
常用法律尽调方法简介

即使在被尽调方的人员中,知悉拟进行的交易的人员数量可能非常有限,这种情况下搜集全部尽调材料、访谈不同部门的人员,在操作上也可能会面临一些挑战。除了协调好对应的沟通口径外,有时各方需要考虑设计特殊的尽调方案(例如将尽调拆分成不同的阶段),并在交易文件通过设计合适的交易机制等来解决。

(三)访谈要点

法律尽调的访谈环节通常是在搜集到且消化了全部或大部分底稿材料后进行的,故理论上尽调团队应已对项目公司及项目有了一定的了解,需与在管理层访谈中进一步沟通的事项,通常较有针对性或非常具体。

大部分投资项目尽调节奏都比较快,尽调团队需要在较短时间内(经常是当晚)快速消化已收到的材料,同时整理出对应的访谈问题提纲或清单。实践中,有时候如果项目公司已提供对应的材料,但尽调团队因未及时查看而仍旧在访谈中屡次提出重复的、不必要的问题时,容易引起各方的反感甚至质疑。

虽然通常尽调访谈前会准备访谈提纲或清单,但访谈中如果了解到新的信息,尽调团队应当场迅速分析信息并进行必要的追问。追问是否到位,比较考验尽调团队对于该次尽调内容的把控程度。

一般而言,在一级市场的投资交易法律尽调过程中,被投方管理层对于其在访谈中的回复,没有法定的签字或公司盖章的要求。至于尽调材料及管理层访谈中体现或给出的各项信息,最终需要体现在交易文件中,通过例如"陈述与保证"等机制来形成约定的责任。

二、调档

对于需在政府部门进行备案或登记的事项(尤其是以其作为生效要件的情形),调取并核查相关备案/登记档案的完整、准确性尤为重要。以股权投资或并购项目为例,通常至少要调取项目公司的工商档案;如项目公司或底层资产还涉及任何不动产,则还需要调取其所持所有不动产物业的产权档案等。

(一)关于工商调档

1. 是否可以直接查询电子档

较长时间以来,公司等市场主体的工商材料需要在市场监督管理部门(有些地方可能只能在特定的部门，例如档案部）现场查询。一些地区的市场监督管理部门为执业律师提供了方便的查询途径，例如可以在网络系统中即可查阅已电子化的企业工商档案材料（包括内档及外档）。但对于尚未开通电子查询的地区，则需提前沟通确认具体办理的方式和所需材料。

2. 档案是否包括最新的变更材料

需调取的工商档案应包括最近变更的档案。对于每一次设立及变更，市场监督管理部门从受理材料到完成备案再到最后完成该次材料入档，均需一定时间。实践中我们见到各个地区的入档时间存在一些差异，效率较高的地区仅需数个工作日，常见的需要数周，少数地区曾有过变更材料经近一年仍未入档的极端情形。

如发现工商档案未包括最近的变更文件，则需通过其他方式来进一步核查。

3. 档案是否包括股权质押的材料

虽然通常股权质押作为公司工商备案所受理事项之一，理应包括在工商档案中，但实践中曾碰到在多个地区的工商档案调取时，企业的常规内档材料未包括股权质押材料，即该两套文件是需要分别向不同的窗口甚至办公地点申请办理的。故最好在调档前与当地市场监督管理部门咨询确认。

（二）关于产权调档

在收并购及投资项目中，如果项目公司或集团持有任何不动产，则需要调取该等物业的产权档案。

1. 登记信息类型

实践中部分地区的不动产登记机构并非默认会提供其系统中所有可提供的信息，而是仅根据申请人明确其申请查阅的具体事项或进行明确勾选后再提供该等具体事项的登记结果。如碰到此种情形，建议提前明确该次调档所需关注的所有事项，尽量完整勾选或在申请书中予以详细列明。常规的可申请事项包括房屋信息、土地信息、房地产抵押信息、预购房屋及抵押信息、建设工程抵押信息、权利限制信息、房屋租赁信息、异议信息、文件信息、地役权信息、居住权信息、宅基地信息等。

出于全面且审慎尽调的考虑，不动产物业的各项登记信息均应尽量予以查询和核对，故建议在可行范围内扩展申请查阅的登记信息。

2. 产调呈现形式

在查询结果呈现形式上，各地不动产登记机构提供的查询结果形式可能存在一定差异。例如，部分地区对于每一个物业单元的全部查询结果仅显示于一页纸上，但也有地区对于每一个物业单元，根据不同的申请事项，会将每一个申请事项的对应结果显示于单独一页纸中，对应的信息颗粒度也时常有显著的差异。

如果尽调时涉及的物业单元较多（该等查询通常被登记机构视为大批量查询），该等差异会更加明显。实践中，对于大批量查询，部分地区的不动产登记机构可以提供列表式的查询结果，效率可能较高，但各单元的信息颗粒度较粗；而部分不动产登记机构如对于每一类申请事项均需单独出具结果时，所需的时间则会显著增加（部分地区不动产登记机构的大批量查询较多时，排队查询时间可能长达数周），对于尽职调查的时间影响也会较为明显，需要尽调团队予以权衡和把控。

四、第三方访谈

除与项目公司的直接沟通外，视投资项目具体情况需要，可能还涉及与相关第三方的直接沟通。该等第三方通常包括重要客户及供应商，部分项目还可能涉及与相关政府部门的访谈等，此外在母基金性质的主体搜集合适的子基金或管理人的投资中还可能涉及对该子基金或管理人的被投方的尽调等。

（一）对于客户及供应商的走访

不同于首次公开募股（IPO）项目的法律尽调中对于重要客户及供应商的走访，一级市场的并购及投资项目中对于重要客户及供应商的走访可以有必要的侧重，对于访谈对象的选择也可根据项目的具体情况有所取舍。在访谈中，很重要的目的之一是发现各方履行相关协议的情况与该等协议中的约定是否存在不一致或超出协议约定等异常情形，并结合并购或投资的重点目标来判断这些异常情形是否存在潜在风险等。

（二）政府访谈

1. 必要性

在很多并购或投资项目中，尽管交易各方为商事主体，如果标的项目的发展或推进或交易本身将在很大程度上取决于有关政府主管部门的意见时，以及若有很重要的事项在正式签订投资协议或并购文件前无法获得主管部门明确意见时，在尽调阶段与主管部门进行前期访谈或沟通实有必要。

2. 访谈对象

关于访谈对象的确定，通常卖方或项目公司本身与主管部门应已建立初步业务联系，故此时更适合由其负责来联系合适的访谈对象。实践中一些并购项目由于各种原因，确定合适的访谈部门、访谈对象并安排对方接受访谈等并非轻松之事，如在预期时间内难以成行的，则需要交易各方尽快沟通其他替代方案。

3. 访谈方式

关于访谈的方式，则在很大程度上取决于主管部门能配合进行访谈的方式。实践中有些投资方的内控要求对于任何访谈需采取录音等方式，但该等要求可能与受访方尤其是政府部门能接受的方式相冲突。如碰到此种情形，则需要尽调团队及各方提前沟通确定合适的访谈方式，以免对访谈过程或成果认定造成障碍。

五、公开渠道检索

每一个投融资及并购项目的尽职调查过程都少不了在公开渠道的检索环节。常规的检索渠道取决于需核查的具体事项，通常而言，至少包括了工商登记信息、诉讼信息（包括过往涉诉信息及近期的开庭通知等）、处罚信息、失信执行信息、证照信息、融资信息等。各项信息的核查均存在对应的检索网站或数据库，市场上已有较多的文章汇总这些网站及数据库，在此不再赘述。

需注意的是，对于某一类信息，可能存在多个检索渠道，应区分较权威的渠道及仅供参考的渠道，并尽可能交叉检索。例如对于工商登记信息的检索，除了国家企业信用信息公示系统外，市场上还存在使用上更为便利的查询工具，例如天眼查、企查查等，但各类工具抓取和显示的信息可能存在一定差异，且并非实时更新，故实践中时常发生不同查询工具对于同一家企业查询到的某些结果不一致的情形。因此，在使用查询工具进行检索时应尽量多用不同工具交叉核对，并结合国家企业信用信息公示系统（虽然使用上便利性较差）等由政府主管部门维护的数据库中查询的结果进行确认。

以上所列仅为在投融资及并购项目的法律尽职调查过程中部分常用的尽调方法，以及所涉及的一些关注点，并非完整列举。实务中，每个项目的尽调过程中所需使用的尽调方法需根据该项目的具体特点及投资方/买方的特定需求进行定制。

保密协议 | 第七章

保密协议作为一个常见的法律文件，在劳动关系、商务合作等诸多场景中都会出现，因此很多交易当事人在看到保密协议后并未引起足够重视，草率签署，然而实践中因保密协议及保密信息引发的各类纠纷并不罕见。在投融资交易中，投融双方会不可避免地接触到对方的保密信息，签订保密协议对信息接收方进行约束，对于保密信息的披露方而言尤为重要。本章结合投融资项目实操经验，对投融资交易中保密协议的主要内容予以梳理及提示。

一、保密协议概述

在保密协议中，披露保密信息的一方当事人被称为披露方，接受保密信息的另一方被称为接收方，也是承担保密义务的承担主体。与其他场景中的保密协议不同，投融资交易中主要的信息披露方是融资方，常见的披露信息包括融资方的经营信息、财务数据、商业秘密等，而投资方更多的作为信息接收方，因此双方对于保密协议的诉求会存在明显不一致。

融资方开始披露保密信息的时间节点通常在投资方对其展开正式的尽职调查之时，因此保密协议的签订时间一般在双方具备初步投资意向之后、正式的尽职调查开始之前，否则没有保密协议的约束，融资方将面临极大的信息泄露风险。保密协议的沟通及签订能够在一定程度上降低交易风险，加深彼此信任，促进双方进一步推进交易进行，同时也能够在出现争议时作为解决纠纷的依据。

二、保密协议主要内容及关注要点

（一）保密协议涉及的相关主体

1. 缔约方

保密协议的签署主体即保密协议的缔约方，通常即为保密信息的披露方和接收方。实务中披露方未必是保密信息的实际所有者，也可能是合法占有该披露信息的人，或法律上允许其有权利披露该信息的人；接收方可能是个人或是企业，如果接收方是企业，那么接收方可能会指定某个自然人作为其特定的信息接收方，但实际的保密义务承担主体应为该企业。保密协议的签署主体与实际交易主体有可能出现不一致的情况，因此应当在保密协议中对接收方的范围和保密协议的用途作出合理界定。例如，投融双方都有可能会设立特殊目的公司以便利商事交易的实现，若以特殊目的公司作为缔约方签署保密协议时，需注意审查和穿透最终的权利义务实体。

2. 关联方及专业顾问

投资方作为主要的信息接收方，自然希望有权接触保密信息的主体范围尽可能广泛，以便于其内部的信息传递等，因此一般投资方会要求将主体范围扩大为"接收方及其关联方的股东、董事、高级管理人员、员工以及接收方聘请的律师事务所、会计师事务所等专业顾问"。然而前述主体并非保密协议的签署主体，为降低风险，此时披露方可以考虑对该等条款加以限制，例如，前述主体仅可"为本项目工作之必要"而"在合理范围内"接触保密信息，并且前述主体应当承担与缔约方同等的保密义务，如有违反，则由缔约方承担相应的法律责任。

3. 保密义务承担主体

投融资交易中融资方为主要的信息披露方，因此很多保密协议是由投资方单向地承担保密义务，融资方仅作为信息披露方而不对投资方承担保密义务。但是，投资方透露的估值意见、尽调方法、投资意向书条款等信息也可以被视为保密信息，部分情况下融资方还有可能会对投资方进行反向尽调，此时双方都有必要签订对等的保密协议，互相披露信息且互负保密义务。实践中两种约定方式均属常见，但在不同的约定方式下，双方对于具体条款的谈判策略与态度有着明显区别，如果是双方互负保密义务的保密协议，则双方更倾向于抓大放小、快速推

第七章
保密协议

进保密协议。

（二）保密信息

1. 保密信息的范围

保密信息的约定方式一般采取正面概括加上反面排除的形式确立，该等内容属于保密协议的重点条款之一。正面概括是指披露方向接收方提供的所有信息，例如披露方或其员工提供的文件、数据、图纸、表格、证书等经营、财务、技术等信息，具体由双方视情况调整；反面排除是指列明几种特定类型的信息不属于保密信息，避免接收方承担不合理的保密义务，例如披露方已自行公开的信息、在披露方提供之前已经为接收方以合法方式获得的信息等。保密信息定义的宽泛与否直接关系到双方的权利义务范围，虽然拓宽保密信息的定义可能在一定程度上有利于披露方的信息保护，但保密信息的范围也不宜太过宽泛模糊，否则披露方可能会被质疑并未对保密信息采取适当的保密措施从而把有关信息排除在保密义务范围之外。

除通常的保密信息外，保密协议本身也可纳入保密范畴，包括双方对于保密协议的磋商过程、保密协议的存在、保密协议的内容等事项，此类保密应为双方相互负有保密义务。

2. 保密信息的形式

在对保密信息进行界定时，双方也会对保密信息的形式予以关注，接收方倾向于保密信息仅指以书面形式提供并已明确标记保密字样的信息，而披露方则倾向于选择更宽松的定义及更简洁的传输措施，例如，"本协议所述保密信息无论是否已被明示为保密或专有信息，且保密信息可以以各种介质和形式存储或传递，包括但不限于以数据、文字、图片及记载上述内容的资料、光盘、软件、图书等有形媒介体现，或者以语言等视听形式传递"。

对于保密措施的宽松程度可以参考《最高人民法院关于审理侵犯商业秘密民事案件适用法律若干问题的规定》中的思路，该规定第5条第2款规定："人民法院应当根据商业秘密及其载体的性质、商业秘密的商业价值、保密措施的可识别程度、保密措施与商业秘密的对应程度以及权利人的保密意愿等因素，认定权利人是否采取了相应保密措施。"第6条规定了人民法院应当认定权利人采取了相应保密措施的情形，包括："（一）签订保密协议或者在合同中约定保密义务的；（二）通过章程、培训、规章制度、书面告知等方式，对能够接触、获取商业秘密的员工、前员工、供应商、客户、来访者等提出保密要求的；（三）对涉密的厂房、车间等生产经营场所限制来访者或者进行区分管理的；（四）以标记、分类、隔离、加密、封存、限制能够接触或者获取的人员范围等方式，对商业秘密及其载体进行区分和管理的；（五）对能够接触、获取商业秘密的计算机设备、电子设备、网络设备、存储设备、软件等，采取禁止或者限制使用、访问、存储、复制等措施的；（六）要求离职员工登记、返还、清除、销毁其接触或者获取的商业秘密及其载体，继续承担保密义务的；（七）采取其他合理保密措施的。"可以看出，融资方应当对商业秘密采取合理的保密措施并能够体现出主观上的保密意愿，实务中如果仅有口头叙述而无法证明已披露了保密信息的事实，在出现纠纷时，披露方将可能面临对接收方的违约行为举证不能的风险。

3. 权利保留

披露方通常会在协议中明确，该协议不代表对接收方进行任何知识产权等有关方面的许可，条款例如"披露方不授予接收方关于保密信息的所有权以及任何基于保密信息的知识产权、商业秘密和属于披露方的其他权利下的权利、产权或利益"。部分协议中还会设置完整的知识产权保护条款。

（三）保密义务

接收方的保密义务主要体现在以下方面：

1. 接收方仅可将保密信息用于特定用途，通常会在保密协议中明确仅为本次投资合作之目的使用保密信息；

2. 接收方仅可将保密信息提供给协议约定的特定主体（例如前文所述的关联方）或者其他事先经过披露方同意的第三方，并且应当促使接触保密信息的人员承担与本协议同等的保密义务；

3. 接收方应当采取严格的保密措施，常见表述如"接收方应对保密信息严格保密，至少应采取保护本公司商业秘密同样的措施保护披露方保密信息的机密性，且在任何情况下保护程度不得低于合理注意义务"；

4. 如接收方根据法律规定有义务披露保密信息，应当及时通知披露方。

（四）陈述与保证

在少数保密协议中会设置陈述与保证条款，主要的内容是投资方要求融资方

第七章
保密协议

甚至创始人承诺其为有权披露，且不违反法律法规规定、不损害其他方的合法权益。也有投资方要求披露方承诺其披露信息的完整性、准确性与真实性，但是此类要求在保密协议阶段通常难以被披露方接受，更多时候投资方需要凭借自身专业性加以判断，在正式的投资协议中才会有完整的陈述与保证章节。

（五）保密期限

融资方出于信息保护的考虑，会尽可能将保密期限拉长，例如约定为"保密期限为接收方收到保密信息之日起至按照法律法规的规定有关本次交易相关信息被依法披露时为止，协议项下双方保密义务不因双方签订的协议或者本次交易的不成立、无效、终止而解除"。这类约定方式在执行性上存在一定难度，也大大增加了投资方的履约负担，因此极少有投资方愿意接受，更常见、合理的约定方式一般是在保密协议生效之日起或者自保密信息提供之日起1—5年不等。披露方也可以考虑针对个别关键性的保密信息设置特定的保密期限及保密措施，披露方可根据保密信息的重要程度、价值，将保密期限作为一个重点条款进行谈判。除了保密信息的重要程度以外，披露方还应当注意，如果保密信息并非自身所有而是来源于第三方，则应当注意匹配自身与第三方之间约定的期限。

值得注意的是，在约定的保密期限届满后，并不意味着接收方的保密义务完全解除，或者接收方可以自行披露、使用保密信息。《民法典》第501条规定："当事人在订立合同过程中知悉的商业秘密或者其他应当保密的信息，无论合同是否成立，不得泄露或者不正当地使用；泄露、不正当地使用该商业秘密或者信息，造成对方损失的，应当承担赔偿责任。"结合《民法典》第509条[1]、第558条[2]等规定以及司法实践，保密协议中的保密期限仅针对当事人"约定"的保密义务，而不能替代"法定"的保密义务，即使在保密期限届满后，接收方对于特定的保密信息仍应当承担一定程度的保密义务。

（六）保密信息的返还与销毁

在保密期限届满或者双方另行约定的情形发生后，根据披露方要求，接收方

---

[1] 《民法典》第509条规定：当事人应当按照约定全面履行自己的义务。
当事人应当遵循诚信原则，根据合同的性质、目的和交易习惯履行通知、协助、保密等义务。
当事人在履行合同过程中，应当避免浪费资源、污染环境和破坏生态。

[2] 《民法典》第558条规定：债权债务终止后，当事人应当遵循诚信等原则，根据交易习惯履行通知、协助、保密、旧物回收等义务。

应当按照协议约定返还或销毁保密信息。但如果投资方根据法律法规、监管规定、行业自律规则或内部规定，需要留存工作底稿，则应在保密协议中预先安排，争取例外情形，例如"虽然有前述约定，接收方及其代表根据相关法律、法规、行政或司法机关或程序、内部合规管理制度的要求可留存相关保密信息及其复印件或复制件及包含保密信息的任何文件及副本，但其应对保留的保密信息继续承担本协议项下的保密义务"。

（七）违约责任

保密协议中的违约责任条款通常较为笼统，一方面是因违反保密协议而产生的纠纷难以计算损失及违约金标准，另一方面是由于保密协议通常属于项目初期阶段，双方都认同没有必要过早展开此类讨论，影响项目进展及双方观感。常见的违约责任条款包括：在出现违约情形时应当立即停止，及时补救并通知守约方；守约方有权解除协议并就其因此所受损失向违约方索赔。而对于签署方之外的主体（例如前文所述的关联方及专业顾问）违约，协议中又未明确约定该种情形，则违约责任的主张将存在很大难度。

然而，保密协议的局限性也体现于此。无论接收方是善意还是恶意，一旦其违反保密协议约定披露保密信息，后果往往是不可挽回的，而此时披露方的损失不仅难以明确计算，也同样难以举证证明，尤其是在保密信息未来价值远高于当前价值的情况下。对于保密信息具有极高商业价值的融资方可以设置更有利的违约责任，例如约定特定金额的违约金，起到督促履行的效果，发生争议时也更容易主张一定程度的赔偿。

（八）其他

在少部分保密协议中还会出现其他条款，例如不绕过条款、限制行为条款（不竞争、禁止招揽、劝诱等）、控制权变更条款等，因不属于保密协议的标准条款，本章暂不予讨论。

投资意向书 第八章

投资意向书是投资人与项目公司之间对于拟进行的投资交易所初步商定的投资条款和条件的概要，包含了投资金额、公司估值、股权结构、投资人优先权利、排他期等关键条款。投资意向书的签署，意味着双方就原则性条款已经达成初步意向，并且同意以此为基础展开尽职调查以及正式交易谈判，在最终正式的交易文件中一般会最大程度地保留和体现该部分内容。虽然投资意向书中大部分条款通常不具有法律约束力，但其能够为双方提供谈判基础框架，确保双方在项目早期对关键方面有着共同的理解，对于投资交易的最终实现发挥着不容小觑的作用。

一、投资意向书的由来及作用

（一）投资意向书的由来

通说认为，投资意向书的概念最早起源于20世纪初的美国，随着创新技术的迅速发展和企业家精神的兴起，当时的美国风险投资界迫切需要一种能够高效、透明地沟通投资意向和条件的工具来快速推进投资进程，投资意向书便应运而生。彼时的投资意向书形式相对简单，主要作为一种口头协议或非正式文件存在，它帮助投资人和企业双方快速确定投资的基本框架，建立初步的共识。此后，由于投资交易的复杂性增加以及涉及的资金规模日益庞大，投资意向书逐渐形成书面化的标准格式，内容开始包含更详尽的条款，如估值方法、股权安排、退出策略等，从而一定程度上保证了交易的透明度和公平性。

1957年，美国研究开发公司（ARD）对美国设备数字公司（DEC）的投资案例中，美国研究开发公司在与对方初期接触之后向美国设备数字公司发出了一份包含主要原则性条款的文件，这份文件也就是后来的投资意向书。这个案例通常被认为是现代风险投资的里程碑之一，虽然此时投资意向书还没有成为一个标准化或普遍采用的工具，但这个案例已经反映了早期风险投资中商业协议和谈判框架的初步形态，也为后来的风险投资模式（包括使用投资意向书作为投资协议的初步框架）奠定了基础。随着时间的推移，投资意向书逐渐发展成为更加标准化的文档，在全球范围内得到广泛应用，逐渐成为交易中不可或缺的一部分，尤其是在并购、私募股权和风险投资等领域。

投资意向书在中国的引入和发展与中国经济迅速发展和市场开放政策紧密相关。20世纪80年代末至90年代，国际资本开始积极寻求进入中国市场，西方的金融工具、投资理念和交易惯例开始在中国得到应用，其中也包括投资意向书。在这个阶段，投资意向书主要被外资用于对中国初创企业的投资，由于中国当时的法律体系和市场环境与西方存在较大差异，投资意向书等法律文件需要根据中国的法律环境和商业习惯进行不断优化调整。现如今，本土化、多元化的投资意向书在我国的运用已经十分广泛和成熟，投资意向书在我国的迅速成熟以及在中外实践中的差异，既反映了我国经济的迅速发展和开放的态度，又体现了不同文化背景和商业实践对投资行为的影响。

（二）投资意向书的作用

1. 确定投资关键条款

投资意向书作为投资谈判的起点，为投资者和企业家提供了一个基本的、明确的谈判框架，这有助于双方在正式的投资协议签订之前，清晰地理解彼此的期望和要求，便于在后续阶段中确定投资的关键条款，如估值、股权分配、融资条件等。

2. 降低谈判成本

通过提前确定投资的主要条款，投资意向书可以降低双方在谈判过程中的时间和资源消耗，简化和加速后续正式投资协议的制定过程，多数情况下投资意向书中的条款会被纳入最终的投资协议，但该等功能有赖于双方对前期工作的自发守信。

第八章
投资意向书

3. 风险识别和管理

在投资过程中，特别是在风险投资中，存在许多不确定性和潜在风险。投资意向书通过明确各方的权利和义务，有助于在项目落定之前帮助投融资双方提前识别、管理和分散风险。

4. 建立信任和透明度

投资意向书的制定过程促进了投资人和企业家之间的沟通和透明度，有助于增进双方的信任和了解，为后续合作打下良好的基础，也是向市场（在不涉及保密的前提下）和相关方展示双方致力于完成交易的重要信号。

5. 促进交易活动标准化

即便投资意向书在法律上仍有一定的局限性，投资意向书的使用仍然促进了商事交易的标准化和专业化，也有助于市场参与者逐渐适应国际通行的商业惯例和规范。

二、投资意向书主要内容解读

投资意向书中，签署方通常会约定除了"排他期""费用""保密""管辖法律"条款以外，其他条款不对签署方产生法律约束力，本章重点解读"排他期"及"费用"条款。

（一）排他期条款

排他期条款是指投资人要求项目公司及实际控制人在一定期限内不得与其他潜在投资者方洽谈同样或相似的融资事宜、不得与其他第三方达成任何与此有关的意向、协议等，该等约定旨在保护正在进行尽职调查或谈判的投资人的利益，是投资人签署投资意向书的重要出发点，也是投融双方在谈判时较为关注的条款之一。该条款通常从限制期限、限制行为的范围及后果等角度进行约定，条款示例如下：

排他期	在本意向书签署后60日（"约束期"）内，创始人与集团公司不得与任何第二方就公司和主营业务的融资事宜进行接触或者谈判。如果投资人向创始人或公司提供了任何贷款，则无论上述约束期是否已经届满，创始人与集团公司均不得在贷款期间与任何第二方就公司和主营业务的融资事宜进行任何接触或者谈判。

在实践中，尽管有排他期条款的约束，若项目公司违反该等约定，投资人可能还是难以获得违约赔偿。

案例一：在鹰潭市当代投资集团有限公司（以下简称当代公司）与射洪县人民政府（以下简称射洪县政府）、四川沱牌舍得集团有限公司（以下简称沱牌公司）合同纠纷案[1]中，当代公司主张射洪县政府的相关领导曾在排他期内拜访考察上海阜兴集团并就双方合作进行洽谈，并且上海阜兴投资控股集团有限公司作为全资股东的上海阜聚资产管理有限公司参与了讼争项目在香港联合交易所的竞价，违反了双方签订的意向协议书中在排他期内禁止与其他意向方接触、谈判、签约的约定，应赔偿因此给当代公司造成的经济损失。但法院认为射洪县政府网站信息、全国企业信用信息及每日经济新闻的报道并不能证明射洪县政府与上海阜兴集团就讼争项目进行了接触、谈判，最终上海阜聚资产管理有限公司也并未中标，且上海阜兴投资控股集团有限公司与上海阜聚资产管理有限公司亦属不同的民事主体，因此不能证明射洪县政府及沱牌公司存在违约行为。

案例二：在新疆信达银通置业有限公司（以下简称信达银通公司）与乌鲁木齐和泰嘉美房地产开发有限公司（以下简称和泰嘉美公司）、新疆鼎盛世锦房地产开发有限公司（以下简称鼎盛世锦公司）合同纠纷案[2]中，信达银通公司主张在排他期内，和泰嘉美公司的控股股东鼎盛世锦公司分别于2019年9月12日及9月16日通过股权转让的方式，将原有股权分两次全部进行转让，转让后股权为宁某10%、和瑞创展公司90%，违反了意向合作书中约定的"排他期内不得对项目公司股权进行转让包括任何形式的间接转让和合作开发，委托开发等"，应当承担相应的违约责任。法院认为鼎盛世锦公司作为独立法人主体，其股份的股权权属归鼎盛世锦公司股东所有，而非鼎盛世锦公司所有。根据合同的相对性原则，合作意向书的缔约方为信达银通公司、和泰嘉美公司及鼎盛世锦公司，其中鼎盛世锦公司持有和泰嘉美公司的股份，其应当依约遵守排他性约定，但合作意向书缔约主体并未包含鼎盛世锦公司股东，因此不能对鼎盛世锦公司股权变动作

---

[1] 当代公司与射洪县政府、沱牌公司合同纠纷案，福建省厦门市中级人民法院（2016）闽02民终2909号民事判决书。
[2] 信达银通公司与和泰嘉美公司、鼎盛世锦公司合同纠纷案，新疆维吾尔自治区乌鲁木齐市新市区人民法院（2020）新0104民初6144号民事判决书。

第八章
投资意向书

出限制。

通过以上两个案例可以看出，如果融资方违反了关于排他期的约定，投资人要承担相应的举证责任，而即使此时融资方做出的行为可能已经在一定程度上影响了投资人的利益以及双方的合作信任，法院也难以直接认定融资方的行为已经构成违约。

案例三：在程某栋、浙江永乐影视制作有限公司（以下简称永乐影视公司）等与当代北方（北京）投资有限公司合同纠纷案[1]中，当代东方公司与永乐影视公司的重组程序未完成时，当代东方公司即已收购与永乐影视公司业务范围有所重叠的首汇焦点科技有限公司，违反了在排他期不得与任何第三方进行接触或磋商的约定。但因程某栋、永乐影视公司未举证证明具体的损失构成，法院认为1亿元的违约金标准过高，酌情予以调整至1000万元。

通过以上案例可以看出，即使能够确认融资方的行为已经违反了排他期条款，此时投资方还需要举证证明其因此而遭受的损失金额，而实践中投资人损失的往往是预期利益，当下的具体损失金额难以衡量。

综上，投资方与融资方在排他条款上的立场往往是相悖的，对于投资方而言，为了抢占市场份额或顺利进驻某企业，投资方会要求设置更长、更严格的排他期条款，避免融资方同时与其他投资方接触，从而减少投资的不确定性；对于融资方而言，过长的排他期无疑会增加其机会成本，甚至错失更为合适的融资机会。

在对排他期条款进行设计时应注意以下几点：

①约定适当的排他期限。排他期限不宜过长，一般在1个月到3个月之间，还可以适当考虑设置排他期限提前到期的例外情形，例如投资方已明确表示终止投资等，给予项目公司更多的洽谈机会。投融双方应当综合考虑双方合作意向是否明晰、尽职调查进度等，约定适当的排他期。

②对排他性条款进行细化规定。可以分阶段规定排他条款的限制，例如区分尽职调查阶段、尽职调查结束至签订正式交易文件前承担不同程度的排他义务。

③约定合理的违约金。当项目公司做出违反排他条款的行为时，投资方不但

---

[1] 程某栋、永乐影视公司等与当代北方（北京）投资有限公司合同纠纷案，浙江省高级人民法院（2019）浙01民初363号民事判决书。

要承担证明项目公司违约行为的举证责任，而且还要证明因其违约行为所造成的具体损失，若不约定违约金金额则可能无法保证最基本的赔偿金额，若约定过高的违约金在实践中又可能不会被法院认定，因此应当结合投资成本确定相对合理的违约金额。

（二）费用条款

投融资双方的谈判、尽职调查等都需要花费一定的费用，此条款主要约定因本次投资而发生的交易费用最终由哪一方承担，具体约定方式有很多种，可以完全由投资人或融资方承担，或者双方各自承担，再或者在交易成功的情况下由融资方承担、反之则由投资人自行承担等，同时还可约定交易费用的上限，支付交易费用的时间节点等内容。实践中常见条款示例如下：

费用	在本轮投资完成后，或者非投资人原因而导致本轮投资未能完成时，公司为投资人承担本轮融资相关费用（包括但不限于法律、财务及知识产权尽职调查、正式投资协议起草与谈判等费用），但该笔费用上限为××万元人民币。

案例四： 在南京建信兴业投资企业（以下简称建信企业）与安徽航天星光热技术有限公司（以下简称航天星公司）委托合同纠纷案[1]中，双方在签订《合作意向协议书》后，建信企业对航天星公司进行了尽职调查，指出航天星公司存在多方面的问题，最终决定将案涉融资项目搁置，并主张没收20万元保证金。法院认为《合作意向协议书》系签约双方真实意思表示，应为合法有效，双方均应诚信履约。其中明确约定该保证金仅作为合作保障，仅限用于合作的保证即尽职调查的支出，故在建信企业完成尽职调查并决定搁置项目的情况下，航天星公司应在扣除相应的尽职调查费用后返还保证金。

通过上述案例可知，在书面文件约定明确的情况下，法院可以肯定双方对于费用约定的效力，遵从签约双方的意思表示并按照书面约定确认最终的费用承担。

（三）其他条款

投资意向书中还有一些条款在当下并不直接产生法律约束力，但仍具有重要意义，例如：投资金额及估值、股权结构、公司治理、投资先决条件、股权激励

---

[1] 建信企业与航天星公司委托合同纠纷案，江苏省南京市中级人民法院（2018）苏01民终9807号民事判决书。

第八章
投资意向书

安排、优先分红权、清算优先权、回购权、反稀释、转让限制与不竞争、优先认购权、优先购买权、拖售权、共同出售权、保护性事项、最惠国待遇等，这些条款会以简短的篇幅描述双方达成的初步意向，作为后续正式投资协议的重要参考，详见本书第九章、第十章。

三、投资意向书的法律性质及效力

结合我国司法实践中的案例，投资意向书区别于普通合同，具有框架性、弱约束性、意向性等特点，投资意向书的法律性质视内容及形式不同，可以主要区分为3种类型，以下分别讨论。

（一）磋商性文件

磋商性文件即双方就一定阶段的谈判成果形成的磋商性文件，通常具备当事人的名称或者姓名和住所、主要商谈事项及相关权利义务等，对交易的数量、质量、履行方式等细节均不作规定，除了保密义务、排他期等条款，其他条款均无实际约束力。基于诚实信用原则，双方当事人应在相互信赖、诚实守信基础上进行协商，但由于磋商性文件并无违反实体权利的基础，当事人并无请求订立正式合同或承担其他合同责任的请求权，只有继续磋商的请求权。然而，根据《民法典》第500条的规定，当事人在订立合同过程中存在违反诚实信用原则的行为，极有可能承担缔约过失责任，磋商性文件本就是订立合同过程中形成的描述阶段性成果的文件，如若违反，则需承担缔约过失责任。

案例五：在澳华资产管理有限公司（以下简称澳华公司）与洋浦经济开发区管理委员会（以下简称洋浦管委会）投资意向书纠纷申请再审案[①]中，最高人民法院二审认为，意向书的性质及效力不能一概而论，应结合具体情形判断。投资意向书只是在描述了澳华公司所称的从光大公司处受让土地的情况的基础上，对澳华公司拟置换土地的意向及洋浦管委会表示同意协调置换进行了约定，而对于是否必须置换成功以及置换土地的具体位置和面积均未作出明确约定。投资意向书不具备合同的主要条款，不构成正式的土地置换合同。投资意向书中虽然对签订意向书的背景进行了描述，但并未明确约定洋浦管委会在置换土地过程中的权

[①] 澳华公司与洋浦管委会投资意向书纠纷申请再审案，最高人民法院（2014）民申字第263号民事裁定书。

利和义务，当事人也未表明受其约束的意思，故投资意向书并非就在将来进行土地置换或者在将来签订土地置换合同达成的合意。因此，投资意向书的性质为磋商性、谈判性文件，不具备合同的基本要素，没有为双方设定民事权利义务，双方当事人之间并未形成民事法律关系，一审判决对投资意向书的性质认定错误。

案例六：在防城港有艺园林工程有限公司（以下简称有艺公司）与中建汇通投资集团有限公司（以下简称汇通公司）缔约过失责任纠纷案[1]中，有艺公司与汇通公司拟就"山东海阳地方货运铁路项目、港区浮岛建设项目"进行合作，在签订正式合作合同之前，双方签订《项目合作意向书》，约定合作流程为有艺公司在限期内提交律师尽职调查报告及相关必备资料，汇通公司出具书面审查论证意见，若有艺公司项目符合合作条件，汇通公司作出投资决定，与有艺公司签署正式合作合同；后因有艺公司提交的《尽职调查报告》项目主体定位不明等问题，汇通公司出具《审议函》要求有艺公司另通过其他专业担保机构提供担保，但有艺公司未予同意，双方最终未签订正式合作协议。北京市第三中级人民法院认为，《合同法》（已失效）第42条规定："当事人在订立合同过程中有下列情形之一，给对方造成损失的，应当承担损害赔偿责任：（一）假借订立合同，恶意进行磋商；（二）故意隐瞒与订立合同有关的重要事实或者提供虚假情况；（三）有其他违背诚实信用原则的行为。"根据法律规定，缔约过失责任是指在合同订立过程中，一方因违背其依据的诚实信用原则所产生的义务，而致另一方的信赖利益损失，应承担的损害赔偿责任。虽然双方最终未签订正式合作协议，但是有艺公司提供的现有证据并不足以证明汇通公司存在恶意磋商的情形，有艺公司以此为由要求汇通公司承担缔约过失赔偿责任缺乏事实和法律依据。

案例七：在江苏东新能源科技有限公司、陕西彩虹新材料有限公司（以下简称彩虹新材料公司）等加工合同纠纷案[2]中，江苏省盐城市中级人民法院认为，即便按照上诉人的主张，其与彩虹新材料公司、彩虹新能源公司已经达成协议，明确其与彩虹新材料公司所签《战略合作框架协议》中约定的拟对上诉人股权收购事宜最终通过彩虹新能源公司对盐城星创资源循环利用有限公司进行增资并

---

[1] 有艺公司与汇通公司缔约过失责任纠纷案，北京市第三中级人民法院（2021）京03民终7677号民事判决书。
[2] 江苏东新能源科技有限公司、彩虹新材料公司等加工合同纠纷案，江苏省盐城市中级人民法院（2022）苏09民终1727号民事判决书。

第八章
投资意向书

购的方式予以实现，但是根据其与彩虹新能源公司所签《关于共同增资盐城星创的投资意向书》，其中约定的股权收购事宜只是意向性约定，该意向的落实需要满足约定条件后，再由双方签署正式的《增资扩股协议》。而且，其后系因上诉人自身未按约通过评估、审计，故彩虹新能源公司未与其签订正式的《增资扩股协议》以及未完成对盐城星创资源循环利用有限公司的增资并购，依法不能认定彩虹新能源公司构成违约。

（二）预约合同

预约合同即约定在将来一定期限内订立合同的认购书、订购书、预订书等，预约是相对于本约的一种特殊合同，其指向本约的缔结，但并不意味着预约均能促成本约，实务中，由于投资意向书通常不直接产生权利转移或具体的法律义务，而是作为一份意向性文件，因此常被认定为预约合同，但实务中存在名为意向书，实为预约合同的情况。《最高人民法院关于审理买卖合同纠纷案件适用法律问题的解释》（已修改）第2条规定："当事人签订认购书、订购书、预订书、意向书、备忘录等预约合同，约定在将来一定期限内订立买卖合同，一方不履行订立买卖合同的义务，对方请求其承担预约合同违约责任或者要求解除预约合同并主张损害赔偿的，人民法院应予支持。"《民法典》第495条规定："当事人约定在将来一定期限内订立合同的认购书、订购书、预订书等，构成预约合同。当事人一方不履行预约合同约定的订立合同义务的，对方可以请求其承担预约合同的违约责任。"在名为意向书，实为预约合同的情况下，当事人具有订立本约合同请求权，若当事人未按照约定订立本约合同，则对方当事人有权主张违约方承担违约责任及赔偿未能履约所造成的损失。

案例八：在信达银通公司与和泰嘉美公司、鼎盛世锦公司合同纠纷案①中，新疆维吾尔自治区乌鲁木齐市新市区人民法院认为，中信达银通公司与和泰嘉美公司、鼎盛世锦公司签订的合作意向书由三方共同签字并加盖印鉴，是三方的真实意思表示。该合作意向书系三方为将来共同开发案涉乌鲁木齐市天山区碱泉二街以南的地块达成的合意。其中对于交易对象、何时订立本约合同、违约责任及保密义务均作出了明确的约定。因此，法院认为，案涉合作意向书符合预约合同

---

① 信达银通公司与和泰嘉美公司、鼎盛世锦公司合同纠纷案，新疆维吾尔自治区乌鲁木齐市新市区人民法院（2020）新0104民初6144号民事判决书。

的法律特征，合法有效，各方均应严格按照合作意向书的约定认真履行。

案例九：在湘潭智造谷产业投资管理有限责任公司（以下简称智造谷产业公司）、湖南萌境智能三维技术有限公司（以下简称萌镜智能公司）等合同纠纷案[①]中，湖南省湘潭市岳塘区人民法院认为智造谷产业公司与萌境智能公司、张某于2017年6月30日签订的《投资意向协议》及《投资意向协议之补充协议》，系双方的真实意思表示，依法发生法律效力。《投资意向协议》及《投资意向协议之补充协议》实为智造谷产业公司与萌境智能公司、张某签订的，目的在于约定在将来一定期限内由拟设立的湘潭产业转型升级发展先导基金投资入股萌境智能公司，并旨在促成湘潭产业转型升级发展先导基金与萌境智能公司最终签订投资协议的预约合同。

（三）本约合同

本约合同即履行预约合同需要订立的主合同。投资意向书中若载明了双方交易标的的数量、质量、履行方式、履行期限等有关双方权利义务的具体条款，且未直接明确某些条款不发生法律效力，则可视为当事人对合同条款达成了一致，该投资意向书为名为意向书实为本约合同的情况。该种情形下，若当事人产生未按照合同约定履行或履行不达标情况，则需按照《民法典》及合同约定承担相应的违约责任。

案例十：在霞浦县福宁大沙工业区开发有限公司与福建省闽泰钢业有限公司合同纠纷案[②]中，福建省霞浦县人民法院认为，《意向协议》约定由原告承担基础设施配套建设义务，被告支付相应对价的合同，对双方的权利义务内容进行了具体的约定，虽名为意向，实际属于本约，该合同合法有效，对双方当事人具有法律约束力。被告未在规定时间内支付价款，构成违约，应承担违约责任。

案例十一：在李某达、东源向阳金属制品有限公司（以下简称向阳公司）确认合同有效纠纷案[③]中，最高人民法院认为《投资意向协议》系李某达与向阳公司在破产法院裁定向阳公司重整期间签订，其虽名为意向协议，但协议中除了第

---

① 智造谷产业公司、萌境智能公司等合同纠纷案，湖南省湘潭市岳塘区人民法院（2021）湘0304民初2842号民事判决书。
② 霞浦县福宁大沙工业区开发有限公司与福建省闽泰钢业有限公司合同纠纷案，福建省霞浦县人民法院（2015）霞民初字第874号民事判决书。
③ 李某达、向阳公司确认合同有效纠纷案，最高人民法院（2020）最高法民申1573号民事裁定书。

第八章
投资意向书

1 条、第 2 条为意向性条款外，第 3 条、第 4 条对双方业务合作、经营管理等方面的权利义务进行了明确的约定，是设定具体法律关系的本约条款。

（四）要点提示

截至 2023 年 11 月，以"投资意向书""预约合同""本约合同"为关键词进行检索，以上海地区为例，查找到 237 例与"投资意向书"效力认定相关的裁判文书，该类争议较多发生于房屋买卖领域，其次是金融投资领域，企业、个人均涵盖在内，多数案件中法院均对"投资意向书"性质及其效力进行了论证。其中，半数以上案例法院将未涵盖合同具体权利义务、标的信息的"框架性协议"认定为不具有法律约束力的"投资意向书"，驳回当事人请求违约赔偿的诉求或判决承担缔约过失责任。少数案件中，当事人在协议中约定了在某一确定期限内订立正式合同，法院认定该合同名为"投资意向书"实则符合预约合同要件，按照预约合同相关法律规定处理。极少数案件中，双方当事人对权利义务、标的数量、标的质量、履行方式及期限进行了约定，因而被认定为具有法律效力的本约合同。各级法院在对"意向书"性质进行认定时，往往结合当事人权利义务是否明确，标的数量、履行方式是否清楚，是否具有程序性磋商条款，是否具有效力约束条款等方面进行认定。

综上，意向书的法律效力与其所属类型直接相关。名为意向书实为合同的，具有正式合同的属性，当事人有合同履行请求权，如违反应承担合同违约责任；名为意向书实为预约合同的，当事人具有缔约请求权，如不按约订立本约合同，应承担预约合同违约责任或者解除预约合同并赔偿损失；如果只是磋商性的文件，则一般没有违反实体性条款的基础，当事人不具有订立本约或承担合同责任的请求权，只有继续磋商的请求权。

总的来说，投资意向书被认为是"君子协定"，即磋商双方当事人基于诚信原则促成本次合作交易的成果描述性文件，除个别关键条款外，其他条款均无法律约束力。但投资意向书的效力并不能一概而论，发生争议时法院会根据投资意向书是否约定了明确标的，双方权利义务是否明确等指标，判断其法律性质并进一步认定其法律效力。此外，投资意向书中的部分确定条款也会被写入后续正式合同文件中。因此，融资方在与投资方签署投资意向书时，仍应当谨慎审核具体条款，避免在后续进程中陷入被动局面。

第九章 增资协议（SPA）核心条款

在私募股权投资交易中，增资协议（Share Purchase Agreement，SPA）与股东协议（Shareholders Agreement，SHA）承担不同的职能，增资协议侧重描述交易本身以及交易的实现，而股东协议侧重约定各方权利义务、公司治理、退出机制等长期安排，二者互为补充，共同保障交易的顺利进行和后续被投企业的稳定运营。其中，增资协议是关于投融资交易安排的正式法律文件，明确了投融资双方的权利义务以及具体的交易安排，包含了估值、投资方式、交割安排、陈述与保证、股东权利以及违约责任等核心条款。与投资条款清单不同，增资协议具有法律效力，一经签署即对协议各方均具有约束力。

一、鉴于条款

鉴于条款是指合同约首部分就立约的目的、背景等进行阐释，并表示前提的叙述性条款，通常应当包括以下内容：

1. 融资方的基本情况（主营业务、公司资本、股权结构等）；
2. 融资方的立约目的，即有意引进投资者，进一步推动公司业务的发展；
3. 本次融资的轮次及交易安排概述，以及本轮融资之前融资方已发生过的前轮融资概述。关于融资的不同轮次，通常需要结合公司的发展阶段、团队与产品的成熟程度、融资规模、投资人类型等方面综合确认。

二、定义与解释条款

定义条款主要的作用就是对增资协议中出现的名词或术语进行定义，来实现

第九章
增资协议（SPA）核心条款

增资协议表述的简明与准确，便于全文援引使用，同时也能避免产生歧义。

定义条款需要定义什么、如何定义没有特殊要求，但某些定义条款会影响到交易双方的实质利益，比如对于竞争对手、关键雇员、重大合同范围的确定，以及对于不可抗力、重大不利情形、重大损失的界定等，均应当重点关注。

三、交易安排相关条款

交易安排相关条款是增资协议中的核心内容，通常包括融资方现有股权结构、交易安排及公司估值、交割后融资方的股权结构、投资款用途等内容，交易各方对于融资安排的一系列磋商结果最终体现在该条款当中。

（一）增资条款

增资条款描述了投资方需要投入多少资金、以此获得多少股权，经过交易各方的磋商，投资方可以通过增资、受让老股或者二者相结合的方式实现投资目的，条款示例如下（以增资方式为例）：

公司及所有现有股东同意，公司的注册资本由人民币×万元增加到人民币×万元，本轮投资人合计出资人民币×万元认购公司新增注册资本人民币×万元，以获得本次增资后共计×万元的公司股权。增资款中，人民币×万元作为新增注册资本，剩余款项全部计入公司资本公积金。公司及所有现有股东同意上述增资并同意放弃其各自对前述公司新增注册资本的任何优先认购权（如有）及优先购买权。

以上示例条款中同时体现了现有股东放弃优先认购权及优先购买权的约定。《公司法》第227条[1]及第84条[2]规定了股东的优先认购权及优先购买权，此外，

---

[1]《公司法》（2023年修订）第227条规定：有限责任公司增加注册资本时，股东在同等条件下有权优先按照实缴的出资比例认缴出资。但是，全体股东约定不按照出资比例优先认缴出资的除外。
股份有限公司为增加注册资本发行新股时，股东不享有优先认购权，公司章程另有规定或者股东会决议决定股东享有优先认购权的除外。

[2]《公司法》（2023年修订）第84条规定：有限责任公司的股东之间可以相互转让其全部或者部分股权。
股东向股东以外的人转让股权的，应当将股权转让的数量、价格、支付方式和期限等事项书面通知其他股东，其他股东在同等条件下有优先购买权。股东自接到书面通知之日起30日内未答复的，视为放弃优先购买权。两个以上股东行使优先购买权的，协商确定各自的购买比例；协商不成的，按照转让时各自的出资比例行使优先购买权。
公司章程对股权转让另有规定的，从其规定。

公司章程及其他股东之间的协议中都有可能约定此类内容,因此建议在投资协议及股东会决议中明确体现现有股东放弃该等权利的约定。

(二) 估值条款

公司估值又分为投前估值与投后估值,投后估值即为投前估值与投资额的总和,投资方的持股比为投资额/投资后的估值。在同时采用增资及受让老股两种方式进行交易时,老股的出售价格往往与新股的购买价格并不相同。

对于此类交易中的估值方法,参考中基协发布的《私募投资基金非上市股权投资估值指引(试行)》之规定,"基金管理人应当充分考虑市场参与者在选择估值方法时考虑的各种因素,并结合自己的判断,采用多种分属不同估值技术的方法对非上市股权进行估值",本书对非上市公司股权投资常见的估值方法作如下梳理(见表27)。

表27 非上市公司股权投资常见估值方法

估值方法		简单描述	应用特点
市场法	参考最近融资价格法	采用被投资企业最近一次融资的价格对私募基金持有的非上市股权进行估值。	常用于融资活动较为频繁的初创企业,此时基金管理人应当对最近融资价格的公允性作出判断。
	市场乘数法	采用各种市场乘数(如市盈率、市净率、企业价值/销售收入、企业价值/息税折摊前利润等)对非上市股权进行估值。	通常在被投资企业相对成熟,可产生持续的利润或收入的情况下使用。
	行业指标法	参考某些行业中存在特定的与公允价值直接相关的行业指标进行估值。	通常在行业发展比较成熟及行业内各企业差别较小的情况才会使用,一般被用于检验其他估值法是否合理,而不作为主要的估值方法单独运用。
收益法	现金流折现法	合理假设被投资企业未来现金流及预测期后的现金流终值,再选取合理的折现率将上述现金流及终值折现至估值日得到被投资企业相应的企业价值。	具有较高灵活性,在其他估值方法受限制之时仍可使用。

第九章
增资协议（SPA）核心条款

续表

估值方法		简单描述	应用特点
成本法	净资产法	估计被投资企业的各项资产和负债的公允价值来对被投资企业进行估值。	适用于主要价值来源于资产的企业（如重资产型或投资控股型）以及经营状况欠佳可能面临清算的企业。

（三）交割

增资协议中的交割是指在满足先决条件后，投资方按照约定的程序支付投资款并成为融资方股东。对于投资方何时成为融资方股东并享有股东权利，根据《公司法》第56条第2款的规定，"记载于股东名册的股东，可以依股东名册主张行使股东权利"。然而实践中对于投资方股东权利的取得时点存在诸多争议，若各方约定不明，那么是否进行工商变更登记、股东是否参与经营管理等都会影响股东资格的认定。

在增资协议中，通过适当的交割条款设计可以避免前述分歧的出现，例如，交割条款会明确在先决条件满足或被豁免之日起的10日内投资方应当将款项支付至融资方的指定账户（"交割"），投资方付款之日即为"交割日"，在交割日，融资方应当向投资方提供出资证明书及股东名册，此时投资方成为公司股东。在不同项目中，交割日的界定和股东资格的确认时间会有所不同。

此外，交割条款还明确了本次交易是一次性交割还是分期交割，交易方式与交割先决条件、违约责任、协议的解除与终止等条款均紧密相连。

四、先决条件条款

先决条件是指交易正式交割前需要满足的条件，理论上，如果先决条件没有满足且投资方没有豁免相关的先决条件，那么投资方就无须履行付款义务。先决条件是交易各方保护自己、不因不理想的交易而损害利益的重要条款，对于具有复杂性、长期性的股权交易而言，先决条件条款的重要性也会更为明显。

先决条件条款可以概括分为通用条款和特殊条款，通用条款主要包括：法定程序已履行完毕相关条件、适当性确认条件以及投资人决策相关条件，特殊条款主要根据被投企业的具体情况加以设计。

（一）法定程序条件

这一类型的条款主要是融资方所需要完成的一系列法定义务，主要是根据《公司法》及其他法律法规所规定的程序性要求。一些被投企业性质特殊（例如涉及国资成分等），存在特殊的审批、备案以及信息披露方面的限制和要求，忽略这些程序要求可能会导致增资协议无效，在尽调时应当予以确认。法定程序条件的典型条款包括：

1. 各方已签署并交付了交易协议，且交易协议已生效且在交割日维持完全有效；

2. 公司就本次增资、签署并履行交易协议取得了所有公司内部、第三方的批准、同意和放弃，包括但不限于公司股东会和董事会的决议，且已向本轮投资人提供证明文件；

3. 员工持股平台增资完成；

4. 增资交割完成；

5. 工商变更登记完成；

6. 目标公司已向投资人发出股东名册/出资证明书；

7. 本次交易经过了主管部门的审批（如需）；

……

实践中围绕该等条款的主要争议在于被投企业是否完成了先决条件。在相关诉讼中，投资方通常主张融资方构成根本违约，致使合同目的不能实现来请求解除合同并要求对方承担违约责任。以完成工商变更登记这一条件为例，该等约定本身是对投资方更为有利的条款，它允许投资方先成为股东再支付投资款，如果该条款作为交割后义务，则对于投资方能否成为工商登记层面的股东则有着不确定性。如果被投资方没有办理变更登记，投资方能否以先决条件未达成从而请求解除协议？在咸宁循环优选一期股权投资基金合伙企业与浙江之信控股集团有限公司、浙江遨优动力系统有限公司合同纠纷案[①]中，虽然投资方已经支付了投资款，但融资方由于股权被冻结无法进行股权变更登记，法院认为合同目的无法实现而判决解除合同；在宁波梅山保税港区钜冠投资合伙企业（有限合伙）与林某

---

① 咸宁循环优选一期股权投资基金合伙企业与浙江之信控股集团有限公司、浙江遨优动力系统有限公司合同纠纷案，湖北省咸宁市中级人民法院（2020）鄂12民初5号民事判决书。

第九章
增资协议（SPA）核心条款

华等股权转让纠纷案[①]中，融资方虽然没有办理变更登记，但投资方已经参与到被投资企业的经营管理中，合同目的已经实现，未办理登记不影响股东资格的取得，投资方已经成为股东，交割已经完成。因此，法律程序先决条件未成就并不意味着交割绝对无效，实践中由于股权交易情形的复杂性和多变性，法院的判决结果也存在一定差异。

（二）适当性确认条件

该类条款是投资方用于确认融资方的标的价值是否真实、是否值得投资的条款。投资方在成为融资方股东之前很难完全了解融资方的真实情况，出于诚实信用的原则以及促成交易的愿望，投资方会要求融资方对自身的整体状况（包括股权结构、业务范围及资质、公司资产、合法合规等方面）作出陈述性及保证性的描述，以减少信息不对称导致的不确定性。典型条款主要包括以下3类：

1. 陈述和保证及承诺在本协议签署日和交割日均保持真实、准确、完整且不具误导性，应由公司方于交割日或之前履行的任何承诺和约定均应得到履行；

2. 无重大不利变更；

3. 尽调过程中投资方发现的需要被投公司改正或者完善的诸多事项。

其中，重大不利变化条款既可以作为先决条件，又可以在陈述与保证条款中进行约定，约定为先决条件时，发生重大不利变化会导致不能交割，而约定为陈述和保证时，发生重大不利变化除了导致不能交割外还可能涉及融资方违约。

此外，投资人在尽调过程中也有可能发现融资方存在的一些风险以及隐患，如果不能妥善解决，可能会损害投资者的利益，投资者也可以在先决条件条款中约定相关的事项，例如融资方未为员工缴纳社保公积金、某厂房未取得产证等，这部分内容需要投资方会同律师、会计师等共同深入挖掘，从不同角度发现被投企业需要整改的事项。

（三）投资方决策条件

该类型的条件属于保护投资方的兜底性条款。投资方希望通过加入这些条款，来控制投资的节奏。投资方单方决策型条件主要有两个：

---

① 宁波梅山保税港区钜冠投资合伙企业（有限合伙）与林某华等股权转让纠纷案，上海市第二中级人民法院（2023）沪02民终3658号民事判决书。

1. 投资方对尽职调查结果感到满意且相关尽职调查问题已得到令本轮投资人满意的解决方案；

2. 投资方已取得交割所需的内部批准。

虽然根据正常流程，投资者只有走完了尽职调查的过程得到了满意的结论才会签署相关交易文件，但投资者仍然倾向于将上述条件加入，来更好地保护自己的权益，同时满足其内部的投资流程。但由于该类型条件相对比较抽象，实践中对于这种条件是否满足也争议较大，需要具体情况具体分析。一般情况下，投资人支付款项就代表着对尽调结果满意，如果已经支付投资款，之后再以对尽调结果不满意为由请求解除合同的，法院一般不予支持。比如在曾某、甘肃华慧能数字科技有限公司股权转让纠纷案[①]中，投资人在经过尽调后，明知目标公司存在实收资本与注册资本不符的问题仍然支付投资款，后投资方以对尽调结果不满意为由请求解除合同。法院认为投资方虽然发现目标公司有出资瑕疵情况仍然支付投资款，应认定为投资方认为该瑕疵不会对交割产生阻碍，投资方对于尽调的结果是满意的，因此对于请求解除合同的诉求不予支持。

（四）特殊先决条件

投资方可以根据被投资企业的特点将一些与此次交易有直接关系的重要条件作为交割先决条件，这些条件对公司估值甚至交易是否成立有着直接影响，例如公司必须取得的业务资质应当在一定期限内取得，公司产品的研发应当进行到特定阶段等。投资方可能会认为，如果某些重要条件无法达成，则被投企业就不具备投资价值，或者在分期交割的情况下，如果公司没有达成后续的里程碑，则投资方不再继续进行投资。

五、陈述与保证条款

陈述与保证条款是投资方与融资方就交易背景、交易主体及交易标的信息进行充分披露的条款。对于投资方而言，投资方会要求融资方对相关披露信息的真实性、完整性作出承诺，弥补因为信息不对称产生的信息差；而对于融资方，一方面可以确保自己能拿到投资，另一方面也要重点强调可能影响交易的相关问题

---

① 曾某、甘肃华慧能数字科技有限公司股权转让纠纷案，最高人民法院（2019）最高法民终230号民事判决书。

第九章
增资协议（SPA）核心条款

已经充分披露且投资方已知悉并了解其后果，避免事后被追究违约责任。因此，交易双方往往会对该部分的条款进行反复探讨。

（一）融资方的陈述与保证条款

该部分是条款谈判的重要内容，由于被投资企业处于资金弱势和信息强势的地位，投资方往往会要求被投资企业对项目公司和交易整体作出广泛而详尽的陈述和保证。主要是对被投资公司的主体资格、内部授权、合法合规、经营状况、财务状况等内容的陈述与保证。

以合规承诺条款为例，该条款在于确保公司的合法性，由公司及创始人共同承诺不会因为违反法律法规或是行业规则而被处罚，从而降低公司估值与投资方的投资收益，具体包括业务资质、税务、劳动人事以及环保等方面的陈述与保证，投资方可以根据融资方的业务以及行业要求融资方作出更具体的保证，比如对于生物医药类企业，可以要求其保证遵守有毒化学品管理制度、环保规定以及临床试验符合法律和伦理等要求等。以税务合规条款为例，条款示例如下：

（i）所有要求提交的有关公司税金的纳税证明和报告均已按照中国税收法律法规和当地税务规定的要求按时提交；公司税金包括公司本身的税金和公司作为扣缴义务人有扣缴义务的税金；

（ii）所有要求在该等纳税证明和报告上显示的或以其他方式到期的税金均已按时支付，而且公司资产负债表上计提的税金已足额反映了公司所有纳税义务已发生但尚未到期支付的税收责任；

（iii）所有该等纳税证明和报告均真实、正确和完整，该等纳税证明和报告上记载的应税额、适用税率、税金及允许税前扣除项目等涉税项目均不存在虚假和重大错误；

（iv）任何税务部门均未正式或非正式地提议就该等纳税证明和报告作出调整，不存在进行任何该等调整的依据；

（v）不存在任何未决的或潜在的对公司提起的有关涉税调查、涉税审计、评定或收取税金的诉讼或程序；

（vi）公司均未违反适用法律的规定，为避免或减少缴纳税收责任而成为任何交易、计划或安排的一方或达成任何交易、计划或安排；

（vii）就支付给或应偿还任何员工、债权人、股东或提供劳务的个人以及其他主体的任何款项，公司按照中国税收法律法规的要求已履行代扣代缴义务和足额按时扣缴税金（如需）；

（viii）公司的任何资产上均未设置任何税收优先权。

自成立至今，公司均未违反适用税收法律法规规定的转让定价规定，公司与关联方的所有交易均遵守独立交易原则。

公司不会因交割前发生会计方法改变而在交割后的应税期间内发生增加应税所得或减少扣除项目。

自成立至今，公司所有的税收或其他财政优惠政策的获得均遵守适用的法律且符合税收优惠取得的条件，不会在未来因被质疑不实际符合条件而需要补缴，且除非相关法律发生变化，将持续有效。

（二）披露函

被投企业难免存在各类瑕疵，如果任何瑕疵都严格按照协议执行并认定融资方违约，那么交易显然无法进行。因此，融资方可以向投资方提供披露函，主动披露自身存在的问题（主要针对陈述与保证条款而言）。在该等披露函已为投资方接受的情况下，被投企业不再因此而被认定为违约。

双方对于披露函的分歧主要集中在条款表述是否具体明确、有针对性，如果披露函的表述过于宽泛笼统，则投资方通常难以接受。

（三）投资方的陈述与保证

相较于融资方，投资方能够作出的陈述和保证较为有限，主要是对投资方的主体资格、资金合法性以及交易已经获得充分授权作出保证。该条款要求投资方确认其具有相应的民事行为能力，确保投资方有权签署协议，也避免与之前有约束力的协议冲突而导致履行不能。

以投资款的合法性条款为例，融资方订立协议的主要目的就在于取得投资款项，因此投资方应当保证其有能力支付投资款且投资款的来源是合法合规的。常见条款示例如下：

投资方保证其依据本协议认购相应公司新增注册资本的增资款来源合法，并且其有足够的能力依据本协议的条款与条件向公司支付增资款。

（四）陈述与保证条款的特殊性

陈述与保证条款要求融资方披露相关信息并对真实性负责，可以说是投资方

第 九 章
增资协议（SPA）核心条款

在尽调之外对自身的一种额外保护。然而，该条款更应当针对融资方存在过错的情况下适用，作为投资方的权利修复方式；同时发挥对于投资方尽职调查义务在一定程度上的减轻作用，以此快速推进交易，对于投资方而言，投资方仍应在自身获取信息和专业知识范围内进行专业化的尽职调查。如果直接将陈述与保证条款作为融资方提供给投资方的全面兜底，则对于融资方而言负担过重。

在司法实践中，法院也认为投资方应对交易承担谨慎、合理的注意义务，应当对被投公司进行必要的调查。在上海市高级人民法院发布的典型案例中有一例案件[1]，投资方以融资方有未披露债务为由拒绝支付投资款，然而该债务在转让合同中披露的应付款总价中已经包含，属于投资方在尽调过程中应当注意到的事项。法院认为，投资方对此未进行合理审查，属于怠于行使知情权，应当自行承担由此产生的不利后果。除此之外，因陈述与保证条款产生的争议还有很多其他类型，例如，投资方可能以被投资方披露不实、隐瞒信息为理由拒绝支付投资款或者要求返还已支付的投资款。此时法院会根据该情形是否足以影响交易者的判断、对交易产生重大影响等方面综合判断是否解除合同甚至构成欺诈，或者判决各方继续履行[2]。

综上，融资方应当对交易相关事项进行陈述与保证，但作为平等的交易主体，投资方亦应当承担必要的注意义务，完成对项目公司的尽职调查和专业评估。

六、承诺条款

承诺条款包括过渡期承诺和交割后承诺。过渡期承诺通常是指自增资协议签署日至交割日期间（"过渡期"）融资方对于投资方作出的承诺，交割后承诺是交割日后融资方对于投资方作出的承诺，作出承诺的主体除融资方自身以外，通常还会包括融资方的创始人、关键雇员甚至在部分条款中包括现有股东。

---

[1] 参见上海市虹口区人民法院：《涉股权转让类纠纷：13个审判难点问题＋典型案例》，载微信公众号"上海高院"2023年11月14日，https://mp.weixin.qq.com/s/E4Vzz_lm5MTT3FQn_SKr0A。

[2] 上海市虹口区人民法院：《涉股权转让类纠纷：13个审判难点问题＋典型案例》，载微信公众号"上海高院"2023年11月14日，https://mp.weixin.qq.com/s/E4Vzz_lm5MTT3FQn_SKr0A。

(一) 过渡期承诺

在过渡期内，投资方尚未成为融资方股东，也没有实际参与到融资方的运营管理中，融资方的任何经营活动以及收支情况都将关系到股权的价值以及投资方的利益，投资方的投资利益能否得到有效保障在很大程度上取决于融资方的行为，因此投资方会通过设置过渡期条款对融资方的行为加以约束和监督，防止融资方发生重大不利变化。

过渡期承诺主要包括：承诺积极完成交割的先决条件，保证投资方一定程度的知情权，排他条款、持续经营、行动限制条款等，投资方还可能要求获得对融资方的监管权利，要求融资方对过渡期内的行为进行披露、派驻工作人员、中介机构到项目公司了解其运行状态等。

以下以排他条款、持续经营条款及行动限制条款为例进行说明。

1. 排他条款

排他条款是指投资方要求融资方在过渡期内不得达成与本次交易相矛盾或冲突的其他交易，同时应向投资方适当披露不冲突的第三方融资情况。该约定旨在保护还未实质成为融资方股东的投资方的利益，防止出现融资方待价而沽、又与其他投资人达成相同的增资协议的行为，此时一般尚未完成工商变更登记，投资方难以对抗第三方。常见条款如下：

自本协议签署日至交割日，公司应……，并应促使其关联方和顾问以及各自的董事、高级管理人员和代表

①在排他的基础上与本轮投资人及其关联方共同处理本次增资相关的事宜；

②不得达成与交易协议拟定的交易相矛盾或冲突的其他交易；

③公司方可在不与本次增资相冲突的前提下与第三方就新一轮融资开展讨论或协商，并应以合理的方式向本轮投资人适当披露前述讨论或协商情况。

2. 行为限制条款

行为限制条款是指投资方要求融资方在过渡期内未经投资方允许，不得进行可能会影响公司经营状况和股权结构的行为的条款，包括资产、负债、关联交易等方面。该约定旨在防止融资方的行为对项目公司或本次交易带来现实或潜在不利影响从而降低投资方的投资收益，具体情形如下：

①出售、出租、转让、授权或出让任何资产或在资产上设置权利负担；

第九章
增资协议（SPA）核心条款

②承担或产生超过××万元人民币的负债；

③在正常业务经营之外订立任何重大合同，修订、调整或终止任何重大合同，或修改任何合同或协议使其成为重大合同；

④与关联方达成任何交易；

⑤对外许可公司的知识产权，或放弃或捐赠公司的知识产权；

⑥增加、减少、转让、质押或赎回任何注册资本或权益证券；

⑦通过员工激励计划；

⑧通过修订章程或通过重组、合并、股权出售、兼并或资产出售或其他方式使交割后投资人的股权被摊薄的行为。

3. 持续合规经营条款

持续合规经营条款是指投资方要求融资方在过渡期内保证业务运营稳定、合法合规经营、维护客户与供应商关系的条款。该条款旨在防止融资方不积极履行管理职责，给项目公司或本次交易带来现实或潜在不利影响。常见条款如下：

公司应当……，并且股东应当促使集团公司在正常业务过程中开展公司业务，保证集团公司按照与以往惯例及谨慎商业实践一致的方式经营业务，并尽其最大努力，保持公司业务运营。

投资方还可与融资方约定持续合规经营的具体要求，比如经营范围及经营方式不发生重大变化、维持已有的经营资质证照、维护客户及供应商关系、不发生重大人员调整等，根据项目公司的不同情况具体约定。

（二）交割后承诺

交割后承诺可以简单区分为一般承诺以及投资方在尽调过程中发现的应当整改的内容。

1. 一般承诺

一般承诺主要是指合法合规经营方面的承诺，由融资方及创始人共同承诺在交割日后持续合法合规经营，包括业务资质及合规、知识产权、不竞争与全职服务、劳动人事方面等，此前如有被投资方豁免的交割先决条件也会被纳入交割后应当继续履行的事项，具体内容不再赘述。

尤其对于财务投资人而言，在交割完成之后，投资人不会过多干预融资方的日常运营，因此交割后承诺对于投资方而言是必要的保障。在湖州万讯投资合伙企业（有限合伙）与杭州量子金融信息服务有限公司等合伙协议纠纷案[①]中，投资方成为融资方股东后，融资方在未取得主管部门有关金融业务经营许可的情况下以自己的名义开发设立并运营与公司现有业务计划完全不同的线上 APP 平台理财产品业务，属于违规经营，然而投资方与融资方的增资协议中却没有约定交割后融资方没有合法合规经营的违约责任，因此投资方无法追究融资方违法经营的违约责任，最终败诉。

2. 瑕疵整改承诺

有时投资方在尽调过程中发现的问题无法在短时间内解决，如果作为先决条件会严重拖慢交易节奏，此时交易各方可以协商将这些瑕疵放到交割后承诺当中要求融资方在一定期限内进行整改，或者不设期限但是约定如果因此受到处罚则由创始人个人承担责任，避免融资方承担责任后间接导致投资方利益受损。

除此之外，部分项目中还会设置特殊的交割后承诺，要求融资方在交割后一定期限内达成某种里程碑，其本质类似于交割先决条件中的特殊先决条件，此类事项的完成情况可能与回购、对赌等条款相关联。

七、保密条款

在投融资交易中，投资方在尽职调查中常常会不可避免地接触到对方的保密信息，包括财务状况、商业秘密、客户资料等，这些信息如果遭到披露可能会给融资方带来损失，此时保密条款的签署就能够有效地降低交易风险、加深彼此的信赖。此处保密条款的核心内容与"第七章 保密协议"的内容存在诸多重合，不再赘述。

八、合同的解除与终止条款

投资协议签署后，在协议履行的各个阶段都有可能出于各种情形面临解除或终止，此时对于每一个签署主体而言都有极大的潜在风险。围绕该条款所发生的争议，包括是否构成法定或约定的解除情形、协议解除或终止后各方的权利义务如何分配、协议效力如何认定等问题。

---

① 湖州万讯投资合伙企业（有限合伙）与杭州量子金融信息服务有限公司等合伙协议纠纷案，杭州市西湖区人民法院（2017）浙 0106 民初 12293 号民事判决书。

第九章
增资协议（SPA）核心条款

（一）关于合同解除与终止的法律规定

1. 合同解除与终止的一般情形

关于合同的终止，可以参考《民法典》第557条关于债权债务终止的规定，该条规定："有下列情形之一的，债权债务终止：（一）债务已经履行；（二）债务相互抵销；（三）债务人依法将标的物提存；（四）债权人免除债务；（五）债权债务同归于一人；（六）法律规定或者当事人约定终止的其他情形。合同解除的，该合同的权利义务关系终止。"

《民法典》对于合同中止履行的规定见第527条①，《民法典》对于合同解除的规定则更为细致，在第528条、第562条、第563条中均有涉及，相关解除事由可归纳为：

（1）当事人协商一致；

（2）当事人约定的解除事由发生；

（3）不可抗力致使不能实现合同目的；

（4）在履行期限届满前，当事人一方明确表示或者以自己的行为表明不履行主要债务；

（5）当事人一方迟延履行主要债务，经催告后在合理期限内仍未履行；

（6）当事人一方迟延履行债务或者有其他违约行为致使不能实现合同目的；

（7）法律规定的其他情形；

（8）以持续履行的债务为内容的不定期合同，当事人可以随时解除合同，但是应当在合理期限之前通知对方；

（9）一方行使不安抗辩权中止履行后，对方在合理期限内未恢复履行能力且未提供适当担保的，视为以自己的行为表明不履行主要债务，中止履行的一方可以解除合同并可以请求对方承担违约责任。

---

① 《民法典》第527条规定：应当先履行债务的当事人，有确切证据证明对方有下列情形之一的，可以中止履行：
（一）经营状况严重恶化；
（二）转移财产、抽逃资金，以逃避债务；
（三）丧失商业信誉；
（四）有丧失或者可能丧失履行债务能力的其他情形。
当事人没有确切证据中止履行的，应当承担违约责任。

2. 合同解除与终止的法律效果

关于债权债务关系终止后的法律效果，在《民法典》中有如下规定：

第507条规定：合同不生效、无效、被撤销或者终止的，不影响合同中有关解决争议方法的条款的效力。

第558条规定：债权债务终止后，当事人应当遵循诚信等原则，根据交易习惯履行通知、协助、保密、旧物回收等义务。

第559条规定：债权债务终止时，债权的从权利同时消灭，但是法律另有规定或者当事人另有约定的除外。

第567条规定：合同的权利义务关系终止，不影响合同中结算和清理条款的效力。

关于合同解除后的法律效果主要集中在《民法典》第566条：

合同解除后，尚未履行的，终止履行；已经履行的，根据履行情况和合同性质，当事人可以请求恢复原状或者采取其他补救措施，并有权请求赔偿损失。

合同因违约解除的，解除权人可以请求违约方承担违约责任，但是当事人另有约定的除外。

主合同解除后，担保人对债务人应当承担的民事责任仍应当承担担保责任，但是担保合同另有约定的除外。

(二) 增资协议中的相关条款设置

投资协议一般不会对合同终止与合同解除单独予以列示，更多的是针对不同情形直接约定相应的后果。本章对于合同终止与合同解除的法理差别亦不展开论述。

1. 协议解除的事由

司法实践中，法院对于合同目的不能实现的认定通常采取较为谨慎的态度。如果投资协议没有明确约定解除事由，投资方仅依据法定解除事由主张解除投资协议，则难以得到法院支持。增资协议中的终止条款约定了在什么情况下，可以由哪方终止或解除协议。终止与解除的事由及解除程序可以由协议各方自行约定，主要包括以下几类：

（1）协议签署方协商一致解除。

（2）协议签署方约定的解除事由发生时解除，例如，投资协议签署后90日

第九章
增资协议（SPA）核心条款

内未能完成交割的，任一方有权解除协议且无须承担任何责任。

（3）一方行使单方解除权（通常是投资方的各项单方解除权），例如，交割前投资方发现融资方的陈述与保证不真实或融资方出现违法违规情形时要求解除，或者投资方未按时支付投资款且经催告后仍不支付时融资方要求解除。

（4）其他原因，包括不可抗力、法律法规或其解释的重大变化导致无法达到本协议项下的主要目的、融资方发生整体出售或破产情形等。

应当注意的是，《九民纪要》第47条规定："合同约定的解除条件成就时，守约方以此为由请求解除合同的，人民法院应当审查违约方的违约程度是否显著轻微，是否影响守约方合同目的实现，根据诚实信用原则，确定合同应否解除。违约方的违约程度显著轻微，不影响守约方合同目的实现，守约方请求解除合同的，人民法院不予支持；反之，则依法予以支持。"因此，以违约作为解除条件时，应实质判断违约行为是否影响守约方合同目的的实现，比如在唐某蔓、曾某股权转让纠纷案[①]中，受让方以出让方隐瞒目标公司欠缴大量物业费的事实等为由，要求解除合同，显然就无法得到法院的支持。

2. 协议解除的效力

如无特殊约定，在增资协议解除后，各方在增资协议项下的所有权利和义务即终止，各方应本着公平、合理、诚实信用的原则在约定期限内返还从本协议其他方得到的协议项下的对价、尽量恢复协议签订前的状态，投资方不再有支付投资款的义务，已经支付的投资款可以要求融资方返还，同时投资方所获得的股权也应当归还。如果协议解除是融资方导致且此时投资方已支付投资款项，则投资方还会要求融资方支付资金占用期间的利息。

然而增资协议解除将会涉及融资方的股权变化，出于涉及禁止抽逃出资以及对公司债权人利益保护等因素，即使协议已经解除，工商变更登记与否将会影响投资款能否直接返还。

（1）尚未办理工商登记，判决返还投资款

在韩某丰、邬某远公司增资纠纷案[②]中，案涉投资协议因为未能办理工商登

[①] 唐某蔓、曾某股权转让纠纷案，四川省成都市中级人民法院（2018）川01民终13214号民事判决书。

[②] 韩某丰、邬某远公司增资纠纷案，最高人民法院（2019）最高法民申1738号再审审查与审判监督民事裁定书。

记而被解除，但由于该投资尚未在工商行政管理部门进行增资变更登记，该增资款对公司债权人尚未产生公示效力，公司债权人尚无需要保护的信赖利益，因此法院判决返还投资款，并不涉及因抽逃出资或不按法定程序减资损害公司债权人利益的问题。

（2）已经办理工商登记，不支付返还投资款

在上海富电科技有限公司与西北工业集团有限公司等公司增资纠纷案[①]中，投资方已经通过工商登记成了融资方的股东，后协议因投资方未能按期足额缴纳投资款而被解除。法院认为，在投资方出资已转化为公司资本的情况下，应按照《公司法》的特别规定适用执行。现该案各方当事人虽均确认协议解除，但未予明确投资方退出的具体方式，如通过股权转让、股权回购、公司减资、公司解散等，更未经相应的法定程序，在这种情况下，投资方要求返还投资款实质上等同于股东未经法定程序任意抽回出资，将造成公司资产的不当减少，显然有违公司资本的确定、维持和不变原则，直接影响公司的经营能力和债权人利益保护。

3. 协议解除后部分条款继续有效

根据《民法典》的相关规定，合同解除后，合同的争议解决条款、结算和清理条款效力不受影响，协助、保密等义务的约定也仍然有效。具体到增资协议中，投资方可以与融资方约定鉴于条款、保密条款、合同解除条款、违约责任条款、争议解决条款、部分通用条款（比如通知与送达条款、费用条款等）在合同解除后继续有效。

除此之外，如果交易中同时存在多个投资方，其中一个投资方行使单方解除权的，原则上仅对该轮投资人有约束力，并不影响其他投资人和其他各方继续履行协议。

九、违约责任条款

违约责任的设置是为了保证协议各方严格按照约定履行合同义务。当一方违反合同约定时，违约责任的存在可以促使其承担相应后果，从而维护协议的严肃性和有效性。在协议中设定违约责任，实际上也是对合同履行中可能出现的风险

[①] 上海富电科技有限公司与西北工业集团有限公司等公司增资纠纷案，上海市第一中级人民法院（2019）沪01民终11265号民事判决书。

第九章
增资协议（SPA）核心条款

进行预先的分配，通过明确违约责任，可以使各方清楚地了解自己在违约情形下可能面临的经济后果。违约责任条款也为可能出现的合同纠纷提供了可落实的解决方案，有助于减少协议各方因解释不一致而产生的进一步争议。

（一）法律法规中关于违约责任的规定

1. 《民法典》中关于违约责任的承担方式主要体现为第577条，"当事人一方不履行合同义务或者履行合同义务不符合约定的，应当承担继续履行、采取补救措施或者赔偿损失等违约责任"，以及第584条（赔偿损失）[①]和第585条第1款（违约金）[②]。

2. 《全国法院贯彻实施民法典工作会议纪要》第11条也对违约金进行了明确，主要内容有：

"……当事人请求人民法院增加违约金的，增加后的违约金数额以不超过民法典第五百八十四条规定的损失为限。增加违约金以后，当事人又请求对方赔偿损失的，人民法院不予支持。

当事人请求人民法院减少违约金的，人民法院应当以民法典第五百八十四条规定的损失为基础，兼顾合同的履行情况、当事人的过错程度等综合因素，根据公平原则和诚信原则予以衡量，并作出裁判。约定的违约金超过根据民法典第五百八十四条规定确定的损失的百分之三十的，一般可以认定为民法典第五百八十五条第二款规定的'过分高于造成的损失'……"

3. 关于投资协议中经常提及的"预期利益"或"可得利益"，可参考《全国法院贯彻实施民法典工作会议纪要》第11条，以及《最高人民法院关于当前形势下审理民商事合同纠纷案件若干问题的指导意见》第3部分"区分可得利益损失类型，妥善认定可得利益损失"，主要内容有：

"10. 人民法院在计算和认定可得利益损失时，应当综合运用可预见规则、减损规则、损益相抵规则以及过失相抵规则等，从非违约方主张的可得利益赔偿总额中扣除违约方不可预见的损失、非违约方不当扩大的损失、非违约方因违约

[①] 《民法典》第584条规定：当事人一方不履行合同义务或者履行合同义务不符合约定，造成对方损失的，损失赔偿额应当相当于因违约所造成的损失，包括合同履行后可以获得的利益；但是，不得超过违约一方订立合同时预见到或者应当预见到的因违约可能造成的损失。

[②] 《民法典》第585条第1款规定：当事人可以约定一方违约时应当根据违约情况向对方支付一定数额的违约金，也可以约定因违约产生的损失赔偿额的计算方法。

获得的利益、非违约方亦有过失所造成的损失以及必要的交易成本……

"11. 人民法院认定可得利益损失时应当合理分配举证责任。违约方一般应当承担非违约方没有采取合理减损措施而导致损失扩大、非违约方因违约而获得利益以及非违约方亦有过失的举证责任；非违约方应当承担其遭受的可得利益损失总额、必要的交易成本的举证责任。对于可以预见的损失，既可以由非违约方举证，也可以由人民法院根据具体情况予以裁量。"

（二）增资协议中的违约责任条款

对于增资协议中违约条款的设置，应当重点明确违约行为的界定、承担违约责任的主体、违约责任的具体法律后果等，同时应当考虑违约责任与违约行为的性质和造成的后果相匹配。

1. 违约情形

（1）一般违约责任

一般违约责任条款会概括描述任何违反增资协议约定的都构成违约，违约方应当赔偿守约方因此遭受的损失。其中，损失的范围如何界定、违约行为的严重程度都是谈判的重点，守约方主张损害赔偿时需要对其遭受的损失负举证责任。少部分项目中会针对个别违约情形直接约定特定金额的违约金，但更多项目中只会约定违约责任的处理原则。常见条款如下：

如融资方违反或没有适当完全履行其在本协议及/或其他交易文件项下的任何陈述、保证、承诺、义务、约定或其他规定，或其在本协议及/或其他交易文件项下作出的任何陈述、保证为不真实、不完整、不准确或具有误导性，从而致使投资方直接及/或间接承担任何费用、责任或蒙受任何损失（包括但不限于遭受的实际损失、有合理的证据可以证明其预期可以获得的任何利益的损失、支付或损失的任何利息和律师费、公司资产及/或股权价值的降低或者债务的增加而导致的损失以及被剥夺的一切应得利益；合称"可偿损失"），则前述违约方或作出不实陈述的一方应立即就上述全部可偿损失赔偿投资方。

（2）特定违约责任

对于部分核心事项所造成的损失，无论融资方是否已经向投资方披露，公司方都应当向投资方进行赔偿，使其免受损害。特定事项一般是指合法合规相关事项，比如公司应当遵守劳动法、环境法、税法相关规定，同时按照行业自治要求

第九章
增资协议（SPA）核心条款

完成审批、备案等。

投资方与融资方往往会对这部分内容展开较长时间的博弈，并尽可能通过披露函达到最终的平衡。

2. 融资方创始人的责任限制

在投资金额较大的交易中，融资方的创始人如果与公司承担完全的连带责任，则对其个人负担非常重，因此很多创始人会争取对其个人设置一个兜底的责任限额或者承担责任的顺序，例如：

交易文件项下公司方的赔偿责任均由公司先行承担，不足部分由创始人以其直接或间接持有的公司全部股权及权益的公允价值为限承担连带责任；但若因某创始人违反刑事法律或者因存在欺诈或故意的情形而产生的赔偿责任由该创始人个人自行先于公司承担且需要承担无限连带责任，其他创始人不承担该种情况下的连带责任。

3. 实践中的违约责任认定

以下我们结合具体案例，针对实践中常见的几类违约行为加以分析。

（1）因融资方违约导致投资方未能成为股东

该情况是指融资方没有办理工商登记以及其他增资相关的批准、备案等手续导致投资方无法成为融资方的股东。这种情况的违约责任相对容易主张，因为投资人的投资目的就在于成为公司的股东，不能成为股东时融资方就构成了根本违约。法定程序作为交易先决条件时可以不进行交割，作为交割后承诺时可以请求解除协议，即使在协议中没有将法定程序与合同解除条件挂钩，法院也可能会判决协议解除。在咸宁循环优选一期股权投资基金合伙企业与浙江之信控股集团有限公司、浙江遨优动力系统有限公司合同纠纷案[①]中，融资方股权被冻结导致无法办理工商变更登记，法院认定融资方构成了根本违约，《股权投资协议书》的合同目的无法实现，支持了投资方请求解除合同，并由违反合同的责任方承担退还投资款及赔偿其损失的诉讼请求。

此种情况下法院支持的损失一般为资金占用费，对于合理范围内的利息赔偿，法院可以予以支持，如果约定的违约金过高则法院会酌情调整。在上海保挣

---

① 咸宁循环优选一期股权投资基金合伙企业与浙江之信控股集团有限公司、浙江遨优动力系统有限公司合同纠纷案，湖北省咸宁市中级人民法院（2020）鄂12民初5号民事判决书。

网络科技有限公司、上海车征网络科技有限公司等与上海奋泰企业管理中心合同纠纷案①中，因公司存在违约行为，投资方请求解除增资协议，并请求公司及原股东退回增资款并支付违约金。法院虽然支持了投资方对违约金的主张，但根据合同履行情况、双方的过错程度、违约的实际损失、预期利益等具体因素综合考量，以损害补偿为主、惩罚为辅的原则调整了违约金的计算标准，将各方约定的投资款的30%调整为银行同期贷款基准利率的4倍。

（2）融资方违反陈述与保证

陈述与保证条款涵盖的内容十分广泛，因该条款导致违约的可能性较大，此时投资方的主张可分为不同类型。

①投资方请求解除协议

如果在协议中将违反陈述与保证作为合同解除的约定事由，投资方可以解除合同，法院一般也会予以支持。如在深圳爱华红润一号投资中心、辽宁东祥金店珠宝有限公司等合伙协议纠纷案②中，协议约定了融资方违反陈述与保证时投资方可以解除合同，法院认为融资方确实存在未披露的借款、设定抵押以及未决知识产权纠纷等，构成违反如实陈述与保证义务，此时投资方依约行使合同解除权并无不当，可予支持。

但如果未将违反陈述与保证作为合同解除的约定事由，在项目公司股权已完成变更登记的情况下，投资方主张解除合同的实际难度很大，需能够证明已经严重损害各方利益、导致合同目的不能实现方可解除。例如在褚某春等与吕某丽等股权转让纠纷案③中，法院认为，出让方未向受让方披露项目公司拖欠税款的情况，违反了如实陈述与保证义务，且该税款数额数倍于股权转让款价格，直接影响了项目公司的正常经营，导致受让方就股权转让协议的合同目的不能实现，支持了受让方解除合同的请求。

②投资方请求撤销协议

实践中也不乏投资方因融资方对于陈述与保证不实而主张欺诈的案例。比如

---

① 上海保挣网络科技有限公司、上海车征网络科技有限公司等与上海奋泰企业管理中心合同纠纷案，上海市第二中级人民法院（2019）沪02民终681号民事判决书。
② 深圳爱华红润一号投资中心、辽宁东祥金店珠宝有限公司等合伙协议纠纷案，广东省深圳市中级人民法院（2020）粤03民终27383号民事判决书。
③ 褚某春等与吕某丽等股权转让纠纷案，吉林省高级人民法院（2020）吉民再91号民事判决书。

第九章
增资协议（SPA）核心条款

在贺某莲与郭某民、灵宝市豫西矿业有限责任公司民间借贷纠纷案①中，融资方提供给投资方的审计报告所载数据严重造假，虚增营业利润，故意隐瞒了涉及多笔民间借贷或担保的债务问题，法院认为融资方以故意隐瞒债务的欺诈手段，使投资方在不明真相的情况下违背真实意思，签订了《增资协议书》并支付了投资款，属于欺诈，判决解除增资协议。

但在欺诈的认定上法院普遍非常谨慎，同时法院认为私募基金作为专业的投资机构，负有更重的审慎和注意义务。如霍尔果斯盛世佰腾股权投资合伙企业与德阳中德阿维斯环保科技有限公司公司增资纠纷案②中，投资方以融资方存在巨额资金被实际控制人非法挪用的情况，但在合同订立时故意隐瞒该重要事实为由请求撤销增资协议。法院认为，融资方对此事实应当知晓，但其是否存在隐瞒该事实以诱使投资方与之签订协议的故意，还应有明确依据，案涉增资协议并无相关披露义务的约定，投资方作为专业基金投资人，亦未要求被告披露资金使用情况。在此前提下，被告未予主动披露，难以就此判定系出于欺诈的故意。而且，该案无充足证据证明原告的增资决定系基于对被告资金使用情况产生的合理信赖，即该信赖对合同订立起到了决定性作用。因此，法院驳回了投资方撤销合同的请求。

③投资方请求损害赔偿

违约行为引发的损害赔偿一般以造成的实际损失为基础，因此，投资方除了承担对存在融资方违反陈述与保证的情形的证明责任外，还要承担证明融资方的违约行为造成了多少实质损失的责任。由于公司的经营受大量因素影响，违约行为造成的实质损失经常很难量化。

在融资方隐瞒债务及潜在债务的情况下，投资方的损失相对容易确定，获得损害赔偿的可能性也比较高。在北京北控环保工程技术有限公司与陕西万泉投资有限公司、西北石化设备总公司股权转让纠纷案③中，法院认为，股权出让方隐

---

① 贺某莲与郭某民、灵宝市豫西矿业有限责任公司民间借贷纠纷案，河南省三门峡市中级人民法院（2014）三民初字第61号民事判决书。
② 霍尔果斯盛世佰腾股权投资合伙企业与德阳中德阿维斯环保科技有限公司增资纠纷案，四川省成都市中级人民法院（2018）川01民初3088号民事判决书。
③ 北京北控环保工程技术有限公司与陕西万泉投资有限公司、西北石化设备总公司股权转让纠纷案，陕西省西安市中级人民法院（2019）陕01民初1205号民事判决书。

瞒了项目公司的债务，导致受让方受让80%股权的等值金额的股东权益减少，出让方应对受让方受让80%股权相应的损失承担赔偿责任。

但在其他情况下，比如隐瞒重大诉讼或有违法行为，投资方就需要举证该违反陈述与保证的行为与损失之间存在因果联系，否则难以获得法院的支持。比如在北京东土科技股份有限公司等股权转让纠纷案①中，股权转让方保证"项目公司遵守法律法规，三年内不存在重大违法行为"，之后项目公司犯单位行贿罪被追究刑事责任，受让方主张该违法犯罪行为导致无法发行定增融资，要求赔偿相关利益损失，法院认为受让方未能提供证据证明其具备发行条件，仅因项目公司被追究刑事责任导致可得利益损失，违约行为与可得利益损失之间缺乏必然因果联系，不予支持。

因此，投资方在发现融资方存在违反陈述与保证行为时，应当及时收集相关证据，特别重视违约相关证据、损失证明证据以及因果关系证明证据，缺少其中的一项都可能导致损害赔偿难以主张。

（3）融资方违反交割后承诺

增资协议中约定交割后事项并对其规定违约责任时，投资方可以要求融资方承担违约责任。在上海保挣网络科技有限公司、上海车征网络科技有限公司等与上海奋泰企业管理中心合同纠纷案②中，协议中约定了增资款的用途，只能用于主营业务，不得用于非经营性支出或者与公司主营业务不相关的其他经营性支出，并约定了如果违反该承诺投资方可以解除合同并请求违约责任。法院认为，融资方将投资款用于非主营业务的项目，违反约定，投资方有权依约解除合同并请求赔偿。

（4）投资方违约

投资方违约一般表现为未能按时支付投资款。此时，融资方可以请求投资方履行并承担违约责任，关于能否解除合同，要进一步判断是否损害其他股东或债权人的利益。在成都云端助手科技有限公司、广州玖七网络科技有限公司股东出

---

① 北京东土科技股份有限公司等股权转让纠纷案，北京市高级人民法院（2019）京民终1646号民事判决书。
② 上海保挣网络科技有限公司、上海车征网络科技有限公司等与上海奋泰企业管理中心合同纠纷案，上海市第二中级人民法院（2019）沪02民终681号民事判决书。

第九章
增资协议（SPA）核心条款

资纠纷案[①]中，投资方没有支付投资款，违反付款义务，但投资方已经登记成为项目公司股东，法院认为解除合同会导致减资，未经法定程序会影响其他债权人的权益，未经法定程序之前不能解除合同；而在石某强、甘某、重庆促新实业有限公司等股权转让纠纷案[②]中，投资方同样已成为公司股东且未支付投资款，投资方与融资方约定若未按期支付则丧失股东资格，需将所持股权无偿转让给融资方或其指定的第三人，法院认为此时终止协议不会导致减资的情况发生，不违反法律法规的相关规定，应予支持，判决终止协议。

投资方违约更常见的情况是在分期交易中，投资方往往根据融资方未达到下一期付款的先决条件而拒绝支付投资款，此时，各方需要论证先决条件是否确实未达成。如果法院认可融资方确实没有做到应完成的条件，则会进一步认可投资方的先履行抗辩权。在谭某平、宋某等与公司有关的纠纷案[③]中，融资方请求投资方支付最后一期投资款，投资方以融资方阻碍其行使股东知情权、违反竞业协议等理由拒绝支付，法院认为，投资方主张融资方违反竞业协议没有证据，阻碍行使股东知情权的行为可通过行使股东知情权、提起损害公司利益责任纠纷诉讼等途径予以救济，不构成对请求支付投资款的合理抗辩，判决投资方继续支付投资款并承担相应违约责任。

十、法律适用与争议解决

本条款是为了确定出现争议时适用的法律以及解决争议的方式，投融资双方可以在此条款约定争议出现时约定管辖的仲裁机构以及法院。增资协议中的该等条款本身与其他协议中的并无本质差别，投资方通常会要求约定由投资方所在地的法院或仲裁委员会管辖。

[①] 成都云端助手科技有限公司、广州玖七网络科技有限公司股东出资纠纷案，四川省成都市中级人民法院（2020）川01民终3281号民事判决书。
[②] 石某强、甘某、重庆促新实业有限公司等股权转让纠纷案，四川省成都市中级人民法院（2018）川01民终14901号民事判决书。
[③] 谭某平、宋某等与公司有关的纠纷案，广东省东莞第一人民法院（2021）粤1971民初25161号民事判决书。

第十章 股东协议（SHA）核心条款

股东协议（Shareholders Agreement，SHA）是私募股权投资交易中的重要法律文件，主要负责约定投资人及公司其他股东间的权利、义务。在私募股权投资中，投资人通常仅取得公司的少数股权，是公司的小股东；而在工商登记过程中，为了减少备案的难度，公司和股东往往只能接受在市场监管部门备案一份简洁的工商模板作为其备案章程文件。因此，股东协议对维护投资人利益、明确投融资双方关系、维护公司管治架构合理平稳运行有着至关重要的作用。股东文件所涉条款庞杂，本章仅对股东协议的部分关键性条款进行逐一分析。

一、合格上市条款

在过去20余年的中国创投实践中，首次公开募股始终是投资人权益退出的最主流方式。虽然存在诸如转让、回购等其他退出渠道，但其实现受制于多种因素，不如首次公开募股渠道来得"泛用"。合格上市（Qualified IPO）条款通常指公司和创始人在股东协议中承诺，公司应在某一特定时限前，完成在某些特定地域/证券交易所的首次公开发行股票并上市工作，且上市后公司的市值应达到特定规模。

在合格上市条款中，通常需要关注以下因素。

（一）合格上市的时间要求

在我国，大量私募股权投资基金/创业投资基金投资以管理人管理下的基金投资形式完成。在管理人向出资人募资时，往往会约定基金的存续期限，以期管

第十章
股东协议（SHA）核心条款

理人能在该期限内完成本只基金产品的募集、投资和退出工作，如国内基金多采用5年或7年的存续期模式。考虑到基金本身的存续期，投资人对合格上市往往会提出一定的时间要求。这种时间要求的主要衡量因素有两个。

1. 被投企业（公司）本身的发展情况

合格上市的时间应综合参考公司本身的发展进度、财务情况确定。公司上市的前提是能满足目标证券交易所对拟上市企业的各项业务能力、财务指标、企业管治的要求。对于某些特定类型的企业，交易所规则本身就会要求其达到一定前置条件后方可申请上市（如新药研发企业主要管线的研发工作应达到一定进度，如完成二期临床）。

2. 市场形势和监管风向

全球各主要证券市场均受到全球经济形势和交易所所在地经济形势的影响。在经济基本面积极时，上市所需筹备、审批时间往往较短，市场情绪热烈，合格上市的时间可安排得更为紧凑；而在经济形势不佳、市场热情有限时，合格上市的时间则不建议安排得过于激进。

同时，境内证券市场受到政策导向影响的程度较大。纵观A股市场过去十几年的审批情况，受限于市场的景气程度，监管部门有时会出现首次公开募股关窗/实质关窗/暂时收紧的情况。合格上市条款的时间要求也应充分参考投资行为发生时近期的监管风向。

（二）合格上市的地点

境内外各主要交易所对于拟上市企业的标准各有不同，对于企业类型也各有侧重。合格上市条款通常需要对上市地点/交易所板块进行明确，以便公司、投资人向同一目标努力。主流的合格上市目的地包括上海证券交易所、深圳证券交易所、北京证券交易所（以下简称北交所）、纽约证券交易所、纳斯达克、香港联合交易所有限公司等。

合格上市地点的选择应当结合公司的业务属性、盈利能力等综合考虑。举例而言：

1. 北交所定位于服务"专精特新"的中小企业。如公司的规模较大、盈利能力较强，投资人出于上市后的板块定位、市值空间等角度考虑，往往不愿将北交所作为合格上市的目的地；

2. 香港市场对于部分行业的估值较低、流动性相对有限。如某些行业企业在香港上市时可能面临市值/流动性压力的，则投资人为退出考虑，可能更倾向将企业在内地上市。

二、回购条款

股权投资是一项风险较高的投资活动，为防范一些项目无法通过市场化的途径（如首次公开募股、转让）完成退出的风险，交易文件中往往会设计一项回购权，给予投资人一种退出公司、收回投资的手段。在回购权触发的前提条件达成时，投资人可以要求公司及/或创始人按股东协议条款的约定回购其持有的公司股权/股份。

（一）回购触发条件

在股权投资交易中，回购权触发的通常条件包括 4 项：

1. 公司未能按合格上市条款完成上市（或被并购）；
2. 公司/创始人出现重大违约；
3. 公司/创始人出现严重违法行为；
4. 公司运营出现重大障碍，或遭受重大损失。

除上述常见情况以外，股东协议通常会涉及一项回购权的"加速到期"条款。一家发展良好的公司可能陆续进行过多轮融资，存在多轮投资人股东，每轮投资人股东的回购权可能存在一定差异。本轮投资人通常会要求在交易文件中加入这样一项条款：如其他投资人的回购权已被触发，则本轮投资人也立即享有要求行使回购权的权利，以免公司出现部分投资人行使回购权提前"跑路"，其余投资人被套牢的情况。

此外，鉴于各轮投资人交易文件中约定的合格上市时间可能有所差异，后轮投资人在投资时往往会要求对齐前轮投资人和公司约定的合格上市时间，或将前轮约定的上市时间整体延后到和后轮一致，以免出现混乱。

（二）回购主体

回购主体解决的是投资人的回购权触发后，谁来回购的问题，因而往往成为股权投资交易文件协商中的重点。

回购主体通常有两类，一是公司本身，二是创始人。在过去较长一段时间的

第十章
股东协议（SHA）核心条款

司法实践中，由于法律规定的限制，司法机关往往只承认创始人（自然人）与投资人回购对赌条款的效力；而在 2019 年《九民纪要》发布后，与公司进行回购对赌的条款也被司法实践认定为有效。虽然如此，由于公司回购需要经过一系列相对复杂的减资手续流程，在实务中可执行性一直受到挑战。鉴于此，实践中往往要求创始人和公司共同向投资人承担连带的回购责任。

要求创始人接受回购义务无疑会影响公司寻求融资的积极性，因此，一个折中的做法是创始人的回购义务以其在公司中持有的股权份额为限。这样可以在创始人自身财产和公司财产中形成一道隔离，减轻创始人对"创业失败＝倾家荡产"的预期；同时，又对投资人的投资风险进行适当的弥补。此外，投资人亦可以要求在创始人出现故意/欺诈等恶性行为时，其回购实现范围不以创始人持有的公司股权为限，这也是交易诚信的应有之义。在实践中也有一些其他做法，例如约定在某些情况下由公司承担回购责任，某些情况下由创始人承担回购责任，受限于篇幅，此处不再展开讨论。

（三）回购金额和顺位

在解决"什么时候回购""谁来回购"的问题后，回购条款也需要明确"怎么进行回购"的问题，即明确回购权的行权金额和行使顺位。

1. 回购金额

在投资实践中，较为主流的回购金额计算公式为投资额的本金加一定合理利息（但在部分投资人较为强势的项目中，投资人也可能要求回购金额按持股比例×公司净资产规模计算，以实现更高回报）。回购利率根据项目情况、投资人性质等的不同，浮动较大，通常在 8％—15％ 的单利或复利区间。

这是由投资人（基金）的性质决定的。在投资人募集基金时，其出资人往往对基金的回报率有一定预期，因此回购金额需要和基金内部的回报率预期有所对应。此外，投资人作为公司的股东，也可要求分享公司已宣布但尚未分配的股息。

2. 行使顺位

通常来说，回购权的行使顺位是根据投资的轮次来决定的。在一家进行了多轮融资的公司中，由于后轮融资的投资人投资时对应的公司估值更高、整体投资规模更大，其往往要求在回购权履行时享有优先顺位。例如在一个进行到 C 轮融资的项目中，在回购事项出现时，由公司/创始人先回购 C 轮投资人所持的公司股权/股份；回购完成后公司/创始人有能力的，再回购 B+/B 轮投资人所持的公司股权/股份……以此类推。而在同一轮次的投资人中，则一般按相对持股比例来计算回购款。

（四）回购权的终止和恢复

1. 回购权的终止

股权投资的一条主要退出途径为上市退出。无论是境内 A 股市场还是港股市场，在审核拟上市公司的上市申请时都以股东间"同股同权"为原则，而以"同股不同权"为例外。受此原则指引，拟上市企业在申请上市时，需要根据交易所规定对部分股东享有的特殊股东权利进行清理。回购权作为一项投资人股东相对其他股东享有的"特殊权利"，也在上市前清理的范畴。

以 A 股审核为例，根据中国证监会/交易所的规定，回购条款属于在上市申报时必须终止的条款。而在实践中，回购条款的实际终止时间还可能提前。出于灵活性、管治便利度等多种因素的考虑，多数创业企业往往以有限责任公司的形式设立，在筹备上市前再完成股份制改造（股改），将企业变更为股份有限公司，以满足中国《证券法》规定的上市条件。在股改时，受限于法律制度、会计准则等多方面的要求，认为回购条款属于可能影响公司股权稳定性、财务稳定性的条款，因而需要在企业股改前终止，以免影响企业股改的步调。

在公司筹备上市时，投资人作为公司股东，对于公司历史经营情况、现状有所了解，再借由与公司、公司聘请的上市中介团队（如券商）的沟通，可获得对公司上市节奏、上市可能性的判断，也有了对公司上市后发行效果、退出效果的预期。是否为配合公司上市计划而终止回购权，需要审慎考虑、综合判断。

2. 回购权的恢复

考虑到回购条款是股权投资中投资人权益的兜底保障条款，即使投资人愿意终止回购权，通常也要求在特定情形下，这些回购权应自动恢复。例如，投资人通常会要求公司在一段时间内未能达成上市里程碑（如上市申请获受理、上市申请获批等）的情况下，投资人为配合公司上市而终止的回购权可自动恢复。然而，这类回购权恢复条款也受到 A 股审核的限制，在上市审核较为严格时，出现较多审核案例要求回购权不能携带恢复生效条款，必须"彻底"终止，否则上市

第十章
股东协议（SHA）核心条款

申请可能不被受理（更早者甚至拟上市企业可能无法通过当地证监局的辅导验收）。回购权恢复条款能否保留，也需要结合拟上市企业情况、监管风向等因素综合确定。

三、对创始人的持股限制条款

在股权投资中，公司创始人和投资人的角色许多时候存在天然差异。创始人作为公司的经营掌舵者，更关注公司的经营权、管理权，而投资人多数情况下有财务投资人的底色，在赋能公司、协助公司发展的同时，更关注公司和创始人的稳定性。因此，股东协议对于投资人持股、股权转让的限制一般较少，通常仅限于不能向公司竞争对手转股等少数特殊情况，而对创始人持股、转让的约束相对较多。

（一）创始人股权转让的限制

从投资人的视角出发，投资就是投"人"，为保证公司经营的持续性，投资人希望公司创始人和公司长期、深度绑定。投资人往往要求未经其同意，创始人在一定期限内不得转让其在公司的持股。这类股权转让限制的持续时间通常较久，常见的情况是从交易文件签署开始，一直延续到公司上市前。但在特定情况下，交易文件中也会约定一些例外情况，为创始人在特定情形下转股留出空间，例如：

1. 创始人从税收筹划、家族传承等角度考虑，将持股转让给关联方（如其全资持有的企业、其亲属等）；

2. 创始人为进行公司批准的股权激励计划而进行的转股，如将持股转让给拟用于股权激励的持股平台；

3. 创始人之间进行转让；

4. 创始人为履行反稀释条款、估值调整机制而必须进行的股权转让；

5. 在某些项目中，会给予创始人少量股权的出售权，以便创始人改善个人经济情况，以更好地服务公司。

这些例外情形通常根据项目的实际情况，由创始人、投资人协商进行确定。

（二）创始人持股的解锁机制

在某些项目中，为保证创始人的稳定性，还可能设置创始人持股的分期解锁机制（"限制性股权"），以将创始人和公司持续绑定。这一机制经常出现在较早期的投资中（如种子轮、天使轮等）。在投资人要求创始人遵守限制性股权原则时，通常会将创始人全部持股纳入规制范围。这一机制的常见设置有两方面。

1. 兑现的年限和方式

受限制股权的常见兑现方式为阶梯式兑现，兑现年限以3—5年为多。所谓阶梯式兑现，是指在公司接受投资后的第一年/前几年，创始人的股权按年兑现，而后则按月兑现。例如，股东协议可约定将创始人的持股总共分为4年解锁，其中第1年解锁1/4（或每半年解锁1/8），而第2年开始则每个月解锁1/48。这是因为创业企业的早期风险更大，为避免创始人在早期离职，则设置更为严苛的解锁机制，以维护公司发展的稳定。

当然，在部分投资人较为强势的项目中，也存在创始人的受限制股权全部按年解锁的情况，或者创始人持股在满两年时才一次性解锁一定比例。还有项目的股东文件会约定在创始人出现某一些过失，对公司造成损害时，其持股需要延迟解锁。作为创始人，应尽可能争取较短的解锁年限和较宽松的解锁机制。

如创始人在解锁期未届满前离职，一般会安排公司对创始人持股进行回购。根据创始人的离职原因（主动离职、过错离职、被迫离职），回购的价格一般会有所差异。未解锁部分的股权根据规模，可安排用于公司股权激励，或由其他股东进行购买，具体则需要根据公司当时的发展情况、股权结构决定。

2. 表决权问题

需要说明的是，虽然限制性股权安排了对创始人持股的"解锁"机制，但这更类似一种虚拟的持股限制，创始人在工商登记层面仍持有其应持的全部股权，也享有对全部股权的投票权。创始人股权解锁条款的本意是对创始人的经济权益做出一定限制，使创始人通过对公司的长期服务来"赚取"股权，而非对创始人企业决策权利的限制。

四、不竞争条款

除了对创始人的持股/转让进行限制，防止创始人轻易离职外，股东协议往往还会对创始人在职/离职之后的行为加以限制。特别是在一些公司有多位创始人的项目中，为防止某位联合创始人离职后与公司大唱"对台戏"，股东协议会安排一定的不竞争（竞业限制）条款，对创始人在职期间/离职后的竞业行为进

第十章
股东协议（SHA）核心条款

行规制。

（一）不竞争条款的期限

股东协议通常要求公司创始人在职期间（及离职后一段时间内）不得经营、从事、投资与公司业务相竞争的业务，并且在公司任职期间应全身心投入公司业务。如创始人离职的，这一竞业限制往往会持续1—2年时间。

与《劳动法》规定的竞业期不同的是，这一对创始人的竞业限制要求并不是劳动法层面的义务，而是一项基于股权投融资关系的安排，属于股东义务的一种。因此，除在股东协议中约定不竞争条款外，投资人往往要求公司和创始人签署单独的、独立于劳动合同的竞业协议，一方面用以强化竞业限制义务的力度，另一方面做到和劳动法律关系的区分、隔离。

（二）不竞争条款的常见范围

在实务中，不竞争条款所涉范围可能较为广泛，常见的不竞争义务包括：

1. 限制创始人对竞争业务进行投资、参股、控股或实质控制；
2. 限制创始人为竞争业务提供服务、指导、协助；
3. 限制创始人通过各种途径从竞争业务中获利；
4. 限制创始人为竞争业务招揽、获得公司的客户；
5. 限制创始人为竞争业务招揽、引诱公司的员工。

为保证不竞争条款的效力，在许多项目中，除限制创始人本人从事上述行为外，也会限制创始人的亲属等密切关联人士从事上述行为，防止创始人"曲线救国"。

因实务所涉情况繁杂，从投资人角度来看，往往希望对不竞争范围进行概括式、总结式的表述，以尽可能增加不竞争条款的覆盖范围，防止创始人钻条款的空子；而对创始人而言，则应尽可能争取以列举的方式载明不竞争义务的具体范围，以减少自身承担责任的可能性，同时为未来留存更大空间。

五、优先购买权、共同出售权和优先认购权

优先购买权和共同出售权作为约定股东股权转让的重要条款，在股东协议中经常和上文介绍的股权转让限制条款形成联动。优先认购权作为保证股东持股比例不被稀释的条款，亦在股东协议中发挥着重要作用。

（一）优先购买权

根据我国《公司法》确立的一般原则，除公司章程另有约定的情形外，有限责任公司的股东在其他股东对外转让股权时，享有同等条件下的优先购买权。这是有限责任公司人合性的必然要求，可以防止对公司发展无益，甚至公司现有股东不欢迎的第三方进入公司，保证公司股东之间的关系稳定性，从而为公司发展打下稳固根基。在股权投资项目中，对优先购买权原则进行了符合项目需求的承袭和调整，以更好地映射股权投资项目中的法律关系和主体间的权利义务分配。

首先，在私募股权投资中，享有优先购买权的股东是特定类型的股东，即公司的投资人。仅在少数例外情形下，会赋予投资人股东以外的股东优先购买的权利。但是，投资人的优先购买权存在一定例外。举例而言，如创始人是出于公司发展或其他经投资人股东批准的目的而进行转股，优先购买权经常不能适用。具体而言，如创始人是将持股转让给员工持股平台进行股权激励，或创始人是出于税务筹划目的的考虑进行股权平移，则该部分股权的出售对价往往较低，与市场价格偏离。如在这些情形下允许投资人享有优先购买权，则背离了条款设置的本意。

其次，私募股权投资中的优先购买权通常安排二次购买机制。在某一股东对外转让自身在公司的持股时，享有优先购买权的其他投资人股东通常按自身在公司的相对持股比例来行使权利（仅在少数前轮投资人/后轮投资人特别强势的项目中，会允许特定轮次投资人优于其他轮次投资人行权）；如愿意行使优先购买权的投资人完成一次行权后，出售股东拟出售的公司股权还有剩余，则愿意行权的投资人股东可对剩余股权进行二次超额购买。

（二）共同出售权

共同出售权又称随售权，是指当公司大股东对外出售股权时，小股东（通常为公司投资人股东）有权按比例和大股东一起共同向受让方出售自身持有的公司股权。一般来说，共同出售权只有在投资人豁免创始人（大股东）的转股限制时方能启动。共同出售权和优先购买权在股东协议中往往联动出现，代表了公司股权流动的两个方向：前者通过出售形式实现股东利益，后者则通过追加投资形式巩固股东利益。

实务中共同出售权的计算存在多种方式。一种常见的计算方式为：投资人可

第十章
股东协议（SHA）核心条款

行使共售权的比例不超过投资人的持股比例÷（含投资人在内拟行使共售权的全体股东的持股比例＋作为转让方的受限股东（创始人）的持股比例）×作为转让方的受限股东（创始人）拟出售的股权比例。

（三）优先认购权

根据我国《公司法》的规定，在有限责任公司增资时，公司股东有权按照实缴出资比例来认缴新增出资，但也可以通过全体股东约定，设置公司增资的认购模式。在私募股权投资交易中，优先认购权的重要作用是令投资人可以维持其在公司持股的绝对比例，维持对公司的参与度和控制力；而在部分投资人较为强势的情况下，投资人会寻求对公司增资的超额认购权利，为增持留出空间。

优先认购权适用的情形包括传统的公司增资扩股，也包括公司发行期权、认股权等可能导致公司注册资本/股本扩张的情况。但同时，股东协议也会约定部分情形作为优先认购权适用的例外，例如公司通过增资方式引入员工持股平台，计划对公司员工进行股权激励的，其增资价格经常在市场公允价值基础上有所折让。对于这一类为公司发展而进行的特定目的增资，不触发优先认购权更有利于公司的整体发展。

六、董事会和重大事项否决权条款

在对被投企业进行股权投资的同时，投资人作为公司未来的小股东，为保障自身权利，通常会要求在公司股东会、董事会享有一定的否决权利，同时在董事会争取一定的席位。因此，否决权条款也被称为保护性条款，即虽然公司的经营、决策由创始人主要负责，但亦通过公司管治规则给予投资人一些重大事项的"保护"，以防投资人只能看着公司"跑偏"而无法作为。

（一）董事会构成条款

根据我国《公司法》的规定，有限责任公司设董事会的，其董事人数应在3人以上。创始人一般要求在公司董事会中持有超过50%的董事席位，以保证其对公司决策的掌控力；而投资金额较多的投资人（通常是每轮投资的领投方）则常寻求一个董事会席位，以委派投资人代表进入公司董事会，了解公司发展情况、参与公司重大决策。出于公司董事会规模、管治效率等因素的考虑，董事会规模一般不宜过大，以免拖慢公司决策效率。因此，有些轮次的领投方也可能没有董事会席位，而仅有权向董事会派驻一位观察员；除无董事会表决权外，观察员的其余权责和董事类似。

在交易实务中，为提升交易效率、避免交易文件不必要地冗长，被投企业的子公司多数时候不会作为交易文件的签约方。为保证董事委派的一致性、连贯性，交易文件原则上会载明投资人对董事会的提名权在被投企业子公司层面也有效，被投企业子公司的董事会构成应和母公司保持一致。

此外，为保证投资人委派董事这一制度被有效执行，投资人也会要求公司董事会会议必须获投资人代表董事出席方可举行，否则董事会会议及决议无效。但是，在某些特殊情况下，可能出现投资人董事因各类原因无法出席董事会的情况；为保证公司决策效率，常见的处理方法是在股东协议中设置好董事会的延期机制，如投资人董事因故无法出席董事会，会议可以延期一次，延期后投资人董事仍无法参加，则其余董事可以组成合法的董事会会议并形成有效决议。

同时，为了尽可能控制投资人董事的履职风险，交易文件也经常约定如投资人董事因履行董事职责而遭受损失/遭到第三方索赔，公司应尽可能免除该等风险/对投资人董事进行补偿。

（二）重大事项否决权条款

在私募股权投资交易中，原则上会在股东会和董事会层面分别设置投资人享有的公司重大事项否决权，即某一事项如投资人/投资人委派的董事在股东会/董事会上投反对票的，则无论其余股东表决结果如何，该事项都不能通过。鉴于公司董事会规模有限，不可能所有投资人都在其中享有董事席位；为公平对待投资人，为投资人决策权设置兜底保障，除董事会层面的重大事项否决权外，也有必要在股东会层面设置一定的投资人否决权。

需要说明的是，这种否决权的设置应遵循如下原则：（1）这种权利关联的是公司的"重大事项"，不应影响公司的日常经营决策，以尽可能少影响公司正常的运营效率；（2）否决权的范围设置应当合理且有针对性，例如针对公司管治结构、发展方向、股权结构等与投资人利益最为密切相关的事项。

公司股东会、董事会层面常见的重大事项否决权包括：

1. 修改和变更投资人在交易文件、公司章程框架下享有的权利；
2. 修改公司章程或类似组织性文件；

3. 向投资人以外的第三方授予与投资人同等甚至更优的权利；

4. 公司增资、减资、合并、重组、变更企业形式等事涉公司资本结构的重大事项；

5. 公司回购自身股权/股份；

6. 公司变更主要经营方向或经营计划；

7. 公司进行重要对外投资、进行合资或设立新子公司；

8. 处分或变相处分公司的主要资产（无论是有形资产还是无形资产）；

9. 公司分配股利、股息；

10. 公司进行对外担保；

11. 调整董事会、监事会的构成；

12. 决策公司上市的有关事项（如上市方案、上市地、中介机构）；

13. 聘用、解聘特定的公司高级管理人员。

由上述列举的权利可见，重大事项否决权制度主要还是为了保障投资人能对公司的重大经营事项、重大发展事项、重大财务事项、重大人事事项有一定掌控力，以在公司经营自主性和投资人利益之间寻求平衡。

七、拖售权

（一）拖售权的逻辑

拖售权（又称"领售权"）是一项在特定情况下，投资人可以强制要求其他股东与其一道、以一定条件出售公司的权利。与回购权、共售权等类似，拖售权是投资人的一项"退出权利"。

在投资人完成对公司的投资之后，一条常见的退出路径是公司上市后，投资人通过二级市场完成退出。但在实务中，企业也经常遇到这样一种情况：受制于市场环境、企业发展进度等因素，公司上市的条件尚不成熟，或公司即使完成上市也不一定能实现良好的退出效果；但公司本身有一定价值，同行业或上下游的其他市场玩家有意向对公司进行整体收购，且愿意给出一定的收购估值，满足公司现有各股东的经济利益。在这种情况下，收购方希望收购的是公司的控股权，投资人作为公司小股东，仅凭其自身是无法实现上述效果的；为实现整体收购带来的经济利益，投资人就需要一项权利来"拖"着其他股东完成对公司的联合出售。

（二）拖售权的设置原则

拖售权一旦行使，创始人花费多年心血搭建的企业就可能拱手让人。虽然创始人很多时候作为公司大股东，在整体出售中也可以获得不菲的经济利益，但整体出售往往发生在公司经营情况还不错时，创始人与投资人的利益天然存在差异，此时创始人可能想的是继续围绕公司发展做文章，不愿轻易出售公司。因此，为平衡创始人和投资人的利益，拖售权在设置时往往会附带一些行权的前提条件，常见的有以下几种：

1. 为拖售权的行使设定时间性前提条件，例如交易文件签署的N个月/N年后，投资人才可行使拖售权。这种设置在早期轮次的融资中居多，在相对后期的融资轮次中，因企业发展已经较为成熟、市场变动不可预测性高，较少采用灵活性较低的时间性前提条件模式；

2. 为拖售权的行使设定估值性前提条件，即约定只有当收购方的收购估值达到一定金额时，投资人方可行使拖售权。这一前提条件几乎在所有带拖售权的交易中都会设置；

3. 为拖售权的行使设定表决性前提条件，即在投资人较多、公司融资轮次较多时，约定只有在满足一定比例的享有拖售权的公司股东同意的情况下，拖售权方能被行使。这是因为在融资轮次较多时，各轮投资人的投资成本存在很大差异，如约定某一投资人可以无视其他投资人行使拖售权，则靠前轮次的投资人因投资成本低，行权动机会大大增加，而靠后轮次投资人的权利则无法得到保障。

八、优先清算权

既已提到拖售权，也有必要对优先清算权进行一定的介绍，这是因为导致拖售权触发的公司整体出售事件也是优先清算权的触发情形之一（股东协议在约定优先清算权时提到的"视同清算事件"）。

（一）优先清算权的逻辑

优先清算权是指公司发生清算或"视同清算"事件时，享有优先清算权的股东（通常是公司投资人股东）有权优于其他股东获得一定的投资回报。

第十章
股东协议（SHA）核心条款

　　这里的清算和视同清算包括各类情况。例如，我国《公司法》规定了法定清算的各类情形，如（1）公司章程的营业期限届满或解散事由出现；（2）公司被股东/股东会/股东大会决议解散（股东自主结业）；（3）公司被有权机关吊销、撤销或因司法命令、判决而需要解散；（4）公司因合并、分立等原因需要注销。视同清算的范围则通常包括：（1）公司股权整体出售；（2）公司的全部资产被实质出售；（3）公司因合并、分立、重组等原因，控制权发生变动或实质变动；（4）（一些以 IP 为核心资产的公司）出售或实质出售全部知识产权。

　　目前市场上较为常见的优先清算权由清算优先和参与分配财产两项权利组成。在清算或视同清算事件发生时，享有优先清算权的投资人股东先按一定的投资回报率收回其本金＋利息，随后如公司剩余财产还有剩余，则投资人再按公司的持股比例进行分配。在一些公司较为强势的情况下，会为投资人的优先清算总金额设定上限，或设定一定的触发门槛（例如公司以一定金额被并购，则投资人只能从本金＋利息模式和按股权分配并购金额模式二者选一）。

（二）优先清算权的行权

　　优先清算权常见的行权顺序是后轮投资人优于前轮投资人，这是由于后轮投资人投资公司时的估值更高、投资金额更大。在部分前轮投资人较为强势的情况下，也可能出现行权顺位的调整和倒挂。在计算优先清算金额时也有两种常见模式，一种是按投资人本金乘以一定的单利/复利利率，另一种则是直接按本金给予投资人一定比例的特定回报（如本金＋本金的 30%）。

九、反稀释条款

（一）反稀释条款的逻辑

　　在股权投融资交易完成后，大家都乐见的情况是公司业绩不断增长、估值节节攀升、股东利益得到全面提升。但也有一些项目，受经济大环境、行业风向或公司本身发展策略的影响，其业绩出现反复甚至下滑，又或者行业整体估值发生了不利变动。在这种情况下，公司在寻求新一轮融资时，难免会出现公司估值相较上一轮下降的情况，即常说的"流血融资"。许多创业企业因自身造血能力需要时间培养，其在发展的早中期需要不断的外部资金支持；为了维持企业发展，在蛰伏中继续寻找机会，即使估值不尽如人意，公司和股东仍只能忍痛寻求新一轮投资者进入。为了公司原有投资人的利益，反稀释条款就应运而生。

反稀释条款是指在公司新一轮融资估值低于前轮融资估值时，对前轮投资人的认购价格进行一定调整，使之对应至后轮融资的更低单价。在实务中，这种价格调整机制有两种常见的计算方式，一种是完全棘轮，另一种则是加权平均（具体又可细分为广义加权平均和狭义加权平均）。

（二）反稀释的两种计算逻辑

1. 完全棘轮模式

完全棘轮模式是指如公司新一轮融资的每股单价低于前轮融资的每股单价，则将前轮投资人的认购价格直接调整为新一轮融资的认购价格。例如前轮融资的单价为2元/股，而新一轮融资仅为1元/股，则前轮投资者将按新单价获得一倍的股份数补偿。

完全棘轮模式的计算方法较易理解，这也是对投资人而言最为有利的计算方式。在这种计算逻辑下，投资人因新一轮较低估值融资而受到的损失可以得到完全补偿，但反过来这种反稀释方式对创始人也是最不利的。在融资形势不佳时，创始人本就可能需要出让更多股权份额以获得新一轮融资，完全棘轮模式将进一步冲击创始人的持股比例，影响创始人对公司的股权掌控力。

2. 加权平均模式

加权平均是指一种综合考虑前轮认购单价、新一轮发行规模、新一轮融资规模的综合计算方式。这种方式对创始人的稀释更少，往往更能得到创始人的青睐。一个常见的（广义）加权平均计算公式为：

$$P_2 = P_1 \times (A + B) / (A + C)$$

其中：

P_2 指调整后的每股单价；

P_1 指前轮投资人投资时的原每股单价；

A 指后轮融资发行新股前的公司股本总数；

B 指后轮融资假设按原每股单价计算能获得的股数；

C 指后轮融资假设按后轮低价计算而实际可得的股数。

（三）反稀释的行权

在按照股东协议的约定计算出投资人应获弥补的股数后，一般需要由创始人

第 十 章
股东协议（SHA）核心条款

将该等股权无偿（或以名义对价）转让给投资人，完成反稀释补偿。在这一操作的过程中，由于涉及公司股权转让和所得问题，有可能涉及所得税。因此，有必要在股东协议中明确反稀释行权时税务的处理。一般而言，由于反稀释是对前轮投资人的补偿，投资人一般要求由创始人负担为履行反稀释义务而产生的税负。

同时，反稀释条款一般还会列明一些特定的豁免情形。部分特定情形下，公司以较低单价发行新股是为了公司的长远发展，如公司为设立员工持股平台而进行低价增发。股东协议一般会明确约定这种情形不触发反稀释条款。

十、员工股权激励条款

对于创业企业而言，员工股权激励是创始人稳定核心团队、激励公司人才、吸引新人才加入公司的常见手段。通常，公司在创立或早期时，会预留一部分股权用作未来的员工股权激励，或提前设好员工持股平台，持有公司激励股权池，以备未来发放。但是，公司的发展情况千变万化，常出现公司预留的股权池即将发放完毕，而公司尚需进一步的股权激励来激励员工/吸引新人才的情况。因此，股东协议经常会对公司员工股权激励的相关安排做出约定。

通常来说，公司进行股权激励有两种形式：（1）创始人让渡自身持有的部分公司股权，形成新的股权池用于激励；（2）公司以低价发行一部分新股，形成新的股权池进行激励。以上第一种方法对公司其余股东的持股没有稀释，投资人往往较为欢迎；第二种方法创始人受损较小，且全体股东是被平等稀释的，创始人往往希望采用这种方式来进行股权激励。这里涉及创始人和现有股东/本轮新投资人的博弈。为平衡双方利益，股东协议中常用以下方式：

1. 约定采用新股+老股的模式，即公司发行一部分新注册资本，创始人也出一部分老股，投资人和创始人各退一步，各作一些贡献；

2. 在股东协议中约定，在满足某些业绩前提条件的情况下，公司可发新股进行员工激励；

3. 在股东协议中约定，在满足新一轮融资估值达到特定金额的情况下，公司可发行员工激励。

以上第二、三种方法都是为公司发展设定目标，从而使全体股东的权益总量增加，平衡股东被稀释股权的损失。

同时，在筹划股权激励时，创始人和投资人也应充分考虑激励单价对公司财务状况的影响。根据会计准则，公司如以低价对员工发放激励股权，在行权时会作为股份支付计入公司当期报表，特别是公司处于上市前报告期的，应着重关注股份支付对当期财务数据的影响。

第十一章 私募基金日常运营义务及投后管理

根据中基协官方网站公告，截至2023年12月31日，年内共有2537家私募基金管理人注销，其中，有1905家为协会注销，而在这之中，因经营异常被协会注销的管理人占比高达86.3%，共计1644家。在"扶优限劣"的监管原则下，私募行业出清力度加大，行业结构优化进程加速。对于私募机构而言，如何合规运营、高效运营从而激发资本活力成为举足轻重的关键命题。

一、私募基金管理简介

根据私募基金管理内容及方向的不同，私募基金管理主要可以分为私募基金日常运营管理及私募基金投资后管理制度。其中私募基金日常运营管理主要围绕信息披露义务及经营管理架构设置，投后管理则主要以投资标的企业为核心构建。通常来说，"募""投""管""退"4个环节中的"管"主要意指投资后管理制度，而日常运营管理要求则更多内嵌在登记及备案主题下去讨论，如管理人登记要求中的"内部控制制度"的建立。

私募基金日常运营管理的内涵通常包含人员组织架构、内部控制制度、经营管理制度等制度管理，旨在维护私募基金高效、合规运行，而投后管理随着私募基金行业的发展，逐渐成为私募机构体现竞争力的重要指标，良好的投后管理与投资决策制度闭环结合，相互配合、促进。从本质上来讲，投后管理即风险管理，因为在投资协议签署后，国家政策、市场环境、技术变革以及企业自身及创始人状态都处在动态变化过程之中，如果不能及时跟踪、管理、引导这些变化，投资的风险就会大大加强，而投后管理的关键，就是管理这些潜在风险。

虽然管理的方向、内容及重点不同，但两种管理制度的建设及维护都是私募基金高效健康发展中不可忽视的问题。只有重视私募基金管理，完善私募基金管理制度建设，才能更好地赋能私募基金，促使私募基金合规高效运行。

二、日常运营管理主要义务

私募基金日常运营管理所涵盖的内容中，诸如内部控制制度建设、人员及组织架构要求等内容在本书第二章已有介绍，故不再赘述，而主要介绍日常运营过程中必须履行的信息披露义务。

（一）信息披露的一般要求

1. 信息披露义务人的确定

根据《披露办法》第2条的规定，信息披露义务人指私募基金管理人、私募基金托管人，以及法律、行政法规、中国证监会和中基协规定的具有信息披露义务的法人和其他组织。同一私募基金存在多个信息披露义务人时，应在相关协议中约定信息披露相关事项和责任义务。信息披露义务人委托第三方机构代为披露信息的，不得免除信息披露义务人法定应承担的信息披露义务。

2. 信息披露的原则及渠道

根据《披露办法》第3条至第7条的规定，信息披露义务人应当按照中基协的规定以及基金合同、公司章程或者合伙协议约定通过中基协指定的私募基金信息披露备份平台报送信息，向投资者进行信息披露，并保证所披露信息的真实性、准确性和完整性。

私募基金管理人过往业绩以及私募基金运行情况将以私募基金管理人向私募基金信息披露备份平台报送的数据为准。同时，信息披露义务人、投资者及其他相关机构应当依法对所获取的私募基金非公开披露的全部信息、商业秘密、个人隐私等信息负有保密义务。

3. 信息披露管理制度的建立

根据《披露办法》第五章的规定，信息披露义务人应当建立健全信息披露管理制度，指定专人负责管理信息披露事务，并按要求在私募基金登记备案系统中

第十一章
私募基金日常运营义务及投后管理

上传信息披露相关制度文件。信息披露事务管理制度应当至少包括以下事项：

（1）信息披露义务人向投资者进行信息披露的内容、披露频度、披露方式、披露责任以及信息披露渠道等事项；

（2）信息披露相关文件、资料的档案管理；

（3）信息披露管理部门、流程、渠道、应急预案及责任；

（4）未按规定披露信息的责任追究机制，对违反规定人员的处理措施。

信息披露义务人应当妥善保管私募基金信息披露的相关文件资料，保存期限自基金清算终止之日起不得少于10年。

（二）信息披露的主要内容及禁止行为

根据《披露办法》第三章、第四章的规定，信息披露主要内容如表28所示。

表28　私募基金信息披露主要内容

一般性披露内容	①基金合同；②招募说明书等宣传推介文件；③基金销售协议中的主要权利义务条款（如有）；④基金的投资情况；⑤基金的资产负债情况；⑥基金的投资收益分配情况；⑦基金承担的费用和业绩报酬安排；⑧可能存在的利益冲突；	基金募集期间	私募基金的宣传推介材料（如招募说明书）内容应当如实披露基金产品的基本信息，与基金合同保持一致。如有不一致，应当向投资者特别说明。具体披露信息如下： ①基金的基本信息：基金名称、基金架构（是否为母子基金、是否有平行基金）、基金类型、基金注册地（如有）、基金募集规模、最低认缴出资额、基金运作方式（封闭式、开放式或者其他方式）、基金的存续期限、基金联系人和联系信息、基金托管人（如有）； ②基金管理人基本信息：基金管理人名称、注册地/主要经营地址、成立时间、组织形式、基金管理人在中基协的登记备案情况； ③基金的投资信息：基金的投资目标、投资策略、投资方向、业绩比较基准（如有）、风险收益特征等； ④基金的募集期限：应载明基金首轮交割日以及最后交割日事项（如有）； ⑤基金估值政策、程序和定价模式； ⑥基金合同的主要条款：出资方式、收益分配和亏损分担方式、管理费标准及计提方式、基金费用承担方式、基金业务报告和财务报告提交制度等； ⑦基金的申购与赎回安排； ⑧基金管理人最近3年的诚信情况说明； ⑨其他事项。

续表

一般性披露内容	⑨涉及私募基金管理业务、基金财产、基金托管业务的重大诉讼、仲裁；⑩中国证监会以及中基协规定的影响投资者合法权益的其他重大信息。	基金运作期间	①信息披露义务人应当在每季度结束之日起10个工作日以内向投资者披露基金净值、主要财务指标以及投资组合情况等信息；②单只私募证券投资基金管理规模金额达到5000万元以上的，应当持续在每月结束后5个工作日以内向投资者披露基金净值信息；③信息披露义务人应当在每年结束之日起4个月以内向投资者披露以下信息：报告期末基金净值和基金份额总额；基金的财务情况；基金投资运作情况和运用杠杆情况；投资者账户信息，包括实缴出资额、未缴出资额以及报告期末所持有基金份额总额等；投资收益分配和损失承担情况；基金管理人取得的管理费和业绩报酬，包括计提基准、计提方式和支付方式；基金合同约定的其他信息。
		重大事项披露	发生以下重大事项，信息披露义务人应当按照基金合同的约定及时向投资者披露：①基金名称、注册地址、组织形式发生变更的；②投资范围和投资策略发生重大变化的；③变更基金管理人或托管人的；④管理人的法定代表人、执行事务合伙人（委派代表）、实际控制人发生变更的；⑤触及基金止损线或预警线的；⑥管理费率、托管费率发生变化的；⑦基金收益分配事项发生变更的；⑧基金触发巨额赎回的；⑨基金存续期变更或展期的；⑩基金发生清盘或清算的；⑪发生重大关联交易事项的；⑫基金管理人、实际控制人、高管人员涉嫌重大违法违规行为或正在接受监管部门或自律管理部门调查的；⑬涉及私募基金管理业务、基金财产、基金托管业务的重大诉讼、仲裁；⑭基金合同约定的影响投资者利益的其他重大事项。

注：《披露办法》第12条规定，向境内投资者募集的基金信息披露文件应当采用中文文本，应当尽量采用简明、易懂的语言进行表述。同时采用外文文本的，信息披露义务人应当保证两种文本内容一致。两种文本发生歧义时，以中文文本为准。

同时，信息披露义务人披露基金信息，不得存在以下行为：

第十一章
私募基金日常运营义务及投后管理

1. 公开披露或者变相公开披露；

2. 虚假记载、误导性陈述或者重大遗漏；

3. 对投资业绩进行预测；

4. 违规承诺收益或者承担损失；

5. 诋毁其他基金管理人、基金托管人或者基金销售机构；

6. 登载任何自然人、法人或者其他组织的祝贺性、恭维性或推荐性的文字；

7. 采用不具有可比性、公平性、准确性、权威性的数据来源和方法进行业绩比较，任意使用"业绩最佳""规模最大"等相关措辞；

8. 法律、行政法规、中国证监会和中基协禁止的其他行为。

三、投后管理要点

（一）投后管理的作用

作为"募、投、管、退"中的关键环节，投后管理主要可以分为标的企业风险监控及增值服务提供两个方面（见图16）。

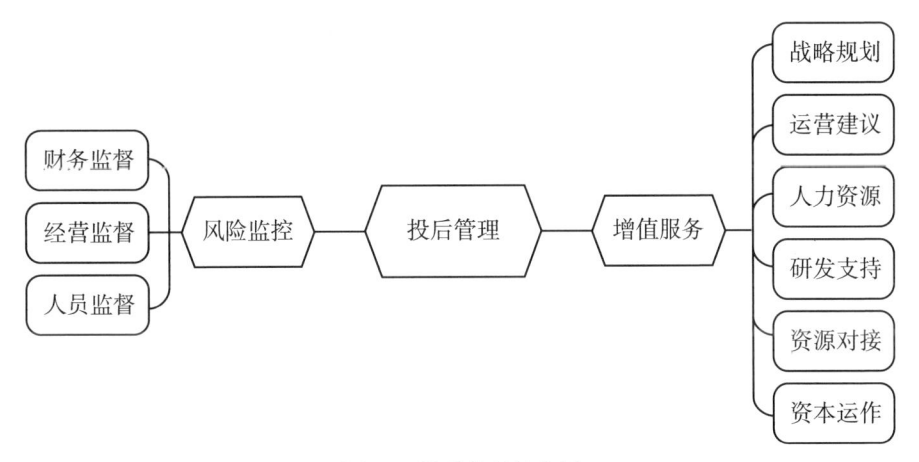

图16 投后管理的作用

1. 风险管控

除了自身的经营风险以外，私募基金所投企业在瞬息万变的经营市场环境所面临的风险亦直接关乎私募基金的投资收益。通常来说，私募基金的投资更多以资金支持为主，并不会深度参与到企业的经营管理中，也即当企业的经营态势发生变化时，私募基金的反应往往具有滞后性。此时，通过投后管理制度及时把控企业的财务信息、经营信息就显得尤为重要，只有在完善运行的投后管理制度下，私募基金才能及时准确地获取企业关键信息，以更好地作出相应的投资退出决策，管控投资风险。

2. 促进标的企业发展

优秀的私募基金可以成就实体企业，为实体企业发展提供强力的资金支持。同样，一个优质的项目、企业也可以反哺私募基金，提高基金投资回报率，补强投资结构版图。

随着私募行业的不断发展，企业市场竞争不断加剧，单纯的资金支持已经远远不够支撑投资企业走得更加稳健长远。相对于企业经营管理层而言，私募基金对于各业态的企业经营发展的观察更为细致、全面。优秀的私募基金可以引导企业规范发展，提供战略咨询建议，减少企业试错成本，同时整合行业、政府资源，为企业发展提供全方面支持。企业与私募基金之间是相互影响、相互促进的，被投企业的发展会带给私募基金带来更高的投资回报率。

3. 投前投后机制联动调整

完善的投后机制能够反馈足够的信息给予投前决策。私募基金对于企业的投资虽然总是保持谨慎的态度，但出于市场的变化速度以及优质企业的投资额竞争压力考量，投资决策时，速度往往是第一考虑要素。在这一前提下，投后管理部门就需要负担起对被投企业的长期跟踪回访，对投资部门的投资逻辑、机制进行校验。投资部门的投资策略往往基于经济发展形势，在某一时间通常会集中地将投资注入一个或几个热门赛道，在赛道内同样投资多个细分领域企业。此时，投后部门对于已投资企业的运营状况把控就显得尤为重要，投后部门深度观察被投企业的发展状况，及时反馈投资决策，才能更加灵活地调整私募基金投资布局战略。

（二）投后管理的侧重点

对于不同类型的投资企业，私募基金投后管理的侧重点应当有所不同，各私募基金应当依据自身投资战略布局，建立更适当的投后管理制度。

1. 以初创型企业为主要投资项目

对于初创企业而言，团队配置往往不够完善，通常以创始合伙人为主，人员组织架构并未成型。同时，公司股权架构也较为粗糙，公司整体运营较为青涩。

第十一章
私募基金日常运营义务及投后管理

在这一阶段,投后管理可以主要关注企业运营战略的咨询,为企业提供优秀的组织管理架构范例以及提供高端人才支持,帮助企业搭建科学合理的运营框架。同时,对接融资资源,为企业疏理规划融资节奏。

2. 以成长型企业为主要投资项目

这一阶段的企业通常已经有了较为完善的组织运营架构,其融资也并非单纯为了寻找资金,更多的时候是处于战略规划的融资,意在引进对企业能够有战略帮助的投资人。这时候的投后管理可以主要集中在行业资源的对接,整合业内资源引导帮助被投企业在行业内形成独特优势。

3. 以成熟型企业为主要投资项目

对于这一阶段的企业,往往已经在业内站稳了脚跟,占据了一定的市场份额,可以说已经具备了发展的基本盘,此时企业往往需要补充自身短板以及完成重要战略举措。此时,私募基金投后管理的重点则以风险监督管控为主,主要目的为即时获取企业经营信息,以便更好地作出相应决策。同时可以帮助企业对接相应政府资源,为企业进一步发展贡献力量。

(三)投后管理制度建设

对于投后管理的制度的建立,中基协并未发布专门的规则指引,更多依靠各私募机构自身的实践经验总结。通常来说,投后管理工作流程可以分为图 17 所示的步骤。

```
投后管理工作流程
      ↓
投后管理部门组建
      ↓
投后管理制度规范
      ↓
定期回顾及效果评估
```

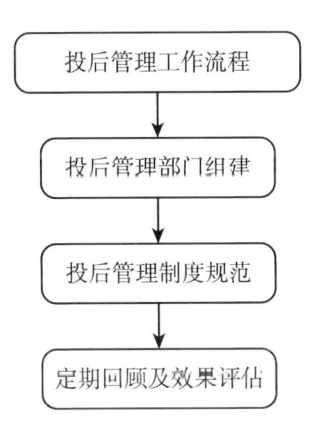

图 17 投后管理工作流程

投后管理的模式主要有 3 种。

1. 投资经理负责制

主要特点在于投资项目负责人既负责项目筛选、调查、投资又负责投后跟踪与服务，为投前投后一体化的制度。该模式的优势在于，投资经理作为最了解项目公司的人，能够有针对性地重点追踪投资企业的问题，同时也更加容易与企业管理人进行沟通。但同样，该模式对于投资经理的精力要求很高，使得其难以专注于发掘优质项目、制定投资策略。

2. 专业化投后

专业化投后是指建立专门的投后部分，专项运营投后跟踪及服务，在管理项目数量增长时，专业化投后能够提供更深入的投后追踪以及服务，同时有助于完善私募基金内部运营制度。但专业化投后意味着私募基金本身需要投入更多的资金、人员，在规模较小的机构中难以开展。

3. 外设型投后制度

该模式是通过将投后管理的任务转交给外部咨询公司，由咨询公司负责专门投后管理。能够解决私募机构人员配置及资源分配的问题，但在投前投后联动中缺乏优势，难以形成联动调整机制。

三种投后制度各有优劣，私募基金可以参考自身实际情况，灵活选择建立何种投后管理制度。

第十二章 私募基金退出阶段一般流程

一、私募基金退出的简介

私募基金一旦进入退出阶段，一般会先寻求通过上市、转让、减资、清算等方式退出项目公司，完成私募基金投资端的退出；基金持有人再通过转让、减资、清算等方式退出私募基金，完成私募基金基金端的退出。随着私募基金行业的发展，近几年已经进入了私募基金退出的高峰期。据统计，2023年第一季度退投比为6.6%，2023年第二季度退投比上升到了14.4%，第三季度略降到约11%，可见从2023年第二季度以来各家投资机构对退出的关注度持续增长，作为基金运作的最后一个环节，退出的重要性不言而喻[1]，但私募基金退出数量和金额占存续数量和金额的比例仍然比较小，无法通过退出获取投资收益已成为投资人面临的风险，退出正在成为私募基金业内人士关注的核心内容之一。

二、私募基金投资端的退出

（一）上市

上市即首次公开募股，是指公司通过证券交易所首次公开向公众发行股票。

---

[1] 参见华兴投资数据团队：《2023年Q3私募股权市场观察：一级市场处于新旧动能的换挡期 | 华兴报告》，载微信公众号"华兴资本"2023年11月7日。

一般公司上市后即可申请到证券交易所或报价系统挂牌交易，是大型公司募集资金的主要手段。公司一旦实现了上市，私募基金通过二级市场转让所持有的股票，可以获得较高的收益。成功上市提高了公司知名度的同时，也是对私募基金管理人专业能力和行业地位的肯定，会进一步提高其知名度。因此，通过上市方式实现退出是私募基金最理想的一种退出方式。当然公司想要上市也非易事，一方面上市标准比较高，另一方面上市的流程相对烦琐漫长，再加上对上市公司的监管比较多，对老股东也有相应的锁定期和减持要求，私募基金要想通过上市方式实现退出并不容易。

1. 锁定期规则

在公司上市后，私募基金持有的项目公司股份转为公开市场的附有锁定期的股票。锁定期满后，私募基金即可在二级市场上减持其持有的项目公司股份，一般情况下，私募基金非控股股东和实控人，锁定期为自公司完成首次公开发行并上市之日起12个月[1]。如果私募基金获得公司股权的方式系发行前6个月通过受让实控人或控股股东而来[2]，或私募基金与控股股东或实控人签订一致行动协议，则其锁定期同实控人或控股股东；针对突击入股，若私募基金系申报前12个月内的新增股东的[3]，

---

[1] 《公司法》（2023年修订）第160第1款规定：公司公开发行股份前已发行的股份，自公司股票在证券交易所上市交易之日起一年内不得转让。法律、行政法规或者国务院证券监督管理机构对上市公司的股东、实际控制人转让其所持有的本公司股份另有规定的，从其规定。

[2] 《首次公开发行股票注册管理办法》第十二条、第十三条、第三十一条、第四十四条、第四十五条和〈公开发行证券的公司信息披露内容与格式准则第57号——招股说明书〉第七条有关规定的适用意见——证券期货法律适用意见第17号》（五）锁定期安排：1. 发行人控股股东和实际控制人所持股份自发行人股票上市之日起36个月内不得转让，控股股东和实际控制人的亲属（依据《民法典》相关规定认定）、一致行动人所持股份应当比照控股股东和实际控制人所持股份进行锁定。……3. 发行人申报前6个月内进行增资扩股的，新增股份的持有人应当承诺新增股份自发行人完成增资扩股工商变更登记手续之日起锁定36个月。在申报前6个月内从控股股东或者实际控制人处受让的股份，应当比照控股股东或者实际控制人所持股份进行锁定。相关股东刻意规避股份锁定期要求的，应当按照相关规定进行股份锁定。《首次公开发行股票注册管理办法》第2条规定：在中华人民共和国境内首次公开发行并在上海证券交易所、深圳证券交易所（以下统称交易所）上市的股票的发行注册，适用本办法。

[3] 《监管规则适用指引——关于申请首发上市企业股东信息披露》第3条规定：发行人提交申请前12个月内新增股东的，应当在招股说明书中充分披露新增股东的基本情况、入股原因、入股价格及定价依据，新股东与发行人其他股东、董事、监事、高级管理人员是否存在关联关系，新股东与本次发行的中介机构及其负责人、高级管理人员、经办人员是否存在关联关系，新增股东是否存在股份代持情形。上述新增股东应当承诺所持新增股份自取得之日起36个月内不得转让。

第 十 二 章
私募基金退出阶段一般流程

一般锁定期为 36 个月①。为了顺利完成上市，老股东也可能作出高于法律规定的锁定期承诺，如果私募基金也另行作出相应承诺的，则私募基金也需受制于该等锁定期承诺。

2. 减持规则

私募基金所持上市公司股份在锁定期结束后，可以通过集中竞价、大宗交易或协议转让等方式减持。集中竞价指买卖双方通过交易市场竞价交易系统申报购买或出售意向，交易系统按照"价格优先、时间优先"原则，对价格匹配的买卖双方进行撮合的交易模式，即常见的通过证券账户"零售"股份；大宗交易指达到规定的最低限额的证券单笔买卖申报，买卖双方经过协议达成一致并经交易所确定成交的交易模式，即"批量"采购股份，受让方更多地希望在折价购买公司

---

① 《上海证券交易所股票上市规则》（2024 年 4 月修订）3.1.10 条第 1 款规定：发行人向本所申请其首次公开发行股票上市时，其控股股东和实际控制人应当承诺：自发行人股票上市之日起 36 个月内，不转让或者委托他人管理其直接和间接持有的发行人首次公开发行股票前已发行的股份，也不由发行人回购该部分股份。发行人应当在上市公告书中披露上述承诺。
《深圳证券交易所股票上市规则》（2024 年修订）3.1.10 条第 1 款规定：发行人向本所申请其首次公开发行的股票上市时，其控股股东和实际控制人应当承诺：自发行人股票上市之日起 36 个月内，不转让或者委托他人管理其直接或间接持有的发行人首发前股份，也不由发行人回购其直接或间接持有的发行人首发前股份。发行人应当在上市公告书中公告上述承诺。
《上海证券交易所科创板股票上市规则》（2024 年 4 月修订）2.4.4 条规定：上市公司控股股东、实际控制人减持本公司首发前股份的，应当遵守下列规定：（1）自公司股票上市之日起 36 个月内，不得转让或者委托他人管理其直接和间接持有的首发前股份，也不得提议由上市公司回购该部分股份……
2.4.9 条第 1 款规定：上市公司股东所持股份应当与其一致行动人所持股份合并计算。一致行动人的认定适用《上市公司收购管理办法》的规定。
《深圳证券交易所创业板股票上市规则》（2024 年修订）2.3.3 条规定：公司股东持有的首发前股份，自发行人股票上市之日起 12 个月内不得转让。
2.3.4 条规定：上市公司控股股东、实际控制人及其一致行动人减持本公司首发前股份的，应当遵守下列规定：（1）自公司股票上市之日起 36 个月内，不得转让或者委托他人管理其直接和间接持有的首发前股份，也不得提议由上市公司回购该部分股份；（2）法律法规、中国证监会规定、本规则以及本所业务规则对控股股东、实际控制人股份转让的其他规定。发行人向本所申请其股票首次公开发行并上市时，控股股东、实际控制人及其一致行动人应当承诺遵守前款规定。转让双方存在控制关系或者受同一实际控制人控制的，自发行人股票上市之日起 12 个月后，可豁免遵守本条第 1 款规定。
《北京证券交易所股票上市规则（试行）》（2024 年修订）2.4.2 条第 1 款规定：上市公司控股股东、实际控制人及其亲属，以及上市前直接持有 10% 以上股份的股东或虽未直接持有但可实际支配 10% 以上股份表决权的相关主体，持有或控制的本公司向不特定合格投资者公开发行前的股份，自公开发行并上市之日起 12 个月内不得转让或委托他人代为管理。

股份后，待较高价位进行出售从而获利；协议转让指在转让股份比例超过5%，或同一控制下转让等规定情形时，出让方和受让方依据协议向沪深交易所法律部申请转让股份的交易模式，此时交易的股份数量往往更大，更常适用于受让方拟对公司进行长期投资，或拟通过交易获得公司控制权的情形。

（二）转让

转让退出是指私募基金将其持有的项目公司股份（股权）通过协议转让的方式，转让给被投公司其他股东或者其他第三方，以确保其顺利退出。相较于上市繁杂的流程和较长的时间，转让退出流程更为简单，不确定性因素小、适用于各种类型、规模和阶段的公司。经转让双方达成一致意向，即可开始转让流程，提高私募基金资本运作效率，在转让交易完成后，私募基金即可实现投资退出。

在进行股权转让时，如果项目公司行业属于《外商投资法》、《外商投资准入特别管理措施（负面清单）（2021年版）》（以下简称《负面清单》）规定的禁止投资或限制投资领域，则该公司的股权向外国投资者转让会受到限制。如果项目公司转让涉及国有资产，则可能会涉及《企业国有资产法》（以下简称《国有资产法》）、《企业国有资产监督管理暂行条例》（2019年修订，以下简称《国有资产监督管理条例》）、《企业国有资产交易监督管理办法》（以下简称《32号令》）等法律法规中的程序性要求。如果根据项目公司（及其各自的关联方）的行业地位或影响力等情况，该转让可能达到《反垄断法》（2022年修正）、《国务院关于经营者集中申报标准的规定》（2024年修订）等法律法规所列的申报标准，则须事先向反垄断部门进行申报。另外转让的过程中，还需要关注前几轮投资协议对于相关事项的约定，比如拖售权、随售权、不得向被投资企业的竞争方转让、未经持有一定比例权益的股东/合伙人同意不得转让等。该部分已经在本书第十章中详细说明，此处不再赘述。根据受让方是公司股东还是第三方可以把转让退出分为对外转让退出和对内转让退出。

1. 对外转让

对外转让是指当私募基金和项目公司其他股东认为项目公司的价值达到预期后，将项目公司的股权转让给第三方（包括S基金），以实现退出的一种方式。转让退出包括如下步骤：①找到意向受让方，转让双方沟通后确认转让意向，签订意向书（MOU）或投资条款清单；②受让方聘请律师、会计师等第三方专业

第十二章
私募基金退出阶段一般流程

机构对项目公司进行尽职调查；③转让双方在上述尽职调查的基础上谈判确认转让价格及交易安排等内容，双方完成各自内部决策程序并签订股权转让协议；④完成相应审批手续，如反垄断申报等；⑤按照股权转让协议约定，完成章程和股东名册修订、工商变更、资料移交等交割程序，受让方支付股权转让价款。

2. 对内转让

对内转让也称为回购转让，是指公司股东（一般是大股东或实控人）按照约定的价格将私募基金所持有的项目公司股份（股权）购回，回购转让一般都是由私募基金主动发起的一种强制性退出方式，目的是保证其投资安全。在回购退出中，需要区分对赌条款与明股实债，对赌条款和明股实债的区别在于，对赌条款通常与项目公司的经营业绩挂钩，最终是否能退出取决于项目公司业绩是否达标，而明股实债"不与项目公司业绩挂钩"，具有明显的债权属性。如果仅具有对赌条款的表面特征而缺乏对赌的实质，就可以判定为明股实债。根据《关于加强私募基金监管的若干规定》第8条的规定，私募基金应以股权投资为目的，除按照合同约定为被投企业提供1年期限以内借款、担保除外，私募基金管理人不得直接或者间接将私募基金财产用于借（存）贷、担保、明股实债等非私募基金投资活动。因此私募基金与公司原股东的对赌条款是有效的，但如果对赌条款被认定为明股实债，则极有可能导致合同无效。

（三）减资

除了上市退出和转让退出的方式外，私募基金还可以通过减资的方式实现退出，减资又可以分为同比例减资与定向（不同比例）减资两种情形。同比例减资即各股东按照出资比例，以相同比例减少注册资本，减资后各股东的持股比例仍保持一致，仅注册资本相应减少。定向减资则是仅减少个别股东的出资金额，其他股东的出资金额不变，减资后相应调整股权比例，定向减资的股东股权比例减少，其他股东股权比例增加。

1. 同比例减资

同比例减资即一般减资行为，根据《公司法》的规定，同比例减资应经过股东会代表2/3以上表决权的股东通过后方能实施。在股东会通过减资决议后，公司须编制资产负债表及财产清单，并在作出减资决议之日起10日内通知债权人，30日内在报纸上或者国家企业信用信息公示系统公告。债权人自接到通知之日起30日内，未接到通知的，自公告之日起45日内，有权要求公司清偿债务或者提供相应的担保。

2. 定向减资

定向减资往往是项目公司因履行法定义务或约定义务回购私募基金所持有的项目公司股份（股权）时进行的。法定事由即《公司法》第89条规定的情形出现：在公司有可分配利润且符合分配条件下，连续5年公司不分配利润；公司合并、分立、转让主要财产的；公司章程规定的营业期限届满或者章程规定的其他解散事由出现，股东会通过决议修改章程使公司存续的；公司的控股股东滥用股东权利，严重损害公司或者其他股东利益的。而约定事由在司法实践中，一般表现为私募基金与项目公司进行回购对赌，关于该等对赌条款的效力一直存在争议，直到《九民纪要》才最终确认，私募基金与项目公司对赌要求项目公司回购其自身股权的，只要不存在法定无效事由，对赌协议就应该有效。当然，《九民纪要》虽认可了私募基金与项目公司对赌回购的效力，但是又从程序上对其进行了限制，如项目公司未完成减资程序，人民法院应当驳回其诉讼请求①。另外，实务中对于定向减资决议需要多少股东同意才能通过也存在极大争议。在范某德与上海春秋国际旅行社（集团）有限公司公司增资纠纷案②中，法院认为依据《公司法》（2018年修正）第43条的规定，股东会经代表2/3以上表决权的股东通过即可进行定向减资。而在狄某英、宿某明等请求变更公司登记纠纷案③中，

---

① 《九民纪要》第5条规定：投资方与项目公司订立的"对赌协议"在不存在法定无效事由的情况下，项目公司仅以存在股权回购或者金钱补偿约定为由，主张"对赌协议"无效的，人民法院不予支持，但投资方主张实际履行的，人民法院应当审查是否符合《公司法》关于"股东不得抽逃出资"及股份回购的强制性规定，判决是否支持其诉讼请求。
投资方请求项目公司回购股权的，人民法院应当依据《公司法》第35条关于"股东不得抽逃出资"或者第142条关于股份回购的强制性规定进行审查。经审查，项目公司未完成减资程序的，人民法院应当驳回其诉讼请求。
投资方请求项目公司承担金钱补偿义务的，人民法院应当依据《公司法》第35条关于"股东不得抽逃出资"和第166条关于利润分配的强制性规定进行审查。经审查，项目公司没有利润或者虽有利润但不足以补偿投资方的，人民法院应当驳回或者部分支持其诉讼请求。今后项目公司有利润时，投资方还可以依据该事实另行提起诉讼。
② 范某德与上海春秋国际旅行社（集团）有限公司公司增资纠纷案，上海市长宁区人民法院（2021）沪0105民初9710号民事判决书。
③ 狄某英、宿某明等请求变更公司登记纠纷案，江苏省无锡市中级人民法院（2021）苏02民终7112号民事判决书。

第十二章
私募基金退出阶段一般流程

法院认为不同比例减资（定向减资）会直接突破各股东原有的股权分配情况，如只需经 2/3 以上表决权的股东通过即可作出决议，实际上是以多数决形式改变原有股东一致决所形成的股权架构，故对于不同比例减资（定向减资）应当由全体股东一致同意。

（四）清算

私募基金无法通过前述方式退出项目公司时，基金还可以采用清算的方式退出，即按照法定程序终止现存的法律关系、清偿所有债务、处理项目公司剩余资产，具体可以分为非破产清算和破产清算两种方式。

1. 非破产清算

私募基金在进行投资时，通常要求享有优先清算权，在项目公司发生违约事件时，会触发优先清算权条款，相应的清算财产应保障私募基金的投资及收益。除了合同约定的情况外，法律也规定项目公司出现营业期限届满、决议解散、合并分立、吊销营业执照司法解散等情况时，除合并分立以外的解散，均需要在解散事由出现之日起 15 日内成立清算组，由清算组清理项目公司的财产和债权债务，并将剩余财产按照法律法规和合同约定分配给全体股东。清算完成后，清算组制作清算报告，报公司权力机关确认后，申请登记机构注销公司。在进行非破产清算的情况下，项目公司财产的分配通常按照其章程的约定进行。

2. 破产清算

如果公司不能清偿到期债务，并且资产不足以清偿全部债务或者明显缺乏清偿能力的情形，私募基金可以要求对公司进行破产清算处理以达到退出的目的，根据《企业破产法》（以下简称《破产法》）的规定，当项目公司不能清偿到期债务，并且资产不足以清偿全部债务或者明显缺乏清偿能力时，项目公司（债务人）可以向法院申请破产清算；当项目公司不能清偿到期债务时，债权人可以向法院申请破产清算；公司已解散但未清算或者未清算完毕，若其财产不足清偿债务的，清算义务人应当向人民法院申请破产清算。公司被依法宣告破产后，由人民法院指定管理人对公司的资产进行清理，将破产财产公平地分配给债权人。

破产清算的一般流程为：

（1）向法院提出破产申请。具体应当包括破产申请书和有关证据；若申请人为债务人，还需提交财产状况说明、债务清册、债权清册、有关财务会计报告、职工安置预案以及职工工资的支付和社会保险费用的缴纳情况。

（2）法院裁定受理破产并指定破产管理人。管理人接管债务人的财产和资料、制作债务人财产状况报告、管理和处分债务人的财产。

（3）债权申报。人民法院受理破产申请后，应当在 25 日内通知已知债权人并予以公告。法院还需要确定债权申报期限，债权申报期限不得少于 30 日，最长不得超过 3 个月。

（4）宣告破产。债权申报期满，召开债权人会议，第一次债权人会议上无人提出重整或和解申请的，管理人应当在债权审核确认和必要的审计、资产评估后，及时向法院提出宣告破产申请；法院裁定企业破产的，企业正式进入破产清算程序。不少地方法院对于企业破产宣告亦有自己的规定，建议参考项目公司所在地高级人民法院的规定。

（5）变价和分配。管理人拟定财产变价方案、分配方案，财产变价方案在债权人会议通过后由管理人执行，财产分配方案自债权人会议通过后由管理人提请法院裁决认可并执行。

（6）终结。财产分配完结后，管理人向法院提交财产分配报告时；或者公司已无财产进行分配时，提请法院裁定终结破产程序。法院裁定终结的，予以公告，管理人负责向登记机关办理注销登记。

三、私募基金基金端的退出

（一）私募基金份额转让

私募基金份额转让退出指私募基金投资人可以通过转让其持有的私募基金份额的方式退出私募基金，包括向该基金的其他现有投资人转让和向第三方（如 S 基金）转让。无论是公司型、合伙型还是契约型私募基金的投资人均可以通过转让实现退出。

1. 私募基金份额转让的限制性条件

根据《私募管理暂行办法》第 11 条的规定，基金份额只能向合格投资者（含视为"合格投资者"）进行转让，即投资于单只私募基金的金额不低于 100 万元且净资产不低于 1000 万元的单位，或是金融资产不低于 300 万元或者近 3 年个人年均收入不低于 50 万元的自然人。公司型私募基金和合伙型私募基金的投

第十二章
私募基金退出阶段一般流程

资人在进行转让退出时，还需分别遵守《公司法》第 84 条和《合伙企业法》第 22 条、第 23 条对于优先购买权的规定。私募基金份额持有人和受让人为国有企业的，私募基金份额被转让时可能涉及《国有资产法》《国有资产监督管理条例》《32 号令》等法律法规中关于国有企业产权转让的程序性要求。私募基金及其被投公司涉及《外商投资法》《负面清单》规定的禁止投资或限制投资领域的，私募基金的权益向外国投资者或外国投资者在境内设立的企业转让将被禁止或受到限制。除法律法规的要求外，私募基金的基金合同通常也会对投资人转让基金权益作出限制或程序性要求。

2. 私募基金份额转让中的刚性兑付条款

如果私募基金管理人为了吸引基金投资人，通过管理人、托管人、销售机构、财务顾问、实控人或其他关联方等向投资人保证其本金和收益的，并向投资人出具承诺性文件或协议，就属于"刚性兑付"。《基金法》[①]《监管条例》[②]《私募管理暂行办法》[③]《资管新规》[④] 等对刚性兑付都作出了禁止性规定。在司法实践中，人民法院通常会认为"刚性兑付"违反宏观政策、金融安全、市场秩序，抑或违背公序良俗、损害公共利益而无效。但若私募基金因为管理人原因，出现亏损或确定要出现亏损，管理人或其关联方与投资人达成事后刚性兑付协议，约定由管理人或关联方向投资人支付款项的行为是否有效呢？与事前承诺的刚性兑付不同，事后刚性兑付可以看成管理人对投资人的赔偿，不仅未违反金融秩序，

[①] 《基金法》第 103 条规定：基金投资顾问机构及其从业人员提供基金投资顾问服务，应当具有合理的依据，对其服务能力和经营业绩进行如实陈述，不得以任何方式承诺或者保证投资收益，不得损害服务对象的合法权益。

[②] 《监管条例》第 20 条规定：……不得以私募基金托管人名义宣传推介；不得向投资者承诺投资本金不受损失或者承诺最低收益。
第 32 条规定：私募基金管理人、私募基金托管人及其从业人员提供、报送的信息应当真实、准确、完整，不得有下列行为：……（三）向投资者承诺投资本金不受损失或者承诺最低收益……

[③] 《私募管理暂行办法》第 15 条规定：私募基金管理人、私募基金销售机构不得向投资者承诺投资本金不受损失或者承诺最低收益。

[④] 《资管新规》第 19 条第 1 款规定：经金融管理部门认定，存在以下行为的视为刚性兑付：
（1）资产管理产品的发行人或者管理人违反真实公允确定净值原则，对产品进行保本保收益；
（2）采取滚动发行等方式，使得资产管理产品的本金、收益、风险在不同投资者之间发生转移，实现产品保本保收益；
（3）资产管理产品不能如期兑付或者兑付困难时，发行或者管理该产品的金融机构自行筹集资金偿付或者委托其他机构代为偿付；
（4）金融管理部门认定的其他情形。

还有利于保护投资人利益，因此事后刚性兑付并非真正意义上的"刚兑"，实践中已经开始认可这类刚性兑付的效力①。

(二) 私募基金的减资

私募基金的减资退出是指在符合法律法规或者基金合同约定的情况下，投资者向私募基金管理人申请赎回其持有的基金权益，从而实现从私募基金中退出的方式。根据《基金法》第46条的规定，基金份额持有人享有依法转让或者申请赎回其持有的基金份额。赎回权是投资者的重要权利，投资者可依据基金合同约定或法律法规规定申请赎回，实现投资退出，保护财产安全。同时，私募基金自身作为公司、合伙企业等还要符合《公司法》《合伙企业法》等法律法规的要求。

公司型私募基金的投资人以减资方式从基金中退出与私募基金从项目公司中减资退出方式一致，不再赘述。

合伙型基金的投资人申请赎回基金份额会导致其退伙，合伙人退出合伙企业有一般退伙、当然退伙和除名退伙3种退伙方式。

关于一般退伙，根据《合伙企业法》第45条、第46条的规定，合伙协议约定的退伙事由出现、经全体合伙人一致同意、发生合伙人难以继续参加合伙的事由以及其他合伙人严重违反合伙协议约定的义务的情形下，合伙人可以退伙。合伙协议未约定合伙期限，合伙人在不影响合伙企业事务执行的情况下，提前30日通知其他合伙人后可以退伙。

关于当然退伙，其情形有：作为合伙人的自然人死亡或被宣告死亡；作为合伙人的法人或者其他组织依法被吊销营业执照、责令关闭、撤销或者被宣告破产；合伙人丧失了法律规定或者合伙协议约定的合伙人必须具有的相关资格；合伙人在合伙企业的全部财产份额被法院强制执行。退伙事由实际发生之日为退伙生效日。

关于除名退伙，合伙人未履行出资义务、因故意或者重大过失给合伙企业造

---

① 新疆峰石盛茂股权投资管理有限公司与朱某证券投资基金回购合同纠纷案，上海金融法院 (2021) 沪74民终545号民事判决书。"本案中，《回购协议》系双方当事人在基金赎回阶段签署，并非在合同缔约过程中签署，结合《回购协议》的相关内容，可以视为在被上诉人客观上无法实现投资目的时，上诉人与被上诉人就相关补偿事项达成了一致意思表示，应属合法有效。"

第十二章
私募基金退出阶段一般流程

成损失、执行合伙事务时有不正当行为、发生合伙协议约定的事由时，经其他合伙人一致同意，可以决定将该合伙人除名；被除名人接到除名通知之日，除名生效，被除名人退伙；若被除名人对除名决议有异议的，可以自接到除名通知之日起30日内起诉。

此外，《合伙企业法》并未对合伙型基金的退伙程序作详细要求，但仍应履行内部决议、修改合伙协议、工商变更等程序。退伙后，有限合伙人对基于其退伙前的原因发生的有限合伙企业债务，以其退伙时从有限合伙企业中取回的财产承担责任。

（三）私募基金的清算

私募基金清算首先要遵循《基金法》的规定。基金的清算以基金合同的终止为前提，通常终止条件为：基金合同约定的存续期限届满而不续期；持有人大会决议终止；管理人或托管人结束职责后6个月无人承接以及基金合同约定的其他情形。当基金合同终止时，管理人、托管人等组成的清算小组应当及时对基金财产进行清算。私募基金清算依据其基金类型，还应遵守《公司法》或者《合伙企业法》的规定。

公司型基金在满足《基金法》的清算条件和程序之外，还需满足《公司法》关于清算的规定，《公司法》关于清算的规定、程序及其他要求在项目公司清算中已有论述，此处不再赘述。

合伙型基金的清算则要在满足《基金法》的同时，遵守《合伙企业法》的规定。合伙企业出现以下情况时，应当解散：合伙期限届满且合伙人决定不再经营；合伙协议约定解散的事由出现；全体合伙人同意解散；合伙人人数不具备法定人数满30日或者类别不符合法律规定；合伙协议的目的无法实现；依法被吊销营业执照、责令关闭或者被撤销；合伙企业解散，应当由清算人进行清算。合伙型基金的清算人依《合伙企业法》由全体合伙人担任；若要指定或者委托第三人担任清算人，则需要全体合伙人过半数同意；合伙企业解散事由出现之日起15日内，如果还没有确定清算人的，合伙人或者债权人可以申请法院指定清算人。清算有关事项、清算期间及日常经营由清算人负责；清算完成后，清算人编制并向登记机关报送清算报告，办理登记注销事宜。

《基金法》及私募基金相关法律法规未明确私募基金破产清算程序。《合伙企业法》亦只是规定了当合伙企业无法清偿到期债务时，债权人有权向法院申请合伙企业的破产清算。因此，私募基金的破产清算主要依据《破产法》的规定，具体情形在项目公司破产清算中已有论述，此处不再赘述。

清算完成后，私募基金管理人应及时在中基协 AMBERS 系统中办理基金产品清算完成程序，主要流程如下：①登录中基协 AMBERS 系统，点击"产品备案"→"基金清算"；②填写 AMBERS 系统中的清算信息，包括基金基本情况、清算原因、清算的开始日（指基金合同或清算报告中约定的开始日期）、截止日（指基金完成清算并向投资者支付清算款的日期）、清算次数（与清算报告显示的清算次数一致）、清算组（人）构成（基金合同中约定清算组人员构成的，按照约定勾选；基金合同没有约定，通常勾选基金管理人和托管机构；投资者参与的，清算报告需投资者签字确认）；③上传清算报告（应当有管理人、托管人或者投资者签章，且应当包括基金财产分配情况）；④更新投资者信息，填写基金清算情况表（填写截至基金最后运作日，即清算开始日的相关信息）；⑤上传清算承诺函（加盖管理人公章）。中基协将对 AMBERS 系统提交的清算完成申请进行清算材料齐备性核查和形式合规性核查，中基协作出办理通过意见后，将在中基协官网信息公示界面变更基金的运作状态为已清算[①]。

[①] 参见中基协：《私募投资基金清算业务办理》，载中协官网 2023 年 11 月 29 日，https://www.amac.org.cn/fwdt/wyb/jgdjhcpbeian/smjjglrdjhcpba/fwzn/202206/t20220624_19647.html。

私募基金退出阶段争议纠纷

第十三章

"退出"包括投资端退出和基金端退出,投资端退出通常是由私募基金作为主体,将持有的权益进行处置,以收回投资和收益;基金端退出则是指投资者对基金财产进行分配,收回本金和收益。

通常情况下,私募基金退出时,如果底层资产顺利变现,投资者能够在获取一定回报后顺利退出私募基金,那就实现了投资目的。但实践中往往会出现底层资产难以变现、投资标的违约、基金出现亏损情况等投资者无法顺利退出私募基金的情况。因此便会引发大量的诉讼纠纷,即投资端诉讼纠纷和基金端诉讼纠纷。本章拟对相关法律、法规、规范性文件及既往司法实践中发生的相关案例进行研究,进而对私募基金退出纠纷进行归纳和梳理。

一、私募基金退出时基金端所涉纠纷

关于私募基金退出时基金端所涉纠纷,表面上是发生在退出阶段,实际在大部分案件中,司法机构审理关于投资者损失、管理人是否应当承担赔偿责任等问题时需要根据管理人在募、投、管、退各个阶段中的行为进行判定。因此,基金端退出纠纷涉及法律风险贯穿整个阶段,管理人在各个阶段均需要进行风险防范。本章主要从"因管理人在募集阶段行为所涉纠纷、因管理人在投资阶段行为所涉纠纷、因管理人和托管人在管理阶段行为所涉纠纷、因管理人在清算阶段行为所涉纠纷和投资人主动要求退出所涉纠纷"5个方面对基金端退出的纠纷进行分析。

（一）因管理人在募集阶段行为所涉纠纷

1. 管理人违反适当性义务

《九民纪要》规定适当性义务是指卖方机构在向金融消费者推介、销售银行理财产品、保险投资产品、信托理财产品、券商集合理财计划、杠杆基金份额、期权及其他场外衍生品等高风险等级金融产品，以及金融消费者参与融资融券、新三板、创业板、科创板、期货等高风险等级投资活动提供服务的过程中，必须履行的了解客户、了解产品、将适当的产品（或服务）销售（或提供）给适合的金融消费者等义务。卖方机构承担适当性义务的目的是确保金融消费者能够在充分了解相关金融产品、投资活动的性质及风险的基础上做出自主决定，并承受由此产生的收益和风险。在推介、销售高风险等级金融产品和提供高风险等级金融服务领域，适当性义务的履行是"卖者尽责"的主要内容，也是"买者自负"的前提和基础。由此，私募基金管理人和销售机构在私募基金募集阶段应履行的适当性义务可以概括为3个方面：一是"了解客户"的义务，二是"了解产品"的义务，三是"将适当的产品（或服务）销售（或提供）给适合的金融消费者"义务。

违反适当性义务常见纠纷有以下几类：

（1）无法确认测评人是否为本人。部分私募基金管理人及销售机构未建立完善的风险测评制度、回访制度与"双录"制度等，导致部分投资者在进行认购和测评时，未进行录像和拍照，前后文件出现他人代签或签字明显不一致、前后录音声音明显不一致等情形。当存在前述情形时，投资者否认测评人为本人，而卖方机构又不能进一步举证证明的，需承担不利的法律后果[①]。

（2）募集机构未对基金产品开展有效评级。私募基金管理人不了解产品及其性质和风险特征等，无法做到合理推荐和匹配，无法就产品风险做充分的揭示。中国证监会上海监管局（以下简称上海证监局）曾就某私募基金管理人未对基金产品进行风险评级等行为予以警示，对该私募基金管理人进行警示并要求整改[②]，该私募基金管理人在随后的诉讼中被认定在募集、管理阶段均存在严重过

[①] 贡某华与上海易钜资产管理有限公司等其他合同纠纷案，上海市静安区人民法院（2023）沪0106民初1893号民事判决书。
[②] 上海证监局出具的沪证监决〔2020〕44号《行政监管措施决定书》。

第十三章
私募基金退出阶段争议纠纷

错,应赔偿投资人的实际损失[1]。

(3)募集机构违反适当性推介、销售的义务。根据《适当性指引》的规定,基金募集机构要将基金产品或者服务的风险等级按照风险由低到高的顺序,至少划分为:R1、R2、R3、R4、R5 5个等级;同时按照风险承受能力将普通投资者由低到高分为C1、C2、C3、C4、C5 5种类型。投资者只能购买自身对应及以下风险级别的基金产品和服务。前述规定是判断私募基金管理人是否违反适当性推介义务的重要依据。在前海开源资产管理有限公司、深圳市锦安基金销售有限公司委托理财合同纠纷案[2]中,法院认为前海开源资产管理有限公司、深圳市锦安基金销售有限公司销售基金产品过程中向投资人销售了与其风险承受能力并不匹配的产品,私募基金管理人和销售人错配销售显然未能履行适当性义务,而适当性义务的履行是"买者自负"的前提和基础,故而二者须承担相应责任。

2. 管理人违反告知说明义务

募集阶段中的告知说明义务是指卖方机构应当根据金融消费者的实际情况,结合理性人能够理解的客观标准和金融消费者能够理解的主观标准,向金融消费者告知金融产品或投资活动的风险。值得一提的是,适当性义务中"了解产品"的义务包括卖方机构在了解产品的基础上,将产品的特征和主要风险告知客户,这也就意味着募集阶段中的告知说明义务是适当性义务的一部分。在杨某等委托合同纠纷案[3]中,上海金融法院对告知说明义务和适当性义务作出了明确的区分:"告知说明义务与适当性义务不能等同。告知说明义务旨在缓解交易双方信息不对称,从程序上保障投资者能够作出'知情的同意',而适当性义务则是防止卖方机构为追求自身利益而推荐不适合的产品,对其科以确保投资建议适当的实体性义务。二者共同作用于合同缔结过程中失衡的信息秩序,以及由此产生的交易风险。"另外,区别于适当性义务,告知说明义务旨在于私募基金各阶段为金融消费者保驾护航。

---

[1] 新川投资管理(上海)有限公司与李某某止等其他合同纠纷案,上海金融法院(2022)沪74民终1474号民事判决书。
[2] 前海开源资产管理有限公司、深圳市锦安基金销售有限公司委托理财合同纠纷案,广东省中级人民法院(2020)粤03民终19093号、19097号、19099号民事判决书。
[3] 杨某等委托合同纠纷案,上海金融法院(2022)沪74民终1235号民事判决书。

3. 管理人违反诚实信用原则

诚实信用原则是指民事权利主体行使权利应当遵守的基本原则。诚实信用原则在私募基金领域主要体现为：基金管理人作为基金财产的受托人，应秉持诚实，恪守承诺原则，比如不得故意夸大基金收益，误导或欺诈投资人。在程某华与深圳市帝贸资产管理有限公司等合同纠纷案[①]中，法院就认为"被告帝贸公司在基金合同订立过程中，利用被告等投资人对私募股权投资基金缺乏了解，签订对投资人具有巨大风险且与收益完全不能匹配的基金合同，恶意欺诈投资人，违反了诚实信用原则"。

4. 管理人违反备案登记义务

在《基金法》《私募管理暂行办法》《关于加强私募基金监管的若干规定》《登记备案办法》等法律、法规及规范性文件中都规定了，私募基金管理人应向中基协履行管理人登记和产品备案手续。因此，私募基金备案是基金合法运作的必要条件。在私募基金募集完成后，私募基金管理人应积极地履行备案义务，若未履行备案手续，其不仅会面临行政处罚和自律处分，还面临投资人的追索赔偿。即便遇到中基协不予备案的基金产品，私募基金管理人也应当及时告知投资者，解除或终止基金合同并退还相应款项，保护投资者的合法权益。

(二) 因管理人在投资阶段行为所涉纠纷

1. 管理人违反谨慎投资义务

(1) 管理人违反了尽职调查义务

对外投资是私募基金实现收益的前提，尽职调查是投资工作中不可或缺的一个重要环节，也是保障投资安全的重要砝码。如果私募基金管理人未履行尽职调查的义务，则极有可能要对投资人的损失承担责任。《全国法院金融审判工作会议纪要（征求意见稿）》第64条明确规定："有下列行为之一，投资者以其违反勤勉义务为由请求管理人对基金的损失承担与其过错相适应的赔偿责任的，人民法院应当予以支持……"司法实践中，投资者也越来越多地以私募基金管理人违反勤勉义务为由请求私募基金管理人对基金的损失承担赔偿责任。在邵某与万方

---

① 程某华与深圳市帝贸资产管理有限公司等合同纠纷案，深圳前海合作区人民法院（2018）粤0391民初3333号民事判决书。

第十三章
私募基金退出阶段争议纠纷

财富投资管理有限公司等合同纠纷案[1]中，法院认为，基金管理人在万方鑫润公司对被投行业不具备专业运作能力的情况下，未做尽职调查而是依赖于被投资方（或其关联方）提供的尽职调查报告，从而认定万方鑫润公司投前未尽审慎调查和勤勉尽责义务，要求私募基金管理人向投资人承担本金和资金占用费的赔偿责任。

（2）管理人违反了合同约定的投资范围

《监管条例》第11条规定，基金管理人须按照基金合同约定管理私募基金并进行投资。基金合同一般也会约定"基金管理人应遵照诚实信用、勤勉尽责的原则，按照基金合同约定，独立管理和运用基金财产"，同时基金合同约定的范围不能突破《登记备案办法》第31条规定私募基金投资范围。基金管理人违反合同约定的投资范围，应对基金损失承担赔偿责任。在新川投资管理（上海）有限公司与李某某止等其他合同纠纷案[2]中，法院认为："《基金合同》及《补充协议》约定基金投资范围系'直接投资或通过认购中基协备案基金份额的形式投资保和堂焦作F有限公司、上海G有限公司等拥有核心技术或创新经营模式的高成长型未上市企业的股权'。据此，新川公司投向B公司的91,930,192元投资款全部用于受让'恒康医疗股票收益权投资基金'的基金份额，虽未直接投资上市公司股票，但基金该部分收益与上市公司股票价格直接挂钩，已明显违反基金应投资'未上市企业'的投资范围约定。"

（3）因管理人原因基金投向不合规领域

《关于加强私募基金监管的若干规定》《监管条例》《备案指引2号》和《登记备案办法》等规定了中基协不予办理私募基金备案的情形，涉及包括信贷业务、经营性民间借贷活动、变相从事借贷活动、保理资产、融资租赁资产、典当资产、资产收（受）益权、国家禁止或者限制投资的项目、不符合国家产业政策、环境保护政策、土地管理政策的项目、以员工激励为目的设立的员工持股计划和私募基金管理人的员工跟投平台，以及中国证监会、基金业协会规定的其他情形等。如果私募基金投向不合规领域，除了民事上极大概率会导致合同无效，

---

[1] 邵某与万方财富投资管理有限公司等合同纠纷案，北京市朝阳区人民法院（2021）京0105民初33105号民事判决书。
[2] 新川投资管理（上海）有限公司与李某某止等其他合同纠纷案，上海金融法院（2022）沪74民终1474号民事判决书。

行政上还会遭受监管部门或行业协会的行政处罚或行业自律处罚，严重的甚至会涉嫌刑事责任。实践中，还会遇到另外一种情形，即基金合同约定的投资范围是合规的，但是基金管理人违反合同约定投向不合规领域，此种情形一般可以归于"违反合同约定的投资范围"，要求基金管理人承担违约赔偿责任。

在上海佳晔苌清股权投资基金管理有限公司诉邸某茹委托理财合同纠纷案[①]中，法院认为，"中国证监会于2015年4月22日即叫停'伞形信托'的融资融券业务，在此情形下，作为专业基金管理公司的佳晔苌清公司于2015年5月28日仍与邸某茹签订相关内容的《委托投资管理协议》，佳晔苌清公司属故意隐瞒真实情况，欺骗邸某茹，诱使其作出错误的意思表示而签订本案协议，佳晔苌清公司的行为构成欺诈，且损害国家利益"，进而要求基金管理人返还投资款并赔偿利息损失。

（4）因管理人原因未完成合同约定的风控措施

基金管理人由于内部流程原因或者基金经理个人原因，出现了风控措施落实不到位的情形时，一方面会导致其违反勤勉尽责义务，另一方面也违反了合同约定的义务。在周某新与北京信文资本管理有限公司等合同纠纷案[②]中，法院认为"信文资产公司在运作基金过程中未能落实风控措施，包括未能落实股权质押登记、应收账款质押登记、实际办理抵押的不动产抵押物与计划不符且价值偏低等情形，信文资产公司所述各项理由均不足以合理解释其未尽到勤勉谨慎义务的事实，该种违约行为使得基金的资金损失风险增高，有悖于投资者合理预期，应认定为重大违约"。

2. 管理人违反忠实义务

基金管理人有义务忠实地履行自身职责，维护基金利益及投资人的最大利益，其本质在于避免个人利益和公司利益之间发生冲突，公平对待、公平交易及竞业禁止是忠实义务的主要体现。

（1）管理人违反公平对待义务

《私募管理暂行办法》第23条规定："私募基金管理人、私募基金托管人、

[①] 上海佳晔苌清股权投资基金管理有限公司诉邸某茹委托理财合同纠纷案，上海市第一中级人民法院（2018）沪01民终1643号民事判决书。
[②] 周某新与北京信文资本管理有限公司等合同纠纷案，北京市朝阳区人民法院（2020）京0105民初56741号民事判决书。

第十三章
私募基金退出阶段争议纠纷

私募基金销售机构及其他私募服务机构及其从业人员从事私募基金业务，不得有以下行为：……（二）不公平地对待其管理的不同基金财产……"《关于加强私募基金监管的若干规定》第9条规定："私募基金管理人及其从业人员从事私募基金业务，不得有下列行为：……（五）不公平对待同一私募基金的不同投资者，损害投资者合法权益……"基金管理人履行公平对待义务时，要求其公平地对待每一个投资人，不得歧视或个别对待，基金管理人对不同类型的投资人收取不同的基金管理费、进行不同的利润分配顺序及绩效分成比例时，应向投资人充分说明差异化安排的原因，并在投资文件中对不同类型投资人的利益冲突及解决方法予以披露，在投资人知情的基础上获得其同意。公平对待义务还包括公平对待不同基金产品的义务，遵守公平分配原则。在《关于对内蒙古光锋私募基金管理有限公司采取出具警示函措施的决定》（〔2022〕6号）[①]中，中国证监会内蒙古监管局认为内蒙古光锋私募基金管理有限公司管理的部分基金按照不同投资金额分设不同收益特征的基金份额，存在不公平地对待同一基金的不同投资者，决定对其采取出具警示函的行政监管措施。

（2）管理人违反公平交易义务

私募基金管理人在管理基金对外投资或投资退出时，管理人不能做有损投资人利益的自我交易或关联交易，通过内部交易或外部交易向基金管理人或其关联方输送利益。《登记备案办法》第38条规定："私募基金管理人应当建立健全关联交易管理制度，在基金合同中明确约定关联交易的识别认定、交易决策、对价确定、信息披露和回避等机制。关联交易应当遵循投资者利益优先、平等自愿、等价有偿的原则，不得隐瞒关联关系，不得利用关联关系从事不正当交易和利益输送等违法违规活动。私募股权基金管理人应当在经审计的私募股权基金年度财务报告中对关联交易进行披露。"通常识别是否违反公平交易义务，可以从以下几个方面进行考量：①自身交易或关联交易的信息应向利益相关方进行充分的披露；②自我交易或关联交易程序是否符合相关法律、法规之规定或是符合内部风险控制程序的规定；③交易的价格是否符合评估价格或市场价格；④交易是否符合正常的商业交易规则。在西安陕鼓汽轮机有限公司与高某华、程某公司关联交

[①] 中国证监会内蒙古监管局出具的〔2022〕6号《关于对内蒙古光锋私募基金管理有限公司采取出具警示函措施的决定》。

易损害责任纠纷案①中，法院认为"《公司法》保护合法有效的关联交易，并未禁止关联交易，合法有效关联交易的实质要件是交易对价公允。参照《最高人民法院关于适用〈中华人民共和国公司法〉若干问题的规定（五）》（已修正）第1条关于'关联交易损害公司利益，原告公司依据公司法第二十一条规定请求控股股东、实际控制人、董事、监事、高级管理人员赔偿所造成的损失，被告仅以该交易已经履行了信息披露、经股东会或者股东大会同意等法律、行政法规或者公司章程规定的程序为由抗辩的，人民法院不予支持'的精神，应当从交易的实质内容即合同约定、合同履行是否符合正常的商业交易规则以及交易价格是否合理等进行审查"。

在曹某香与山东创道股权投资基金管理有限公司委托理财合同纠纷案②中，法院认为，涉案基金合同未明确说明威海之信房地产开发有限公司与基金管理人山东创道股权投资基金管理有限公司的关系及基金投资构成的重大关联交易事项，违反《披露办法》第9条第8项（信息披露义务人应当向投资者披露的信息包括：（8）可能存在的利益冲突）、第18条第11项（发生以下重大事项的，信息披露义务人应当按照基金合同的约定及时向投资者披露：（11）发生重大关联交易事项的）的规定。

（3）管理人违反竞业禁止义务

《公司法》第184条规定："董事、监事、高级管理人员未向董事会或者股东会报告，并按照公司章程的规定经董事会或者股东会决议通过，不得自营或者为他人经营与其任职公司同类的业务。"《劳动合同法》第24条第1款规定："竞业限制的人员限于用人单位的高级管理人员、高级技术人员和其他负有保密义务的人员。竞业限制的范围、地域、期限由用人单位与劳动者约定，竞业限制的约定不得违反法律、法规的规定。"《登记备案办法》第9条规定："有下列情形之一的，不得担任私募基金管理人的股东、合伙人、实际控制人：……（四）控股股东、实际控制人、普通合伙人、主要出资人在非关联私募基金管理人任职……"可见，私募基金管理人除了应该遵守《公司法》《劳动法》的相关规定，还应遵守

---

① 西安陕鼓汽轮机有限公司与高某华、程某公司关联交易损害责任纠纷案，最高人民法院（2021）最高法民再181号民事判决书。
② 曹某香与山东创道股权投资基金管理有限公司委托理财合同纠纷案，山东省济南市中级人民法院（2020）鲁01民终1897号民事判决书。

第十三章
私募基金退出阶段争议纠纷

私募基金相关法律法规和规范性文件关于竞业禁止的特别规定。在广州怡珀新能源产业投资管理有限责任公司与陶某青损害公司利益责任纠纷案[①]中,法院认为"陶某青在任职怡珀公司总经理期间,不仅以入股或担任董事的方式加入与怡珀公司同类性质的怡青企业、杭州怡青鸿钧公司、浙江尚颉公司,还作为怡青企业占65%投资份额的出资人投资与怡珀公司属于同类性质公司的克拉玛依丹泉公司、深圳众力公司、杭州怡青公司,陶某青的行为符合《公司法》(2018年修正)第148条第1款第5项规定的情形。陶某青作为怡珀公司的高级管理人员既违反了公司的忠实义务、勤勉义务,又违反了其与怡珀公司签订的劳动合同《补充协议》所约定的竞业禁止义务"。

(三) 因管理人和托管人在管理阶段行为所涉纠纷

1. 管理人违反信息披露义务

基金管理人在私募基金的募集和运作过程中发挥着重要作用,也掌握着私募基金全部相关信息,而投资人往往缺乏了解途径,为一定程度上消除这种信息不对称情况,确保基金的合规运行,保护投资人的利益,基金管理人就有信息披露的义务。

《监管条例》第31条规定,"私募基金管理人在资金募集、投资运作过程中,应当按照国务院证券监督管理机构的规定和基金合同约定,向投资者提供信息。私募基金财产进行托管的,私募基金管理人应当按照国务院证券监督管理机构的规定和托管协议约定,及时向私募基金托管人提供投资者基本信息、投资标的权属变更证明材料等信息"。《披露办法》第2条第1款规定,"本办法所称的信息披露义务人,指私募基金管理人、私募基金托管人,以及法律、行政法规、中国证券监督管理委员会(以下简称中国证监会)和中国证券投资基金业协会(以下简称中国基金业协会)规定的具有信息披露义务的法人和其他组织"。信息披露分为定期的信息披露即月报、季报和年报等,以及发生重大事项时(重大变更、重大损失、重大诉讼等)的信息披露。在邵某与万方财富投资管理有限

[①] 广州怡珀新能源产业投资管理有限责任公司与陶某青损害公司利益责任纠纷案,广东省广州市中级人民法院(2020)粤01民终4273号民事判决书。

等合同纠纷案①中，法院认为"即便基金存续期内万方鑫润公司制作了相关投后管理报告，但报告中对基金成立日、基金到期日多处表述不一致，且无基金净值等数据，故本院认定万方鑫润公司未在投后管理阶段尽到信息披露义务，构成严重违约"。在《中国证券监督管理委员会上海监管局行政处罚决定书》（〔2022〕28号）②中，上海证监局认为下层基金相关资金以内保外贷方式出境及产生境外贷款利息和手续费的相关情况是可能影响上层游侠系列基金投资者合法权益的重大信息。小村资管作为游侠系列基金管理人，未能审慎勤勉地及时了解基金进行投资后相关资金出境相关情况，未在相关报告中进行披露，义务人未履行相应义务，应给予警告，并处3万元罚款。

2. 管理人违反勤勉尽责义务

（1）管理人在投资过程中风控条件未持续落实

有别于投资过程中的风控条件的落实，管理人按照合同约定在投资完成后的管理过程中去落实或者去监督风控条件持续落实情况是其履行勤勉尽责义务的重要考量。如在《关于对新余济达投资有限公司采取出具警示函措施的决定》③中，中国证监会江西监管局认为新余济达投资有限公司因怠于履行管理人职责，未尽勤勉尽责义务，其管理的基金的投资标的长期未完成股权确权及工商变更，基金利益未得到有效保护，违反了《私募管理暂行办法》第23条、第24条和第25条的规定，故根据《私募管理暂行办法》第33条的规定，对其采取出具警示函的行政监管措施。

（2）管理人在基金财产发生重大损失时未能及时采取相应措施

私募基金管理人是否在投资出现问题后积极采取行动，是衡量私募基金管理人是否履行投资勤勉义务的标准之一。《监管条例》第11条第2款规定："以非公开方式募集资金设立投资基金的，私募基金管理人还应当以自己的名义，为私募基金财产利益行使诉讼权利或者实施其他法律行为。"由此，私募基金管理人在发现投资可能无法及时回收时，应要求被投资人及时办理转让、回购事宜或采

---

① 邵某与万方财富投资管理有限公司等合同纠纷案，北京市朝阳区人民法院（2021）京0105民初33105号民事判决书。
② 上海证监局出具的沪〔2022〕28号《中国证券监督管理委员会上海监管局行政处罚决定书》。
③ 中国证监会江西监管局出具的〔2023〕1号《关于对新余济达投资有限公司采取出具警示函措施的决定》。

第十三章
私募基金退出阶段争议纠纷

取司法手段保全被投资人资产，积极追索并依约办理基金清算等多种措施。在华宇国信投资基金（北京）有限公司与吴某红合同纠纷案[1]中，法院认为"2020年12月贷款逾期，借款人却在一年后承诺自2024年3月至12月进行还款，履行期限达四年，对投资人利益有严重影响。华宇国信公司未能向本院举证证明召开了基金份额持有人大会同意该还款方案，作为管理人亦未采取诉讼或增加增信措施等其他方式进行催收，违反了管理人谨慎勤勉的管理义务"，应向投资人支付投资本金及相应资金占用费。

（3）管理人怠于监督投资标的

在私募基金完成投资后，私募基金管理人的投后义务就开始了，在这个阶段，基金管理人需要对被投企业进行监督，这样的监督受两个方面的制约，一是投资协议的制约，二是履行勤勉尽责义务制约。因此，基金管理人需要在投后管理的过程中监督被投方款项的使用、被投方重大经营管理事项、被投方重大对外投资、担保及资产处置等各方面情况，如被投方发生资金挪用、资产损毁，而私募基金管理人未能履行相应的监督义务，则将对相应的损失承担赔偿责任。

在钜洲资产管理（上海）有限公司、上海钜派投资集团有限公司与周某华合同纠纷案[2]中，法院认为，基金存续期间上市公司公示的股东名单中不包括被投企业，管理人在有条件向上市公司核实的情况下，却轻信股权代持及合同锁定收益的说辞，且对股权代持的法律风险未作披露和核实，未尽审慎审核义务。

（4）托管人违反托管和监管义务

《证券投资基金托管业务管理办法》第2条规定"本办法所称证券投资基金（以下简称基金）托管，是指由依法设立并取得基金托管资格的商业银行或者其他金融机构担任托管人，按照法律法规的规定及基金合同的约定，对基金履行安全保管基金财产、办理清算交割、复核审查净值信息、开展投资监督、召集基金份额持有人大会等职责的行为"。托管人主要是履行《基金法》《私募管理暂行办法》等法律、法规及规范性文件规定的保管义务和监督义务，除非合同有特别规定，一般通过对私募基金运作的形式进行审核，与基金管理人相互独立、相互

---

[1] 华宇国信投资基金（北京）有限公司与吴某红合同纠纷案，北京金融法院（2022）京74民终809号民事判决书。

[2] 上海钜派投资集团有限公司与周某华合同纠纷案，上海金融法院（2021）沪74民终375号民事判决书。

监督、相互协作，共同维护投资人的合法权益。托管人被认定负有法律责任的常见原因主要有如下几种：①托管人对基金管理人未尽到监督义务[1]；②托管人未对基金财产尽到安全保管职责[2]；③托管人未按照规定履行信息披露、召集投资人代表大会等义务[3]。

（四）因管理人在清算阶段行为所涉纠纷

1. 基金客观清算不能

司法实践中，基金管理人可能会因期限到期、吊销执照、涉嫌刑事案件、被注销基金管理人资格等原因无法进行清算，客观来说未清算则投资人损失尚未发生或确认，但当前法院越来越趋向于推定损失发生，要求基金管理人承担责任。在张某力与汉富控股有限公司合同纠纷案[4]中，法院认为，"虽然涉案基金尚未清算，从严格意义上来说，投资人的损失金额尚未确定，但综合考虑涉案基金的到期时间（两年有余）、基金管理人的实际情况（被采取行政监管措施并被刑事立案侦查）及差额补足责任人与基金管理人之间的关系（间接控股关系），为减少当事人的诉累，合理保护投资人的合法权益，本院认定差额补足责任人（基金管理人的间接控股股东）在本案中应当按照《协议书》的约定，按照基金净值0.9的标准向投资人承担差额补足责任"。因此，投资人以侵权案由起诉基金管理人，要求基金管理人承担赔偿责任的，基金管理人以前一般以基金未清算损失未发生进行抗辩，往往能获得支持，而现在司法机构已经越来越认同推定损失发生，让有责任的基金管理人先行承担责任，后续追回财产的，再补偿给基金管理人，以保障投资人的利益。

2. 管理人怠于履行清算义务

私募基金存续期满后，如基金管理人和投资人未能就延期达成一致意见，则基金应当终止后进行清算。私募基金管理人有在规定的时间启动清算程序的义

---

[1] 中国光大银行股份有限公司北京分行等与陈某萍委托理财合同纠纷，北京市第二中级人民法院（2019）京02民终8082号民事判决书。
[2] 中信证券股份有限公司、韩某平证券投资基金交易纠纷案，山东省泰安市中级人民法院（2020）鲁09执复48号执行裁定书。
[3] 宋某晶、杨某兰、国泰君安证券股份有限公司委托理财合同纠纷案，山东省临沂市罗庄区人民法院（2020）鲁1311民初180号民事判决书。
[4] 张某力与汉富控股有限公司案，北京市朝阳区人民法院（2020）京0105民初65456号民事判决书。

第十三章
私募基金退出阶段争议纠纷

务,清算过程往往要经历一个比较长的周期,如果管理人未及时启动、未跟进清算事宜,清算未取得积极结果,投资人发生损失,投资者往往会以管理人未尽职履责或履职不当为由提起司法程序,要求私募基金管理人承担相应的赔偿责任。在谭某麟与南方财经私募股权投资基金(贵州)有限公司合同纠纷案[①]中,法院认为"南方私募基金(贵州)公司作为基金管理人,怠于行使清算义务,导致谭某麟的基金赎回金额无法确定,应视为谭某麟申请赎回基金的条件已经成就,故谭某麟要求南方私募基金(贵州)公司支付基金款147.5万元的诉讼请求,理由正当,本院予以支持"。这里所说的基金管理人怠于清算的原因都是不合规的,基金管理人需要承担主要甚至全部赔偿责任,但如果管理人有合法合规的理由,则可以豁免自己的部分或全部赔偿责任。另外,需要注意的是即使基金管理人怠于履行清算义务的,但其能证明怠于清算行为与投资人损失无因果关系的,也可能无须承担赔偿责任。

3. 基金已无可供清算财产

如私募基金管理人违反相关法律规定或合同约定,未履行相关义务,导致基金资产被挪用或者被投方发生严重损失等基金已无可供清算财产的情况时,则基金管理人应承担相应的赔偿责任。在上海钜派投资集团有限公司等与陈某鑫其他合同纠纷案[②]中,法院认为:"基金的清算结果是认定投资损失的重要依据而非唯一依据,有其他证据足以证明投资损失情况的,人民法院可以依法认定损失。根据钜洲资产管理(上海)有限公司发布的《临时信息披露公告》及庭审查明事实,案涉基金资产已被案外人恶意挪用,涉嫌刑事犯罪,且主要犯罪嫌疑人尚未到案。其次,《私募基金合同》约定,案涉基金的权益基础为明×××对卓×××的股权收益。现明×××并未依照基金投资目的取得卓×××股权,合同约定的案涉基金权益无实现可能。同时……募集的基金资产已经脱离管理人控制,清算小组也未接管基金财产。因此,考虑到基金清算处于停滞状态,无法预计继续清算的可能期限,且无证据证明清算小组实控任何可清算的基金财产,如果坚持等待清算完成再行确认当事人损失,不具有现实可行性。故一审判决据此认

[①] 谭某麟与南方财经私募股权投资基金(贵州)有限公司合同纠纷案,重庆市渝中区人民法院(2018)渝0103民初41号。
[②] 上海钜派投资集团有限公司等与陈某鑫其他合同纠纷案,上海金融法院(2021)沪74民终1743号民事判决书。

定当事人损失已经固定,以投资款、资金占用利息作为损失基数,本院予以认可。"

4. 清算程序不合规

众所周知,私募基金有三种形式,即公司型、有限合伙型和契约型,私募基金的清算需要遵循私募基金相关法律、法规和规范性文件,一般包括:启动清算程序、组建清算组、发布公告并通知债权人、清产核资、制定清算方案并编制清算报告、中基协基金清算备案,以及办理工商、税务等注销手续、保存基金清算材料。此外,公司型和合伙型基金还需要遵循《公司法》和《合伙企业法》的规定,这就导致上述三种形式的私募基金在清算流程稍有差别。私募基金管理人应严格按照前述规定的程序对基金进行清算,如未依照法定程序履行清算义务,投资人、债权人等利益相关方都能就相应损失,要求其私募基金管理人承担责任。在陆某、苏州市威纽斯特智能科技有限公司等申请公司强制清算案①中,法院认为,"本案中,由于威纽斯特公司在公司成立清算组后未依法办理清算组备案,未依法履行通知和公示程序,该行为可能严重损害债权人的利益,在公司债权人未向本院提起清算申请的,陆某作为公司股东向本院申请强制清算符合法律规定,本院予以准许"。

(五)投资人主动要求退出所涉纠纷

1. 投资者以合同目的无法实现为由解除合同

投资人以管理人过错导致基金合同目的无法实现为由主张解除基金合同,以实现退出基金的目的。基金管理人哪些违约行为能够导致投资人无法实现合同目的呢?如果合同对此并未有明确的约定,合理区分私募基金固有的投资风险和基金管理人违约导致的基金合同目的无法实现,即为判定私募基金合同解除纠纷的要点所在。实践中,基金管理人未按照合同的约定进行备案、未履行投资义务、资金投向约定外其他事项而产生亏损的,容易被认定为合同目的无法实现。在励琛(上海)投资管理有限公司与沈某仙证券投资基金交易纠纷案②中,法院认为"可以认定励琛公司在签订系争合同过程中违反法律及规范性文件相关规定,未

---

① 陆某、苏州市威纽斯特智能科技有限公司等申请公司强制清算案,江苏省苏州市姑苏区人民法院(2021)苏 0508 强清 5 号裁定书。
② 励琛(上海)投资管理有限公司与沈某仙证券投资基金交易纠纷案,上海金融法院(2019)沪 74 民终 123 号民事判决书。

第十三章
私募基金退出阶段争议纠纷

能履行系争合同义务，约定基金尚未成立备案，合同目的无法实现。沈某仙诉请主张要求解除系争合同有其事实及法律依据，应当予以支持。合同解除后，励琛公司应当返还沈某仙投资款并按银行同期存款利率承担损失"。

2. 投资者以管理人阻碍退出条件为由主张退出

《民法典》第159条规定："附条件的民事法律行为，当事人为自己的利益不正当地阻止条件成就的，视为条件已经成就；不正当地促成条件成就的，视为条件不成就。"如果私募基金已符合退出或清算条件，但由于基金管理人行为导致退出条件未能成就，则基金管理人行为就属于前述当事人为自己的利益不正当地阻止条件成就，从而认定退出条件已成就，将认定投资人有权依约履行相关退出流程，基金由此产生损失的，基金管理人应承担赔偿责任。在北京万方鑫润基金管理有限公司与汤某、万方投资控股集团有限公司、北京天瑞佳盛特种工程承包有限公司委托理财合同纠纷案①中，法院认为"案涉基金于2019年2月10日基金到期后，万方鑫润公司未经投资人同意单方决定延长基金期限，与《基金合同》的约定严重不符。综上，一审法院认为万方鑫润公司存在重大过错，应当对汤某的损失承担赔偿责任。"

3. 投资者根据管理人或关联方作出刚性兑付承诺主张权利

私募基金刚性兑付违反了私募基金非债权投资的核心要求，在监管不断加强的大环境下，一旦因私募基金管理人、实控人的刚性兑付而进行诉讼，基金合同就易被宣告为无效。一般情况下，私募基金合同往往合法合规并用于备案，而刚性兑付则通常以抽屉协议的形式体现，很显然这种通过通谋虚伪的方式达成的协议违反了现行的国家金融监管政策及规定而导致无效。在基金合同无效的情况下，如有损失，协议各方应根据各自责任承担相应的损失。在江苏嘉和源资产管理有限公司、丁某与江某春委托理财合同纠纷案②中，法院认为"案涉保底协议实为各方为规避法律、行政法规的监管而作出的约定，内容违反了市场基本规律和资本市场规则，严重破坏资本市场的合理格局，不利于金融市场的风险防范，有损社会公共利益，属于法律法规所禁止的保底条款，应属无效"。

---

① 北京万方鑫润基金管理有限公司与汤某、万方投资控股集团有限公司、北京天瑞佳盛特种工程承包有限公司委托理财合同纠纷案，北京金融法院（2022）京74民终458号民事判决书。
② 江苏嘉和源资产管理有限公司、丁某与江某春委托理财合同纠纷案，江苏省南京市中级人民法院（2020）苏01民终6867号民事判决书。

另外，我们还需要关注到一些特殊的"兑付承诺"，如私募基金管理人因自身的责任而导致基金产生损失，经与投资人商讨后，基金管理人向投资人作出的兑付承诺，这种类似刚性兑付的承诺是管理人为了履行其赔偿责任目的，应当是有效的。

二、私募基金退出时投资端所涉纠纷

私募基金投资端退出一般是私募基金与投资标的因履行投资协议或其配套协议所发生的争议，相较于私募基金基金端的退出争议，投资端退出的争议主体更为多元，争议内容相对明确、争议标的金额较大，限于篇幅，本章仅从"明股实债""对赌协议"和投资者因管理人不作为而直接向投资标的主张权利等几个热点问题进行梳理。

（一）涉及"明股实债"相关争议

《证券期货经营机构私募资产管理计划备案管理规范第4号》中将"名股实债"界定为"指投资回报不与被投资企业的经营业绩挂钩，不是根据企业的投资收益或亏损进行分配，而是向投资者提供保本保收益承诺，根据约定定期向投资者支付固定收益，并在满足特定条件后由被投资企业赎回股权或者偿还本息的投资方式，常见形式包括回购、第三方收购、对赌、定期分红等"。除此之外，中基协发布的《关于加强私募基金监管的若干规定》《备案指引2号》等监管规则中，亦就明股实债在行业监管层面进行了体现。《关于加强私募基金监管的若干规定》第8条规定："私募基金管理人不得直接或者间接将私募基金财产用于下列投资活动：（一）借（存）贷、担保、明股实债等非私募基金投资活动，但是私募基金以股权投资为目的，按照合同约定为被投企业提供1年期限以内借款、担保除外……"

现行法律未明确规定明股实债的具体交易模式，但一般来说，私募基金架构下的明股实债投资至少包括两项安排，即融资方与投资方之间签署股权转让或增资协议，以及双方约定融资方需按照固定本息的金额回购投资方股权。司法实践中，司法机构在审查底层明股实债投资行为时，往往也会以前述双方约定中存在固定收益承诺和到期无条件回购等类似约定作为主要判断依据；此外，投资方是否实际参与公司或项目的经营管理、固定收益率高低等也会在法院进行认定时纳

第十三章
私募基金退出阶段争议纠纷

入考量。

首先,就固定收益承诺而言,其一般指底层投融资双方约定以投资方的投资数额为基数,按固定数额、固定收益率或固定收益计算公式支付投资方资金回报,也就是说,该等资金回报并不与融资方的经营业绩或所投项目收益情况挂钩。在深圳前海海润国际并购基金管理有限公司、深圳市如森投资发展有限公司借款合同纠纷案①中,《回购合同》中约定回购价款 = 认购金额 + 认购金额 × 回购溢价率 × 核算期内实际天数/365,回购溢价率为 9.2%,双方之间达成的是借贷的合意,兼之深圳前海海润国际并购基金管理有限公司在合同中作出承诺保本及固定收益的承诺,故涉案合同虽名为投资,实为借款。

其次,就到期无条件回购而言,实务中一般表现为两种情况:一是底层投资交易各方在合同中直接约定融资方股东应在某个期限到期后按一定数额无条件回购投资方持有的股权。在冯某伟与深圳前海泰富汇金股权投资基金管理有限公司合同纠纷案②中,《认购协议书》约定原告认缴出资额为 50 万元,36 个月后赎回投资份额,出资期限自 2017 年 5 月 31 日起至 2020 年 5 月 31 日止,协议到期后 5 个工作日内返还投资款,预期年化收益为 18%,法院认定案涉法律关系属于"名为私募投资实为民间借贷"的情形。二是底层投资交易各方虽未直接约定无条件回购,而是设定了回购条件,但区别于对赌条款,该等回购条件并不具有较大不确定性,而是预期会触发或者非常容易被触发的条件。广西壮族自治区高级人民法院发布的《关于审理公司纠纷案件若干问题的裁判指引》第 46 条规定,若对赌目标在客观上不可能或几乎不可能达成,则实质上消除了所附条件的"不确定性",其约定的违约责任就成为必然发生的结果,该部分收益即为投资方获得的固定收益,该内容已不再符合"对赌"的性质,对此人民法院可以根据个案情况认定为借贷关系。该条将同样包含附条件回购安排的"对赌"作为参照对比概念,可以看出,即便未以前述第一种方式直接约定无条件回购,而是以第二种更为隐蔽的方式在形式上设置了回购条件,仍然存在视个案具体情况被认定为明股实债的可能。

---

① 深圳前海海润国际并购基金管理有限公司、深圳市如森投资发展有限公司借款合同纠纷案,广东省深圳市中级人民法院(2020)粤 03 民终 20473 号民事判决书。
② 冯某伟与深圳前海泰富汇金股权投资基金管理有限公司合同纠纷案,深圳前海合作区人民法院(2020)粤 0391 民初 8546 号民事判决书。

最后，除上述因素外，投资方是否实际参与项目公司经营管理[①]及具体利息的高低也是审查明股实债的参考标准。

虽然投资方实际参与经营管理被纳入考量，但实务中是否达到"实际参与经营管理"也往往引起当事人双方的争论。在武汉缤购城置业有限公司（以下简称缤购城公司）、国通信托有限责任公司（以下简称国通公司）借款合同纠纷案[②]中，投融资各方签署《增资协议》约定，增资后，缤购城公司设股东会，股东会是缤购城公司的最高权力机构，决定缤购城公司的一切重大事宜，只有国通公司参与，缤购城公司方可召开股东会，且国通公司对缤购城公司股东会审议的国通公司认为对其有不利影响的事项具有一票否决权，与举行股东会会议有关的全部费用由缤购城公司承担；只有国通公司提名的董事参与，缤购城公司方可召开董事会，且国通公司提名的董事对缤购城公司董事会审议的国通公司认为对其有不利影响的事项均具有否决权。与举行董事会会议有关的全部费用由缤购城公司承担。项目公司缤购城认为，增资行为经工商变更登记后，在缤购城公司后续经营管理过程中，国通公司已通过控制股东会、董事会、公章、财务、拟转让股权且至今仍继续持有股权等行为否定了最初的借款意思表示，证实国通公司的真实目的是通过增资获得缤购城公司的股权分红而非固定借款利息。投资方国通公司则认为，从缤购城公司内部治理和控制的角度来看，国通公司并没有实际参与到缤购城公司的决议管理等日常事务当中，国通公司作为名义股东期间，也没有对缤购城公司形成实际的控制权，缤购城公司的公章也不在国通公司的管控下。法院认为，虽然《增资协议》约定有国通公司派驻人员参与缤购城公司的董事会、监事会等内容，但从协议的内容及履行方式看，国通公司不参与缤购城公司的日常经营管理，派驻董事的目的主要是对公司重大事项进行监督，国通公司实际不承担缤购城公司的经营风险，只是获取固定回报。而非参与或控制项目公司的经营管理。虽然国通公司通过工商变更登记取得缤购城公司93.07%的股权，但其股东权利义务与普通股东不同，国通公司并非实际控制缤购城公司经营的股东。从判决书的字面表述来看，法院认为投资方并未实际参与经营管理的具体思路是，

[①] 西双版纳安华房地产有限公司、郭某科民间借贷纠纷案，最高人民法院（2019）最高法民终793号民事判决书。
[②] 缤购城公司、国通公司借款合同纠纷案，最高人民法院（2019）最高法民终1532号民事判决书。

第十三章
私募基金退出阶段争议纠纷

该案《增资协议》虽约定投资方于项目公司股东会及董事会具有否决权，但相应事项均仅为对投资方自身不利的事项；且投资方未管控项目公司公章，也无法控制项目公司对外表意，不具备与其持股比例相匹配的公司治理权力。由此可以看出，"是否实际参与经营管理"并不简单地依据投资方是否派驻董事、监事而定，而是结合公司治理机构具体表决方式及事项、公章管理情况、控制公司对外表意（如投资方为项目公司控股股东）情况等进行判断。

（二）涉及"对赌协议"相关争议

"对赌"即估值调整机制，即投融资双方在达成投资协议之际，对企业的价值或未来业绩存在争议，为弥补信息不对称和减少交易成本，双方商定如被投资方达到协议所规定的要求，投资方在获得投资股份大幅增值的前提下，须向公司管理层进行补偿；反之，若被投资方无法达成投资协议约定的要求，则须向投资方进行补偿。

在《九民纪要》出台确认对赌协议的效力之前，由于甘肃世恒有色资源再利用有限公司、香港迪亚有限公司与苏州工业园区海富投资有限公司、陆某增资纠纷案[1]影响，投资者与项目公司本身之间的补偿条款如果使投资者可以取得相对固定的收益，则该收益会脱离项目公司的经营业绩，直接或间接地损害公司利益和公司债权人利益，被认定无效，投资方更倾向于与股东对赌，以保证对赌协议的效力和实际履行，虽然在其后的强某延与被申请人曹某波、山东瀚霖生物技术有限公司股权转让纠纷案[2]中，明确被投企业为原股东的回购义务承担连带责任担保有效，以及江苏华工创业投资有限公司与扬州锻压机床股份有限公司、潘某虎等请求公司收购股份纠纷案[3]中进一步明确被投企业根据对赌协议进行股份回购的约定有效。但这种观点当时尚未在法律法规或规范性文件中予以确认，故投资人一般情况下也不会冒险与项目公司进行对赌。在《九民纪要》出台之后，除了与股东对赌，投资方与项目公司的对赌普遍被认可，但其实相对于投资方与股

---

[1] 甘肃世恒有色资源再利用有限公司、香港迪业有限公司与苏州工业园区海富投资有限公司、陆某增资纠纷案，最高人民法院（2012）民提字第11号民事判决书。
[2] 强某延与曹某波、山东瀚霖生物技术有限公司股权转让纠纷案，最高人民法院（2016）最高法民再128号民事判决书。
[3] 江苏华工创业投资有限公司与扬州锻压机床股份有限公司、潘某虎等请求公司收购股份纠纷案，江苏省高级人民法院（2019）苏民再62号民事判决书。

东对赌，投资方与项目公司的对赌受《公司法》的限制很多，依旧须遵守资本维持原则。

《九民纪要》第 5 条规定："投资方与项目公司订立的'对赌协议'在不存在法定无效事由的情况下，项目公司仅以存在股权回购或者金钱补偿约定为由，主张'对赌协议'无效的，人民法院不予支持，但投资方主张实际履行的，人民法院应当审查是否符合《公司法》关于'股东不得抽逃出资'及股份回购的强制性规定，判决是否支持其诉讼请求。投资方请求项目公司回购股权的，人民法院应当依据《公司法》第 35 条关于'股东不得抽逃出资'或者第 142 条关于股份回购的强制性规定进行审查。经审查，项目公司未完成减资程序的，人民法院应当驳回其诉讼请求。投资方请求项目公司承担金钱补偿义务的，人民法院应当依据《公司法》第 35 条关于'股东不得抽逃出资'和第 166 条关于利润分配的强制性规定进行审查。经审查，项目公司没有利润或者虽有利润但不足以补偿投资方的，人民法院应当驳回或者部分支持其诉讼请求。今后项目公司有利润时，投资方还可以依据该事实另行提起诉讼。"从最高人民法院的上述观点可知，私募基金与项目公司签订的对赌协议效力问题已经解决，但若想要法院判决支持股权回购或者金钱补偿，还需要满足下列条件：①主张回购股份的，需要先完成法定减资程序，为的是保护债权人的合法权益；②主张金钱补偿的，项目公司需要存在利润。

《九民纪要》的规定虽然厘清了对赌协议的合同效力，但是其对于资本维持的坚守也导致投资人与被投公司进行的对赌在即使被认为有效的情况下，履行还是可能落空。这就要求在设计对赌条例的时候要注意以下方面：①投资人即使选择被投方作为对赌主体，也应该尽可能把大股东、实际控制人或第三方一起加入；②让被投方全部股东对被投企业的减资义务和利润分配义务进行担保，在义务方未能完成减资或利润分配情况下，需承担违约责任。

（三）投资者因管理人不作为而直接向投资标的主张权利

众所周知，投资人通过认购基金产品将投资款交付基金管理人进行管理，具有典型的信托法律关系特征。在基金管理人代表基金对外投资时，投资人与基金投资的被投方之间不会产生直接的法律关系，也基本不会有太多接触。

当基金管理人与项目公司存在利益关系或其他原因导致基金管理人怠于向项

第十三章
私募基金退出阶段争议纠纷

目公司主张权利时,投资人试图通过派生诉讼的方式直接向私募基金投资的项目公司主张权利,以期能够收回投资款。在现有的规则体系下,能够实现基金投资人这一目的的方式,主要是债权人代位权之诉以及股东、合伙人派生诉讼。基于代位权与派生诉讼的行使条件、私募基金的特殊性,私募基金投资人只能在特定的情形下提起债权人代位权诉讼和股东、合伙人派生诉讼。比如代位权的行使需要基金作为债权人对债务人的债权合法、基金管理人怠于行使其债权、基金的债权已经到期、基金的债权不是专属于债务人自身的权利;相对而言,公司制或有限合伙制的基金有第二条路径,即他们可以依据《公司法》和《合伙企业法》的规定,在确保投资人为股东或合伙人,基金管理人怠于行使权利,投资人须为基金的利益提起诉讼的前提下,对被投资方提起派生诉讼,所获得的收益归于基金,再要求向投资人进行分配。

(四)其他优先权所涉纠纷

私募基金还会涉及各类优先权,比如优先认购权、反稀释权、拖售权、随售权、回购权、优先清算权等,各类优先权的争议也会导致相应的投资端纠纷产生,因本书第十章已对各类优先权有了系统性的论述,此处不再赘述。

案例索引

按字母顺序排列

裁判文书		
案件名称	文书信息	页码
澳华资产管理有限公司与洋浦经济开发区管理委员会投资意向书纠纷申请再审案	最高人民法院（2014）民申字第263号民事裁定书	115
北京北控环保工程技术有限公司与陕西万泉投资有限公司、西北石化设备总公司股权转让纠纷案	陕西省西安市中级人民法院（2019）陕01民初1205号民事判决书	141
北京东土科技股份有限公司等股权转让纠纷案	北京市高级人民法院（2019）京民终1646号民事判决书	142
北京万方鑫润基金管理有限公司与汤某、万方投资控股集团有限公司、北京天瑞佳盛特种工程承包有限公司委托理财合同纠纷案	北京金融法院（2022）京74民终458号民事判决书	195
曹某香与山东创道股权投资基金管理有限公司委托理财合同纠纷案	山东省济南市中级人民法院（2020）鲁01民终1897号民事判决书	188
曾某、甘肃华慧能数字科技有限公司股权转让纠纷案	最高人民法院（2019）最高法民终230号民事判决书	126

案例索引

续表

裁判文书		
案件名称	文书信息	页码
成都云端助手科技有限公司、广州玖七网络科技有限公司股东出资纠纷案	四川省成都市中级人民法院（2020）川01民终3281号民事判决书	143
程某栋、浙江永乐影视制作有限公司等与当代北方（北京）投资有限公司合同纠纷案	浙江省高级人民法院（2019）浙01民初363号民事判决书	113
程某华与深圳市帝贸资产管理有限公司等合同纠纷案	深圳前海合作区人民法院（2018）粤0391民初3333号民事判决书	184
褚某春等与吕某丽等股权转让纠纷案	吉林省高级人民法院（2020）吉民再91号民事判决书	140
狄某英、宿某明等请求变更公司登记纠纷案	江苏省无锡市中级人民法院（2021）苏02民终7112号民事判决书	174
范某德与上海春秋国际旅行社（集团）有限公司公司增资纠纷案	上海市长宁区人民法院（2021）沪0105民初9710号民事判决书	174
防城港有艺园林工程有限公司与中建汇通投资集团有限公司缔约过失责任纠纷案	北京市第三中级人民法院（2021）京03民终7677号民事判决书	116
冯某伟与深圳前海泰富汇金股权投资基金管理有限公司合同纠纷案	深圳前海合作区人民法院（2020）粤0391民初8546号民事判决书	197
甘肃世恒有色资源再利用有限公司、香港迪亚有限公司与苏州工业园区海富投资有限公司、陆某增资纠纷案	最高人民法院（2012）民提字第11号民事判决书	199
贡某华与上海易钷资产管理有限公司等其他合同纠纷案	上海市静安区人民法院（2023）沪0106民初1893号民事判决书	182

续表

裁判文书		
案件名称	文书信息	页码
广州怡珀新能源产业投资管理有限责任公司与陶某青损害公司利益责任纠纷案	广东省广州市中级人民法院（2020）粤01民终4273号民事判决书	189
韩某丰、邬某远公司增资纠纷案	最高人民法院（2019）最高法民申1738号再审审查与审判监督民事裁定书	135
贺某莲与郭某民、灵宝市豫西矿业有限责任公司民间借贷纠纷案	河南省三门峡市中级人民法院（2014）三民初字第61号民事判决书	141
湖州万讯投资合伙企业（有限合伙）与杭州量子金融信息服务有限公司等合伙协议纠纷案	杭州市西湖区人民法院（2017）浙0106民初12293号民事判决书	132
华宇国信投资基金（北京）有限公司与吴某红合同纠纷案	北京金融法院（2022）京74民终809号民事判决书	191
霍尔果斯盛世佰腾股权投资合伙企业与德阳中德阿维斯环保科技有限公司公司增资纠纷案	四川省成都市中级人民法院（2018）川01民初3088号民事判决书	141
江苏东新能源科技有限公司、陕西彩虹新材料有限公司等加工合同纠纷案	江苏省盐城市中级人民法院（2022）苏09民终1727号民事判决书	116
江苏华工创业投资有限公司与扬州锻压机床股份有限公司、潘某虎等请求公司收购股份纠纷案	江苏省高级人民法院（2019）苏民再62号民事判决书	199
江苏嘉和源资产管理有限公司、丁某与江某春委托理财合同纠纷案	江苏省南京市中级人民法院（2020）苏01民终6867号民事判决书	195
李某达、东源向阳金属制品有限公司确认合同有效纠纷案	最高人民法院（2020）最高法民申1573号民事裁定书	118

案例索引

续表

裁判文书		
案件名称	文书信息	页码
励琛（上海）投资管理有限公司与沈某仙证券投资基金交易纠纷案	上海金融法院（2019）沪 74 民终 123 号民事判决书	194
陆某、苏州市威纽斯特智能科技有限公司等申请公司强制清算案	江苏省苏州市姑苏区人民法院（2021）苏 0508 强清 5 号裁定书	194
南京建信兴业投资企业与安徽航天星光热技术有限公司委托合同纠纷案	江苏省南京市中级人民法院（2018）苏 01 民终 9807 号民事判决书	114
宁波梅山保税港区钜冠投资合伙企业（有限合伙）与林某华等股权转让纠纷案	上海市第二中级人民法院（2023）沪 02 民终 3658 号民事判决书	125
前海开源资产管理有限公司、深圳市锦安基金销售有限公司委托理财合同纠纷案	广东省中级人民法院（2020）粤 03 民终 19093 号、19097 号、19099 号民事判决书	183
强某延与曹某波、山东瀚霖生物技术有限公司股权转让纠纷案	最高人民法院（2016）最高法民再 128 号民事判决书	199
上海保挣网络科技有限公司、上海车征网络科技有限公司等与上海奋泰企业管理中心合同纠纷案	上海市第二中级人民法院（2019）沪 02 民终 681 号民事判决书	140
上海富电科技有限公司与西北工业集团有限公司等公司增资纠纷案	上海市第一中级人民法院（2019）沪 01 民终 11265 号民事判决书	136
上海佳晔苌清股权投资基金管理有限公司诉邱某茹委托理财合同纠纷案	上海市第一中级人民法院（2018）沪 01 民终 1643 号民事判决书	186
上海钜派投资集团有限公司等与陈某鑫其他合同纠纷案	上海金融法院（2021）沪 74 民终 1743 号民事判决书	193
上海钜派投资集团有限公司与周某华合同纠纷案	上海金融法院（2021）沪 74 民终 375 号民事判决书	191

续表

裁判文书		
案件名称	文书信息	页码
邵某与万方财富投资管理有限公司等合同纠纷案	北京市朝阳区人民法院（2021）京0105民初33105号民事判决书	185，190
深圳爱华红润一号投资中心、辽宁东祥金店珠宝有限公司等合伙协议纠纷案	广东省深圳市中级人民法院（2020）粤03民终27383号民事判决书	140
深圳前海海润国际并购基金管理有限公司、深圳市如森投资发展有限公司借款合同纠纷案	广东省深圳市中级人民法院（2020）粤03民终20473号民事判决书	197
石某强、甘某、重庆促新实业有限公司等股权转让纠纷案	四川省成都市中级人民法院（2018）川01民终14901号民事判决书	143
宋某晶、杨某兰、国泰君安证券股份有限公司委托理财合同纠纷案	山东省临沂市罗庄区人民法院（2020）鲁1311民初180号民事判决书	192
谭某平、宋某等与公司有关的纠纷案	广东省东莞市第一人民法院（2021）粤1971民初25161号民事判决书	143
谭某麟与南方财经私募股权投资基金（贵州）有限公司合同纠纷案	重庆市渝中区人民法院（2018）渝0103民初41号	193
唐某蔓、曾某股权转让纠纷案	四川省成都市中级人民法院（2018）川01民终13214号民事判决书	135
武汉缤购城置业有限公司、国通信托有限责任公司借款合同纠纷案	最高人民法院（2019）最高法民终1532号民事判决书	198
西安陕鼓汽轮机有限公司与高某华、程某公司关联交易损害责任纠纷案	最高人民法院（2021）最高法民再181号民事判决书	188
西双版纳安华房地产有限公司、郭某科民间借贷纠纷案	最高人民法院（2019）最高法民终793号民事判决书	198

案例索引

续表

裁判文书		
案件名称	文书信息	页码
霞浦县福宁大沙工业区开发有限公司与福建省闽泰钢业有限公司合同纠纷案	福建省霞浦县人民法院（2015）霞民初字第874号民事判决书	118
咸宁循环优选一期股权投资基金合伙企业与浙江之信控股集团有限公司、浙江遨优动力系统有限公司合同纠纷案	湖北省咸宁市中级人民法院（2020）鄂12民初5号民事判决书	124，139
湘潭智造谷产业投资管理有限责任公司、湖南萌境智能三维技术有限公司等合同纠纷案	湖南省湘潭市岳塘区人民法院（2021）湘0304民初2842号民事判决书	118
新川投资管理（上海）有限公司与李某某止等其他合同纠纷案	上海金融法院（2022）沪74民终1474号民事判决书	183，185
新疆峰石盛茂股权投资管理有限公司与朱某证券投资基金回购合同纠纷案	上海金融法院（2021）沪74民终545号民事判决书	178
新疆信达银通置业有限公司与乌鲁木齐和泰嘉美房地产开发有限公司、新疆鼎盛世锦房地产开发有限公司合同纠纷案	新疆维吾尔自治区乌鲁木齐市新市区人民法院（2020）新0104民初6144号民事判决书	112，117
杨某等委托合同纠纷案	上海金融法院（2022）沪74民终1235号民事判决书	183
鹰潭市当代投资集团有限公司与射洪县人民政府、四川沱牌舍得集团有限公司合同纠纷案	福建省厦门市中级人民法院（2016）闽02民终2909号民事判决书	112
原告A公司与被告B公司股权转让纠纷案	载上海市虹口区人民法院《涉股权转让类纠纷：13个审判难点问题+典型案例》	129

207

续表

裁判文书		
案件名称	文书信息	页码
张某力与汉富控股有限公司案	北京市朝阳区人民法院（2020）京0105民初65456号民事判决书	192
中国光大银行股份有限公司北京分行等与陈某萍委托理财合同纠纷	北京市第二中级人民法院（2019）京02民终8082号民事判决书	192
中信证券股份有限公司、韩某平证券投资基金交易纠纷案	山东省泰安市中级人民法院（2020）鲁09执复48号执行裁定书	192
周某新与北京信文资本管理有限公司等合同纠纷案	北京市朝阳区人民法院（2020）京0105民初56741号民事判决书	186

行政处罚		
名称	文书信息	页码
《关于对新余济达投资有限公司采取出具警示函措施的决定》	江西证监局〔2023〕1号，2023年1月3日出具	190
《关于对内蒙古光锋私募基金管理有限公司采取出具警示函措施的决定》	内蒙古证监局〔2022〕6号，2022年6月24日出具	187
《行政监管措施决定书》	上海证监局沪证监决〔2020〕44号，2020年2月28日出具	182
《中国证券监督管理委员会上海监管局行政处罚决定书》	上海证监局沪〔2022〕28号，2022年12月14日出具	190

图表索引

图1　私募基金备案简要流程 …………………………… 029
图2　横向份额分割式投资单元 ………………………… 046
图3　纵向阶段划分式投资单元 ………………………… 047
图4　私募基金募集流程 ………………………………… 062
图5　在线特定对象确定程序 …………………………… 067
图6　适当性指引实施指导原则 ………………………… 068
图7　风险等级划分类型 ………………………………… 071
图8　投资者评估数据库动态管理 ……………………… 075
图9　风险承受能力 ……………………………………… 076
图10　普通投资者和专业投资者转化条件 …………… 077
图11　专业投资者转化为普通投资者程序 …………… 077
图12　普通投资者转化为专业投资者程序 …………… 078
图13　适当性匹配原则 ………………………………… 078
图14　跨级购买特殊程序 ……………………………… 080
图15　私募股权投资基本流程 ………………………… 089
图16　投后管理的作用 ………………………………… 165
图17　投后管理工作流程 ……………………………… 167

表 1	专业能力胜任要求	014
表 2	相关人员禁入情形以及触发中基协严格审查规定的情形	015
表 3	实际控制人的认定路径	020
表 4	私募基金管理人的出资资格要求	022
表 5	私募基金类型	031
表 6	"重要信息"释义	033
表 7	私募股权基金扩募要求	034
表 8	维持运作机制相关条款核心要素及参考范例	036
表 9	私募基金初始实缴募集资金规模要求	039
表 10	单个投资者首次出资最低限额要求例外情形	040
表 11	资金池业务典型违规操作	042
表 12	私募基金投资范围要求	043
表 13	私募股权基金投资规范要求	044
表 14	私募基金负债杠杆限制	048
表 15	私募基金分级杠杆限制	049
表 16	分级私募基金备案关注要点	049
表 17	关联交易相关条款核心要素及参考范例	051
表 18	私募基金业绩报酬计提规范要求	053
表 19	申请材料目录	056
表 20	私募基金合格投资者相关规定	063
表 21	私募基金募集中禁止行为	064
表 22	投资者问卷调查主要内容	066
表 23	专业投资者范围	073
表 24	适当性义务下的基金销售规范	079
表 25	募集推介材料内容清单	081
表 26	禁止的推介行为及媒介渠道	082
表 27	非上市公司股权投资常见估值方法	122
表 28	私募基金信息披露主要内容	163

主要参考文献

［1］中国证券投资基金业协会：《私募股权投资基金行业合规管理手册》，中国财政经济出版社 2021 年版。

［2］孙名琦：《从管理人设立到投资退出：私募基金合规实务》（第 2 版），法律出版社 2020 年版。

［3］李甘编著：《风险投资合同起草审查指南》，法律出版社 2020 年版。

［4］向飞：《对赌游戏：股权投资的对赌机制法律实务》，法律出版社 2020 年版。

［5］徐沫主编：《私募股权投资基金法律实务》，中国人民大学出版社 2022 年版。

［6］Venture Capital and Private Equity Contracting［M］. Elsevier Inc.：2014－01－01.

［7］高蔚卿、王晓光：《私募股权基金：制度解析与业务实践》，中国法制出版社 2018 年版。

［8］狄朝平、于玲玲：《国有私募基金份额退出路径解析》，载《上海国资》2023 年第 2 期。

［9］杨春宝：《私募基金定向减资退出的困境》，载《中国金融》2023 年第 2 期。

［10］郭魏：《意向书的法律性质和效力》，载《人民司法》2015 年第 22 期。

［11］金涛：《金融消费者保护中的适当性制度分析》，载《扬州大学学报（人文社会科学版）》2020 年第 6 期。

［12］许可：《私募基金管理人义务统合论》，载《北方法学》2016年第2期。

［13］上海高院：《涉股权转让类纠纷：13个审判难点问题+典型案例》，载新浪微博2023年11月16日，https：//www.weibo.com/ttarticle/p/show? id = 2309404968657100079797。

［14］张雪：《私募股权投资退出方式研究》，对外经济贸易大学2018年硕士学位论文。

［15］睦琨：《中国私募股权投资退出方式比较及案例分析》，厦门大学2020年硕士学位论文。

［16］李田：《私募股权投资基金退出方式浅析》，载微信公众号"轴文承法融"2024年2月21日，https：//mp.weixin.qq.com/s/T4X51891wndvbNYSyEUzsQ。

［17］义信资本：《私募基金退出系列（一）：私募基金IPO退出锁定期的关注要点》，载微信公众号"义信资本"2021年3月25日，https：//mp.weixin.qq.com/s/cgijsQgQz0JvupB3R3dmKw。

［18］基小律：《私募基金退出系列（二）：私募基金IPO退出减持的关注要点》，载微信公众号"站长的PE早餐"2021年4月15日，https：//mp.weixin.qq.com/s/0LLaqNkVOFmFE4Yzhj34eg。

［19］雷小龙、王平平：《私募基金退出系列研究（二）：IPO退出路径详解》，载微信公众号"道或律师事务所"2023年9月18日，https：//mp.weixin.qq.com/s/E_3Ep6_DTjlf_9uPkw51RA。

核心监管规则

附录一

私募投资基金监督管理条例

（2023年6月16日国务院第8次常务会议通过 2023年7月3日国务院令第762号公布，自2023年9月1日起施行）

第一章 总 则

第一条 为了规范私募投资基金（以下简称私募基金）业务活动，保护投资者以及相关当事人的合法权益，促进私募基金行业规范健康发展，根据《中华人民共和国证券投资基金法》（以下简称《证券投资基金法》）、《中华人民共和国信托法》、《中华人民共和国公司法》、《中华人民共和国合伙企业法》等法律，制定本条例。

第二条 在中华人民共和国境内，以非公开方式募集资金，设立投资基金或者以进行投资活动为目的依法设立公司、合伙企业，由私募基金管理人或者普通合伙人管理，为投资者的利益进行投资活动，适用本条例。

第三条 国家鼓励私募基金行业规范健康发展，发挥服务实体经济、促进科技创新等功能作用。

从事私募基金业务活动，应当遵循自愿、公平、诚信原则，保护投资者合法权益，不得违反法律、行政法规和国家政策，不得违背公序良俗，不得损害国家利益、社会公共利益和他人合法权益。

私募基金管理人管理、运用私募基金财产，私募基金托管人托管私募基金财产，私募基金服务机构从事私募基金服务业务，应当遵守法律、行政法规规定，恪尽职守，履行诚实守信、谨慎勤勉的义务。

私募基金从业人员应当遵守法律、行政法规规定，恪守职业道德和行为规范，按照规定接受合规和专业能力培训。

第四条 私募基金财产独立于私募基金管理人、私募基金托管人的固有财产。私募基金财产的债务由私募基金财产本身承担，但法律另有规定的除外。

投资者按照基金合同、公司章程、合伙协议（以下统称基金合同）约定分配收益和承担风险。

第五条 私募基金业务活动的监督管理，应当贯彻党和国家路线方针政策、决策部署。国务院证券监督管理机构依照法律和本条例规定对私募基金业务活动实施监督管理，其派出机构依照授权履行职责。

国家对运用一定比例政府资金发起设立或者参股的私募基金的监督管理另有规定的，从其规定。

第六条 国务院证券监督管理机构根据私募基金管理人业务类型、管理资产规模、持续合规情况、风险控制情况和服务投资者能力等，对私募基金管理人实施差异化监督管理，并对创业投资等股权投资、证券投资等不同类型的私募基金实施分类监督管理。

第二章 私募基金管理人和私募基金托管人

第七条 私募基金管理人由依法设立的公司或者合伙企业担任。

以合伙企业形式设立的私募基金，资产由普通合伙人管理的，普通合伙人适用本条例关于私募基金管理人的规定。

私募基金管理人的股东、合伙人以及股东、合伙人的控股股东、实际控制人，控股或者实际控制其他私募基金管理人的，应当符合国务院证券监督管理机构的规定。

第八条 有下列情形之一的，不得担任私募基金管理人，不得成为私募基金管理人的控股股东、实际控制人或者普通合伙人：

（一）本条例第九条规定的情形；

附录一
核心监管规则

（二）因本条例第十四条第一款第三项所列情形被注销登记，自被注销登记之日起未逾3年的私募基金管理人，或者为该私募基金管理人的控股股东、实际控制人、普通合伙人；

（三）从事的业务与私募基金管理存在利益冲突；

（四）有严重不良信用记录尚未修复。

第九条 有下列情形之一的，不得担任私募基金管理人的董事、监事、高级管理人员、执行事务合伙人或者委派代表：

（一）因犯有贪污贿赂、渎职、侵犯财产罪或者破坏社会主义市场经济秩序罪，被判处刑罚；

（二）最近3年因重大违法违规行为被金融管理部门处以行政处罚；

（三）对所任职的公司、企业因经营不善破产清算或者因违法被吊销营业执照负有个人责任的董事、监事、厂长、高级管理人员、执行事务合伙人或者委派代表，自该公司、企业破产清算终结或者被吊销营业执照之日起未逾5年；

（四）所负债务数额较大，到期未清偿或者被纳入失信被执行人名单；

（五）因违法行为被开除的基金管理人、基金托管人、证券期货交易场所、证券公司、证券登记结算机构、期货公司以及其他机构的从业人员和国家机关工作人员；

（六）因违法行为被吊销执业证书或者被取消资格的律师、注册会计师和资产评估机构、验证机构的从业人员、投资咨询从业人员，自被吊销执业证书或者被取消资格之日起未逾5年；

（七）担任因本条例第十四条第一款第三项所列情形被注销登记的私募基金管理人的法定代表人、执行事务合伙人或者委派代表，或者负有责任的高级管理人员，自该私募基金管理人被注销登记之日起未逾3年。

第十条 私募基金管理人应当依法向国务院证券监督管理机构委托的机构（以下称登记备案机构）报送下列材料，履行登记手续：

（一）统一社会信用代码；

（二）公司章程或者合伙协议；

（三）股东、实际控制人、董事、监事、高级管理人员，普通合伙人、执行事务合伙人或者委派代表的基本信息，股东、实际控制人、合伙人相关受益所有人信息；

（四）保证报送材料真实、准确、完整和遵守监督管理规定的信用承诺书；

（五）国务院证券监督管理机构规定的其他材料。

私募基金管理人的控股股东、实际控制人、普通合伙人、执行事务合伙人或者委派代表等重大事项发生变更的，应当按照规定向登记备案机构履行变更登记手续。

登记备案机构应当公示已办理登记的私募基金管理人相关信息。

未经登记，任何单位或者个人不得使用"基金"或者"基金管理"字样或者近似名称进行投资活动，但法律、行政法规和国家另有规定的除外。

第十一条 私募基金管理人应当履行下列职责：

（一）依法募集资金，办理私募基金备案；

（二）对所管理的不同私募基金财产分别管理、分别记账，进行投资；

（三）按照基金合同约定管理私募基金并进行投资，建立有效的风险控制制度；

（四）按照基金合同约定确定私募基金收益分配方案，向投资者分配收益；

（五）按照基金合同约定向投资者提供与私募基金管理业务活动相关的信息；

（六）保存私募基金财产管理业务活动的记录、账册、报表和其他有关资料；

（七）国务院证券监督管理机构规定和基金合同约定的其他职责。

以非公开方式募集资金设立投资基金的，私募基金管理人还应当以自己的名义，为私募基金财产利益行使诉讼权利或者实施其他法律行为。

第十二条 私募基金管理人的股东、实际控制人、合伙人不得有下列行为：

（一）虚假出资、抽逃出资、委托他人或者接受他人委托出资；

（二）未经股东会或者董事会决议等法定程序擅自干预私募基金管理人的业务活动；

（三）要求私募基金管理人利用私募基金财产为自己或者他人牟取利益，损害投资者利益；

（四）法律、行政法规和国务院证券监督管理机构规定禁止的其他行为。

第十三条 私募基金管理人应当持续符合下列要求：

（一）财务状况良好，具有与业务类型和管理资产规模相适应的运营资金；

（二）法定代表人、执行事务合伙人或者委派代表、负责投资管理的高级管理人员按国务院证券监督管理机构规定持有一定比例的私募基金管理人的股权或者财产份额，但国家另有规定的除外；

（三）国务院证券监督管理机构规定的其他要求。

第十四条 私募基金管理人有下列情形之一的，登记备案机构应当及时注销私募基金管理人登记并予以公示：

（一）自行申请注销登记；

（二）依法解散、被依法撤销或者被依法宣告破产；

（三）因非法集资、非法经营等重大违法行为被追究法律责任；

（四）登记之日起 12 个月内未备案首只私募基金；

（五）所管理的私募基金全部清算后，自清算完毕之日起 12 个月内未备案新的私募基金；

（六）国务院证券监督管理机构规定的其他情形。

登记备案机构注销私募基金管理人登记前，应当通知私募基金管理人清算私募基金财产或者依法将私募基金管理职责转移给其他经登记的私募基金管理人。

第十五条 除基金合同另有约定外，私募基金财产应当由私募基金托管人托管。私募基金财产不进行托管的，应当明确保障私募基金财产安全的制度措施和纠纷解决机制。

第十六条 私募基金财产进行托管的，私募基金托管人应当依法履行职责。

私募基金托管人应当依法建立托管业务和其他业务的隔离机制，保证私募基金财产的独立和安全。

第三章 资金募集和投资运作

第十七条 私募基金管理人应当自行募集资金，不得委托他人募集资金，但国务院证券监督管理机构另有规定的除外。

第十八条 私募基金应当向合格投资者募集或者转让，单只私募基金的投资者累计不得超过法律规定的人数。私募基金管理人不得采取为单一融资项目设立多只私募基金等方式，突破法律规定的人数限制；不得采取将私募基金份额或者收益权进行拆分转让等方式，降低合格投资者标准。

前款所称合格投资者，是指达到规定的资产规模或者收入水平，并且具备相应的风险识别能力和风险承担能力，其认购金额不低于规定限额的单位和个人。

合格投资者的具体标准由国务院证券监督管理机构规定。

第十九条 私募基金管理人应当向投资者充分揭示投资风险，根据投资者的风险识别能力和风险承担能力匹配不同风险等级的私募基金产品。

第二十条 私募基金不得向合格投资者以外的单位和个人募集或者转让；不得向为他人代持的投资者募集或者转让；不得通过报刊、电台、电视台、互联网等大众传播媒介，电话、短信、即时通讯工具、电子邮件、传单，或者讲座、报告会、分析会等方式向不特定对象宣传推介；不得以虚假、片面、夸大等方式宣传推介；不得以私募基金托管人名义宣传推介；不得向投资者承诺投资本金不受损失或者承诺最低收益。

第二十一条 私募基金管理人运用私募基金财产进行投资的，在以私募基金管理人名义开立账户、列入所投资企业股东名册或者持有其他私募基金财产时，应当注明私募基金名称。

第二十二条 私募基金管理人应当自私募基金募集完毕之日起20个工作日内，向登记备案机构报送下列材料，办理备案：

（一）基金合同；

（二）托管协议或者保障私募基金财产安全的制度措施；

（三）私募基金财产证明文件；

（四）投资者的基本信息、认购金额、持有基金份额的数量及其受益所有人相关信息；

（五）国务院证券监督管理机构规定的其他材料。

私募基金应当具有保障基本投资能力和抗风险能力的实缴募集资金规模。登记备案机构根据私募基金的募集资金规模等情况实施分类公示，对募集的资金总额或者投资者人数达到规定标准的，应当向国务院证券监督管理机构报告。

第二十三条 国务院证券监督管理机构应当建立健全私募基金监测机制，对私募基金及其投资者份额持有情况等进行集中监测，具体办法由国务院证券监督管理机构规定。

第二十四条 私募基金财产的投资包括买卖股份有限公司股份、有限责任公司股权、债券、基金份额、其他证券及其衍生品种以及符合国务院证券监督管理机构规定的其他投资标的。

私募基金财产不得用于经营或者变相经营资金拆借、贷款等业务。私募基金管理人不得以要求地方人民政府承诺回购本金等方式变相增加政府隐性债务。

附录一
核心监管规则

第二十五条 私募基金的投资层级应当遵守国务院金融管理部门的规定。但符合国务院证券监督管理机构规定条件，将主要基金财产投资于其他私募基金的私募基金不计入投资层级。

创业投资基金、本条例第五条第二款规定私募基金的投资层级，由国务院有关部门规定。

第二十六条 私募基金管理人应当遵循专业化管理原则，聘用具有相应从业经历的高级管理人员负责投资管理、风险控制、合规等工作。

私募基金管理人应当遵循投资者利益优先原则，建立从业人员投资申报、登记、审查、处置等管理制度，防范利益输送和利益冲突。

第二十七条 私募基金管理人不得将投资管理职责委托他人行使。

私募基金管理人委托其他机构为私募基金提供证券投资建议服务的，接受委托的机构应当为《证券投资基金法》规定的基金投资顾问机构。

第二十八条 私募基金管理人应当建立健全关联交易管理制度，不得以私募基金财产与关联方进行不正当交易或者利益输送，不得通过多层嵌套或者其他方式进行隐瞒。

私募基金管理人运用私募基金财产与自己、投资者、所管理的其他私募基金、其实际控制人控制的其他私募基金管理人管理的私募基金，或者与其有重大利害关系的其他主体进行交易的，应当履行基金合同约定的决策程序，并及时向投资者和私募基金托管人提供相关信息。

第二十九条 私募基金管理人应当按照规定聘请会计师事务所对私募基金财产进行审计，向投资者提供审计结果，并报送登记备案机构。

第三十条 私募基金管理人、私募基金托管人及其从业人员不得有下列行为：

（一）将其固有财产或者他人财产混同于私募基金财产；

（二）利用私募基金财产或者职务便利，为投资者以外的人牟取利益；

（三）侵占、挪用私募基金财产；

（四）泄露因职务便利获取的未公开信息，利用该信息从事或者明示、暗示他人从事相关的证券、期货交易活动；

（五）法律、行政法规和国务院证券监督管理机构规定禁止的其他行为。

第三十一条 私募基金管理人在资金募集、投资运作过程中，应当按照国务院证券监督管理机构的规定和基金合同约定，向投资者提供信息。

私募基金财产进行托管的，私募基金管理人应当按照国务院证券监督管理机构的规定和托管协议约定，及时向私募基金托管人提供投资者基本信息、投资标的权属变更证明材料等信息。

第三十二条 私募基金管理人、私募基金托管人及其从业人员提供、报送的信息应当真实、准确、完整，不得有下列行为：

（一）虚假记载、误导性陈述或者重大遗漏；

（二）对投资业绩进行预测；

（三）向投资者承诺投资本金不受损失或者承诺最低收益；

（四）法律、行政法规和国务院证券监督管理机构规定禁止的其他行为。

第三十三条 私募基金管理人、私募基金托管人、私募基金服务机构应当按照国务院证券监督管理机构的规定，向登记备案机构报送私募基金投资运作等信息。登记备案机构应当根据不同私募基金类型，对报送信息的内容、频次等作出规定，并汇总分析私募基金行业情况，向国务院证券监督管理机构报送私募基金行业相关信息。

登记备案机构应当加强风险预警，发现可能存在重大风险的，及时采取措施并向国务院证券监督管理机构报告。

登记备案机构应当对本条第一款规定的信息保密，除法律、行政法规另有规定外，不得对外提供。

第三十四条 因私募基金管理人无法正常履行职责或者出现重大风险等情形，导致私募基金无法正常运作、终止的，由基金合同约定或者有关规定确定的其他专业机构，行使更换私募基金管理人、修改或者提前终止基金合同、组织私募基金清算等职权。

第四章 关于创业投资基金的特别规定

第三十五条 本条例所称创业投资基金，是指符合下列条件的私募基金：

（一）投资范围限于未上市企业，但所投资企业上市后基金所持股份的未转让部分及其配售部分除外；

（二）基金名称包含"创业投资基金"字样，或者在公司、合伙企业经营范围中包含"从事创业投资活动"字样；

附录一
核心监管规则

（三）基金合同体现创业投资策略；

（四）不使用杠杆融资，但国家另有规定的除外；

（五）基金最低存续期限符合国家有关规定；

（六）国家规定的其他条件。

第三十六条 国家对创业投资基金给予政策支持，鼓励和引导其投资成长性、创新性创业企业，鼓励长期资金投资于创业投资基金。

国务院发展改革部门负责组织拟定促进创业投资基金发展的政策措施。国务院证券监督管理机构和国务院发展改革部门建立健全信息和支持政策共享机制，加强创业投资基金监督管理政策和发展政策的协同配合。登记备案机构应当及时向国务院证券监督管理机构和国务院发展改革部门报送与创业投资基金相关的信息。

享受国家政策支持的创业投资基金，其投资应当符合国家有关规定。

第三十七条 国务院证券监督管理机构对创业投资基金实施区别于其他私募基金的差异化监督管理：

（一）优化创业投资基金营商环境，简化登记备案手续；

（二）对合法募资、合规投资、诚信经营的创业投资基金在资金募集、投资运作、风险监测、现场检查等方面实施差异化监督管理，减少检查频次；

（三）对主要从事长期投资、价值投资、重大科技成果转化的创业投资基金在投资退出等方面提供便利。

第三十八条 登记备案机构在登记备案、事项变更等方面对创业投资基金实施区别于其他私募基金的差异化自律管理。

第五章 监督管理

第三十九条 国务院证券监督管理机构对私募基金业务活动实施监督管理，依法履行下列职责：

（一）制定有关私募基金业务活动监督管理的规章、规则；

（二）对私募基金管理人、私募基金托管人以及其他机构从事私募基金业务活动进行监督管理，对违法行为进行查处；

（三）对登记备案和自律管理活动进行指导、检查和监督；

（四）法律、行政法规规定的其他职责。

第四十条　国务院证券监督管理机构依法履行职责，有权采取下列措施：

（一）对私募基金管理人、私募基金托管人、私募基金服务机构进行现场检查，并要求其报送有关业务资料；

（二）进入涉嫌违法行为发生场所调查取证；

（三）询问当事人和与被调查事件有关的单位和个人，要求其对与被调查事件有关的事项作出说明；

（四）查阅、复制与被调查事件有关的财产权登记、通讯记录等资料；

（五）查阅、复制当事人和与被调查事件有关的单位和个人的证券交易记录、登记过户记录、财务会计资料以及其他有关文件和资料；对可能被转移、隐匿或者毁损的文件和资料，可以予以封存；

（六）依法查询当事人和与被调查事件有关的账户信息；

（七）法律、行政法规规定的其他措施。

为防范私募基金风险，维护市场秩序，国务院证券监督管理机构可以采取责令改正、监管谈话、出具警示函等措施。

第四十一条　国务院证券监督管理机构依法进行监督检查或者调查时，监督检查或者调查人员不得少于2人，并应当出示执法证件和监督检查、调查通知书或者其他执法文书。对监督检查或者调查中知悉的商业秘密、个人隐私，依法负有保密义务。

被检查、调查的单位和个人应当配合国务院证券监督管理机构依法进行的监督检查或者调查，如实提供有关文件和资料，不得拒绝、阻碍和隐瞒。

第四十二条　国务院证券监督管理机构发现私募基金管理人违法违规，或者其内部治理结构和风险控制管理不符合规定的，应当责令限期改正；逾期未改正，或者行为严重危及该私募基金管理人的稳健运行、损害投资者合法权益的，国务院证券监督管理机构可以区别情形，对其采取下列措施：

（一）责令暂停部分或者全部业务；

（二）责令更换董事、监事、高级管理人员、执行事务合伙人或者委派代表，或者限制其权利；

（三）责令负有责任的股东转让股权、负有责任的合伙人转让财产份额，限制负有责任的股东或者合伙人行使权利；

（四）责令私募基金管理人聘请或者指定第三方机构对私募基金财产进行审

附录一
核心监管规则

计，相关费用由私募基金管理人承担。

私募基金管理人违法经营或者出现重大风险，严重危害市场秩序、损害投资者利益的，国务院证券监督管理机构除采取前款规定的措施外，还可以对该私募基金管理人采取指定其他机构接管、通知登记备案机构注销登记等措施。

第四十三条　国务院证券监督管理机构应当将私募基金管理人、私募基金托管人、私募基金服务机构及其从业人员的诚信信息记入资本市场诚信数据库和全国信用信息共享平台。国务院证券监督管理机构会同国务院有关部门依法建立健全私募基金管理人以及有关责任主体失信联合惩戒制度。

国务院证券监督管理机构会同其他金融管理部门等国务院有关部门和省、自治区、直辖市人民政府建立私募基金监督管理信息共享、统计数据报送和风险处置协作机制。处置风险过程中，有关地方人民政府应当采取有效措施维护社会稳定。

第六章　法律责任

第四十四条　未依照本条例第十条规定履行登记手续，使用"基金"或者"基金管理"字样或者近似名称进行投资活动的，责令改正，没收违法所得，并处违法所得1倍以上5倍以下的罚款；没有违法所得或者违法所得不足100万元的，并处10万元以上100万元以下的罚款。对直接负责的主管人员和其他直接责任人员给予警告，并处3万元以上30万元以下的罚款。

第四十五条　私募基金管理人的股东、实际控制人、合伙人违反本条例第十二条规定的，责令改正，给予警告或者通报批评，没收违法所得，并处违法所得1倍以上5倍以下的罚款；没有违法所得或者违法所得不足100万元的，并处10万元以上100万元以下的罚款。对直接负责的主管人员和其他直接责任人员给予警告或者通报批评，并处3万元以上30万元以下的罚款。

第四十六条　私募基金管理人违反本条例第十三条规定的，责令改正；拒不改正的，给予警告或者通报批评，并处10万元以上100万元以下的罚款，责令其停止私募基金业务活动并予以公告。对直接负责的主管人员和其他直接责任人员给予警告或者通报批评，并处3万元以上30万元以下的罚款。

第四十七条　违反本条例第十六条第二款规定，私募基金托管人未建立业务隔离机制的，责令改正，给予警告或者通报批评，并处5万元以上50万元以下的罚款。对直接负责的主管人员和其他直接责任人员给予警告或者通报批评，并处 3 万元以上 30 万元以下的罚款。

第四十八条 违反本条例第十七条、第十八条、第二十条关于私募基金合格投资者管理和募集方式等规定的，没收违法所得，并处违法所得 1 倍以上 5 倍以下的罚款；没有违法所得或者违法所得不足 100 万元的，并处 10 万元以上 100 万元以下的罚款。对直接负责的主管人员和其他直接责任人员给予警告，并处 3 万元以上 30 万元以下的罚款。

第四十九条 违反本条例第十九条规定，未向投资者充分揭示投资风险，并误导其投资与其风险识别能力和风险承担能力不匹配的私募基金产品的，给予警告或者通报批评，并处 10 万元以上 30 万元以下的罚款；情节严重的，责令其停止私募基金业务活动并予以公告。对直接负责的主管人员和其他直接责任人员给予警告或者通报批评，并处 3 万元以上 10 万元以下的罚款。

第五十条 违反本条例第二十二条第一款规定，私募基金管理人未对募集完毕的私募基金办理备案的，处 10 万元以上 30 万元以下的罚款。对直接负责的主管人员和其他直接责任人员给予警告，并处 3 万元以上 10 万元以下的罚款。

第五十一条 违反本条例第二十四条第二款规定，将私募基金财产用于经营或者变相经营资金拆借、贷款等业务，或者要求地方人民政府承诺回购本金的，责令改正，给予警告或者通报批评，没收违法所得，并处 10 万元以上 100 万元以下的罚款。对直接负责的主管人员和其他直接责任人员给予警告或者通报批评，并处 3 万元以上 30 万元以下的罚款。

第五十二条 违反本条例第二十六条规定，私募基金管理人未聘用具有相应从业经历的高级管理人员负责投资管理、风险控制、合规等工作，或者未建立从业人员投资申报、登记、审查、处置等管理制度的，责令改正，给予警告或者通报批评，并处 10 万元以上 100 万元以下的罚款。对直接负责的主管人员和其他直接责任人员给予警告或者通报批评，并处 3 万元以上 30 万元以下的罚款。

第五十三条 违反本条例第二十七条规定，私募基金管理人委托他人行使投资管理职责，或者委托不符合《证券投资基金法》规定的机构提供证券投资建议服务的，责令改正，给予警告或者通报批评，没收违法所得，并处 10 万元以上 100 万元以下的罚款。对直接负责的主管人员和其他直接责任人员给予警告或者通报批评，并处 3 万元以上 30 万元以下的罚款。

第五十四条 违反本条例第二十八条规定，私募基金管理人从事关联交易

附录一
核心监管规则

的，责令改正，给予警告或者通报批评，没收违法所得，并处 10 万元以上 100 万元以下的罚款。对直接负责的主管人员和其他直接责任人员给予警告或者通报批评，并处 3 万元以上 30 万元以下的罚款。

第五十五条 私募基金管理人、私募基金托管人及其从业人员有本条例第三十条所列行为之一的，责令改正，给予警告或者通报批评，没收违法所得，并处违法所得 1 倍以上 5 倍以下的罚款；没有违法所得或者违法所得不足 100 万元的，并处 10 万元以上 100 万元以下的罚款。对直接负责的主管人员和其他直接责任人员给予警告或者通报批评，并处 3 万元以上 30 万元以下的罚款。

第五十六条 私募基金管理人、私募基金托管人及其从业人员未依照本条例规定提供、报送相关信息，或者有本条例第三十二条所列行为之一的，责令改正，给予警告或者通报批评，没收违法所得，并处 10 万元以上 100 万元以下的罚款。对直接负责的主管人员和其他直接责任人员给予警告或者通报批评，并处 3 万元以上 30 万元以下的罚款。

第五十七条 私募基金服务机构及其从业人员违反法律、行政法规规定，未恪尽职守、勤勉尽责的，责令改正，给予警告或者通报批评，并处 10 万元以上 30 万元以下的罚款；情节严重的，责令其停止私募基金服务业务。对直接负责的主管人员和其他直接责任人员给予警告或者通报批评，并处 3 万元以上 10 万元以下的罚款。

第五十八条 私募基金管理人、私募基金托管人、私募基金服务机构及其从业人员违反本条例或者国务院证券监督管理机构的有关规定，情节严重的，国务院证券监督管理机构可以对有关责任人员采取证券期货市场禁入措施。

拒绝、阻碍国务院证券监督管理机构及其工作人员依法行使监督检查、调查职权，由国务院证券监督管理机构责令改正，处 10 万元以上 100 万元以下的罚款；构成违反治安管理行为的，由公安机关依法给予治安管理处罚；构成犯罪的，依法追究刑事责任。

第五十九条 国务院证券监督管理机构、登记备案机构的工作人员玩忽职守、滥用职权、徇私舞弊或者利用职务便利索取或者收受他人财物的，依法给予处分；构成犯罪的，依法追究刑事责任。

第六十条 违反本条例规定和基金合同约定，依法应当承担民事赔偿责任和缴纳罚款、被没收违法所得，其财产不足以同时支付时，先承担民事赔偿责任。

第七章 附 则

第六十一条 外商投资私募基金管理人的管理办法，由国务院证券监督管理机构会同国务院有关部门依照外商投资法律、行政法规和本条例制定。

境外机构不得直接向境内投资者募集资金设立私募基金，但国家另有规定的除外。

私募基金管理人在境外开展私募基金业务活动，应当符合国家有关规定。

第六十二条 本条例自2023年9月1日起施行。

关于发布《私募投资基金登记备案办法》的公告

中基协发〔2023〕5号

为了规范私募投资基金业务，保护投资者合法权益，促进行业健康发展，中国证券投资基金业协会（以下简称协会）将《私募投资基金管理人登记和基金备案办法（试行）》修订为《私募投资基金登记备案办法》（以下简称《办法》），经协会理事会审议通过，现予发布，自2023年5月1日起施行。为确保新旧规则有序衔接过渡和《办法》的顺利实施，现将有关事项公告如下：

一、《办法》施行前已提交办理的登记、备案和信息变更等业务，协会按照现行规则办理。施行后提交办理的登记、备案和信息变更业务，协会按照《办法》办理。

二、已登记的私募基金管理人在《办法》施行后提交办理除实际控制权外的登记备案信息变更的，相关变更事项应当符合《办法》的规定。提交办理实际控制权变更的，变更后的私募基金管理人应当全面符合《办法》的登记要求。

三、自2023年5月1日起，《办法》施行前已提交但尚未完成办理的登记、备案及信息变更事项，协会按照《办法》办理。

特此公告。

中国证券投资基金业协会

2023年2月24日

附录一
核心监管规则

第一章 总 则

第一条 为了规范私募投资基金（以下简称私募基金）业务，保护投资者合法权益，促进私募基金行业健康发展，根据《中华人民共和国证券投资基金法》《私募投资基金监督管理暂行办法》等法律、行政法规和中国证券监督管理委员会（以下简称中国证监会）规定，制定本办法。

第二条 在中华人民共和国境内，以非公开方式募集资金设立投资基金，由私募基金管理人管理，为基金份额持有人的利益进行投资活动，适用本办法。

非公开募集资金，以进行投资活动为目的设立的公司或者合伙企业，资产由私募基金管理人或者普通合伙人管理的，其私募基金业务活动适用本办法。

第三条 从事私募基金活动，应当遵循自愿、公平、诚实信用原则，维护投资者合法权益，不得损害国家利益、社会公共利益和他人合法权益。

私募基金管理人、私募基金托管人和私募基金服务机构从事私募基金业务活动，应当遵循投资者利益优先原则，恪尽职守，履行诚实信用、谨慎勤勉的义务，防范利益输送和利益冲突。

私募基金从业人员应当遵守法律、行政法规和有关规定，恪守职业道德和行为规范，具备从事基金业务所需的专业能力。

第四条 私募基金管理人应当按照规定，向中国证券投资基金业协会（以下简称协会）履行登记备案手续，持续报送相关信息。

私募基金管理人应当诚实守信，保证提交的信息及材料真实、准确、完整，不得有虚假记载、误导性陈述或者重大遗漏。

协会按照依法合规、公开透明、便捷高效的原则办理登记备案，对私募基金管理人及其管理的私募基金进行穿透核查。

第五条 协会办理登记备案不表明对私募基金管理人的投资能力、风控合规和持续经营情况作出实质性判断，不作为对私募基金财产安全和投资者收益的保证，也不表明协会对登记备案材料的真实性、准确性、完整性作出保证。

投资者应当充分了解私募基金的投资范围、投资策略和风险收益等信息，根据自身风险承担能力审慎选择私募基金管理人和私募基金，自主判断投资价值，自行承担投资风险。

第六条 协会依法制定章程和行业自律规则，对私募基金行业进行自律管理，保护投资者合法权益，协调行业关系，提供行业服务，促进行业发展。

第七条 协会按照分类管理、扶优限劣的原则，对私募基金管理人和私募基金实施差异化自律管理和行业服务。

协会支持治理结构健全、运营合规稳健、专业能力突出、诚信记录良好的私募基金管理人规范发展，对其办理登记备案业务提供便利。

第二章　私募基金管理人登记

第八条 私募基金管理人应当是在中华人民共和国境内依法设立的公司或者合伙企业，并持续符合下列要求：

（一）财务状况良好，实缴货币资本不低于1000万元人民币或者等值可自由兑换货币，对专门管理创业投资基金的私募基金管理人另有规定的，从其规定；

（二）出资架构清晰、稳定，股东、合伙人和实际控制人具有良好的信用记录，控股股东、实际控制人、普通合伙人具有符合要求的相关经验；

（三）法定代表人、执行事务合伙人或其委派代表、负责投资管理的高级管理人员直接或者间接合计持有私募基金管理人一定比例的股权或者财产份额；

（四）高级管理人员具有良好的信用记录，具备与所任职务相适应的专业胜任能力和符合要求的相关工作经验；专职员工不少于5人，对本办法第十七条规定的私募基金管理人另有规定的，从其规定；

（五）内部治理结构健全、风控合规制度和利益冲突防范机制等完善；

（六）有符合要求的名称、经营范围、经营场所和基金管理业务相关设施；

（七）法律、行政法规、中国证监会和协会规定的其他情形。

商业银行、证券公司、基金管理公司、期货公司、信托公司、保险公司等金融机构控制的私募基金管理人，政府及其授权机构控制的私募基金管理人，受境外金融监管部门监管的机构控制的私募基金管理人以及其他符合规定的私募基金管理人，不适用前款第三项的规定。

第九条 有下列情形之一的，不得担任私募基金管理人的股东、合伙人、实际控制人：

（一）未以合法自有资金出资，以委托资金、债务资金等非自有资金出资，违规通过委托他人或者接受他人委托方式持有股权、财产份额，存在循环出资、交叉持股、结构复杂等情形，隐瞒关联关系；

附 录 一
核心监管规则

（二）治理结构不健全，运作不规范、不稳定，不具备良好的财务状况，资产负债和杠杆比例不适当，不具有与私募基金管理人经营状况相匹配的持续资本补充能力；

（三）控股股东、实际控制人、普通合伙人没有经营、管理或者从事资产管理、投资、相关产业等相关经验，或者相关经验不足5年；

（四）控股股东、实际控制人、普通合伙人、主要出资人在非关联私募基金管理人任职，或者最近5年从事过冲突业务；

（五）法律、行政法规、中国证监会和协会规定的其他情形。

私募基金管理人的实际控制人为自然人的，除另有规定外应当担任私募基金管理人的董事、监事、高级管理人员，或者执行事务合伙人或其委派代表。

第十条 有下列情形之一的，不得担任私募基金管理人的法定代表人、高级管理人员、执行事务合伙人或其委派代表：

（一）最近5年从事过冲突业务；

（二）不符合中国证监会和协会规定的基金从业资格、执业条件；

（三）没有与拟任职务相适应的经营管理能力，或者没有符合要求的相关工作经验；

（四）法律、行政法规、中国证监会和协会规定的其他情形。

私募证券基金管理人法定代表人、执行事务合伙人或其委派代表、经营管理主要负责人以及负责投资管理的高级管理人员应当具有5年以上证券、基金、期货投资管理等相关工作经验。

私募股权基金管理人法定代表人、执行事务合伙人或其委派代表、经营管理主要负责人以及负责投资管理的高级管理人员应当具有5年以上股权投资管理或者相关产业管理等工作经验。

私募基金管理人合规风控负责人应当具有3年以上投资相关的法律、会计、审计、监察、稽核，或者资产管理行业合规、风控、监管和自律管理等相关工作经验。

私募基金管理人负责投资管理的高级管理人员还应当具有符合要求的投资管理业绩。

第十一条 私募基金管理人的法定代表人、高级管理人员、执行事务合伙人或其委派代表应当保证有足够的时间和精力履行职责，对外兼职的应当具有合理性。

私募基金管理人的法定代表人、高级管理人员、执行事务合伙人或其委派代表不得在非关联私募基金管理人、冲突业务机构等与所在机构存在利益冲突的机构兼职，或者成为其控股股东、实际控制人、普通合伙人。

合规风控负责人应当独立履行对私募基金管理人经营管理合规性进行审查、监督、检查等职责，不得从事投资管理业务，不得兼任与合规风控职责相冲突的职务；不得在其他营利性机构兼职，但对本办法第十七条规定的私募基金管理人另有规定的，从其规定。

第十二条 私募基金管理人的法定代表人、高级管理人员、执行事务合伙人或其委派代表以外的其他从业人员应当以所在机构的名义从事私募基金业务活动，不得在其他营利性机构兼职，但对本办法第十七条规定的私募基金管理人另有规定的，从其规定。

第十三条 私募基金管理人应当建立健全内部控制、风险控制和合规管理等制度，保持经营运作合法、合规，保证内部控制健全、有效。

私募基金管理人应当完善防火墙等隔离机制，有效隔离自有资金投资与私募基金业务，与从事冲突业务的关联方采取办公场所、人员、财务、业务等方面的隔离措施，切实防范内幕交易、利用未公开信息交易、利益冲突和利益输送。

第十四条 在境内开展私募证券基金业务且外资持股比例合计不低于25%的私募基金管理人，还应当持续符合下列要求：

（一）私募证券基金管理人为在中国境内设立的公司；

（二）境外股东为所在国家或者地区金融监管部门批准或者许可的金融机构，且所在国家或者地区的证券监管机构已与中国证监会或者中国证监会认可的其他机构签订证券监管合作谅解备忘录；

（三）私募证券基金管理人及其境外股东最近3年没有受到监管机构和司法机关的重大处罚；

（四）资本金及其结汇所得人民币资金的使用，应当符合国家外汇管理部门的相关规定；

（五）在境内从事证券及期货交易，应当独立进行投资决策，不得通过境外机构或者境外系统下达交易指令，中国证监会另有规定的除外；

（六）法律、行政法规、中国证监会和协会规定的其他要求。

附录一
核心监管规则

有境外实际控制人的私募证券基金管理人，该境外实际控制人应当符合前款第二项、第三项的要求。

第十五条 有下列情形之一的，不得担任私募基金管理人，不得成为私募基金管理人的控股股东、实际控制人、普通合伙人或者主要出资人：

（一）有本办法第十六条规定情形；

（二）被协会采取撤销私募基金管理人登记的纪律处分措施，自被撤销之日起未逾3年；

（三）因本办法第二十五条第一款第六项、第八项所列情形被终止办理私募基金管理人登记的机构及其控股股东、实际控制人、普通合伙人，自被终止登记之日起未逾3年；

（四）因本办法第七十七条所列情形被注销登记的私募基金管理人及其控股股东、实际控制人、普通合伙人，自被注销登记之日起未逾3年；

（五）存在重大经营风险或者出现重大风险事件；

（六）从事的业务与私募基金管理存在利益冲突；

（七）有重大不良信用记录尚未修复；

（八）法律、行政法规、中国证监会和协会规定的其他情形。

第十六条 有下列情形之一的，不得担任私募基金管理人的董事、监事、高级管理人员、执行事务合伙人或其委派代表：

（一）因犯有贪污贿赂、渎职、侵犯财产罪或者破坏社会主义市场经济秩序罪，被判处刑罚；

（二）最近3年因重大违法违规行为被金融管理部门处以行政处罚；

（三）被中国证监会采取市场禁入措施，执行期尚未届满；

（四）最近3年被中国证监会采取行政监管措施或者被协会采取纪律处分措施，情节严重；

（五）对所任职的公司、企业因经营不善破产清算或者因违法被吊销营业执照负有个人责任的董事、监事、高级管理人员、执行事务合伙人或其委派代表，自该公司、企业破产清算终结或者被吊销营业执照之日起未逾5年；

（六）因违法行为或者违纪行为被开除的基金管理人、基金托管人、证券期货交易场所、证券公司、证券登记结算机构、期货公司等机构的从业人员和国家机关工作人员，自被开除之日起未逾5年；

（七）因违法行为被吊销执业证书或者被取消资格的律师、注册会计师和资产评估等机构的从业人员、投资咨询从业人员，自被吊销执业证书或者被取消资格之日起未逾5年；

（八）因违反诚实信用、公序良俗等职业道德或者存在重大违法违规行为，引发社会重大质疑或者产生严重社会负面影响且尚未消除；对所任职企业的重大违规行为或者重大风险负有主要责任未逾3年；

（九）因本办法第二十五条第一款第六项、第八项所列情形被终止私募基金管理人登记的机构的控股股东、实际控制人、普通合伙人、法定代表人、执行事务合伙人或其委派代表、负有责任的高级管理人员和直接责任人员，自该机构被终止私募基金管理人登记之日起未逾3年；

（十）因本办法第七十七条所列情形被注销登记的私募基金管理人的控股股东、实际控制人、普通合伙人、法定代表人、执行事务合伙人或其委派代表、负有责任的高级管理人员和直接责任人员，自该私募基金管理人被注销登记之日起未逾3年；

（十一）所负债务数额较大且到期未清偿，或者被列为严重失信人或者被纳入失信被执行人名单；

（十二）法律、行政法规、中国证监会和协会规定的其他情形。

第十七条 同一控股股东、实际控制人控制两家以上私募基金管理人的，应当符合中国证监会和协会的规定，具备充分的合理性与必要性，其控制的私募基金管理人应当持续、合规、有效展业。

控股股东、实际控制人应当合理区分各私募基金管理人的业务范围，并就业务风险隔离、避免同业化竞争、关联交易管理和防范利益冲突等内控制度作出合理有效安排。

第十八条 同一控股股东、实际控制人控制两家以上私募基金管理人的，应当建立与所控制的私募基金管理人的管理规模、业务情况相适应的持续合规和风险管理体系，在保障私募基金管理人自主经营的前提下，加强对私募基金管理人的合规监督、检查。

协会根据私募基金管理人的业务开展情况、投资管理能力、内部治理情况和合规风控水平，对私募基金管理人实施分类管理和差异化自律管理。

第十九条 私募基金管理人应当遵循专业化运营原则，主营业务清晰，基金

附录一
核心监管规则

投资活动与私募基金管理人登记类型相一致，除另有规定外不得兼营或者变相兼营多种类型的私募基金管理业务。

私募基金管理人开展投资顾问业务，应当符合中国证监会和协会的要求。

第二十条　私募基金管理人应当保持资本充足，满足持续运营、业务发展和风险防范需要，私募基金管理人的股东、合伙人不得虚假出资或者抽逃出资。

私募基金管理人的控股股东、实际控制人、普通合伙人所持有的股权、财产份额或者实际控制权，自登记或者变更登记之日起3年内不得转让，但有下列情形之一的除外：

（一）股权、财产份额按照规定进行行政划转或者变更；

（二）股权、财产份额在同一实际控制人控制的不同主体之间进行转让；

（三）私募基金管理人实施员工股权激励，但未改变实际控制人地位；

（四）因继承等法定原因取得股权或者财产份额；

（五）法律、行政法规、中国证监会和协会规定的其他情形。

第二十一条　私募基金管理人应当保持管理团队和相关人员的充足、稳定。高级管理人员应当持续符合本办法的相关任职要求，原高级管理人员离职后，私募基金管理人应当按照公司章程规定或者合伙协议约定，由符合任职要求的人员代为履职，并在6个月内聘任符合岗位要求的高级管理人员，不得因长期缺位影响内部治理和经营业务的有效运转。

私募基金管理人在首支私募基金完成备案手续之前，不得更换法定代表人、执行事务合伙人或其委派代表、经营管理主要负责人、负责投资管理的高级管理人员和合规风控负责人。

第二十二条　私募基金管理人应当在开展基金募集、投资管理等私募基金业务活动前，向协会报送以下基本信息和材料，履行登记手续：

（一）统一社会信用代码等主体资格证明材料；

（二）公司章程或者合伙协议；

（三）实缴资本、财务状况的文件材料；

（四）股东、合伙人、实际控制人、法定代表人、高级管理人员、执行事务合伙人或其委派代表的基本信息、诚信信息和相关投资能力、经验等材料；

（五）股东、合伙人、实际控制人相关受益所有人信息；

（六）分支机构、子公司以及其他关联方的基本信息；

（七）资金募集、宣传推介、运营风控和信息披露等业务规范和制度文件；

（八）经中国证监会备案的会计师事务所审计的财务报告和经中国证监会备案的律师事务所出具的法律意见书；

（九）保证提交材料真实、准确、完整和遵守监督管理、自律管理规定，以及对规定事项的合法性、真实性、有效性负责的信用承诺书；

（十）中国证监会、协会规定的其他信息和材料。

私募基金管理人应当确保在登记备案电子系统中填报的邮寄地址、传真地址、电话号码、电子邮箱等联系方式和送达地址真实、有效和及时更新，并承担中国证监会及其派出机构、协会按照上述联系方式无法取得有效联系的相应后果。

律师事务所、会计师事务所接受委托为私募基金管理人履行登记手续出具法律意见书、审计报告等文件，应当恪尽职守、勤勉尽责，审慎履行核查和验证义务，保证其出具文件的真实性、准确性、完整性。

第二十三条 协会自私募基金管理人登记材料齐备之日起 20 个工作日内办结登记手续。拟登记机构提交的登记信息、材料不完备或者不符合要求的，应当根据协会的要求及时补正，或者作出解释说明或者补充、修改。

协会可以采取要求书面解释说明、当面约谈、现场检查、向中国证监会及其派出机构或者其他相关单位征询意见、公开问询等方式对登记信息、材料进行核查；对存在复杂、新型或者涉及政策、规则理解和适用等重大疑难问题的，协会可以采取商请有关部门指导、组织专家会商等方式进行研判。

拟登记机构对登记信息、材料进行解释说明或者补充、修改的时间和协会采取前述方式核查、研判的时间，不计入办理时限。

协会通过官方网站对私募基金管理人的基本信息、办理进度和办理结果等信息进行公示。私募基金管理人应当于登记完成之日起 10 个工作日内向中国证监会派出机构报告。

第二十四条 有下列情形之一的，协会中止办理私募基金管理人登记，并说明理由：

（一）拟登记机构及其控股股东、实际控制人、普通合伙人、主要出资人因涉嫌违法违规被公安、检察、监察机关立案调查，或者正在接受金融管理部门、自律组织的调查、检查，尚未结案；

附录一
核心监管规则

（二）拟登记机构及其控股股东、实际控制人、普通合伙人、主要出资人出现可能影响正常经营的重大诉讼、仲裁等法律风险，或者可能影响办理私募基金管理人登记的重大内部纠纷，尚未消除或者解决；

（三）拟登记机构及其控股股东、实际控制人、普通合伙人、主要出资人、关联私募基金管理人出现重大负面舆情，尚未消除；

（四）中国证监会及其派出机构要求协会中止办理；

（五）涉嫌提供有虚假记载、误导性陈述或者重大遗漏的信息、材料，通过欺骗、贿赂或者以规避监管、自律管理为目的与中介机构违规合作等不正当手段办理相关业务，相关情况尚在核实；

（六）法律、行政法规、中国证监会和协会规定的其他情形。

前款所列情形消失后，拟登记机构可以提请恢复办理私募基金管理人登记，办理时限自恢复之日起继续计算。

第二十五条 有下列情形之一的，协会终止办理私募基金管理人登记，退回登记材料并说明理由：

（一）主动申请撤回登记；

（二）依法解散、注销，依法被撤销、吊销营业执照、责令关闭或者被依法宣告破产；

（三）自协会退回之日起超过6个月未对登记材料进行补正，或者未根据协会的反馈意见作出解释说明或者补充、修改；

（四）被中止办理超过12个月仍未恢复；

（五）中国证监会及其派出机构要求协会终止办理；

（六）提供有虚假记载、误导性陈述或者重大遗漏的信息、材料，通过欺骗、贿赂或者以规避监管、自律管理为目的与中介机构违规合作等不正当手段办理相关业务；

（七）拟登记机构及其控股股东、实际控制人、普通合伙人、主要出资人、关联私募基金管理人出现重大经营风险；

（八）未经登记开展基金募集、投资管理等私募基金业务活动，法律、行政法规另有规定的除外；

（九）不符合本办法第八条至第二十一条规定的登记要求；

（十）法律、行政法规、中国证监会和协会规定的其他情形。

拟登记机构因前款第九项规定的情形被终止办理私募基金管理人登记，再次提请办理登记又因前款第九项规定的情形被终止办理的，自被再次终止办理之日起6个月内不得再提请办理私募基金管理人登记。

第三章 私募基金备案

第二十六条 私募基金管理人应当自行募集资金，或者按照中国证监会的相关规定，委托具有基金销售业务资格的机构（以下简称基金销售机构）募集资金。

第二十七条 私募基金应当面向合格投资者通过非公开方式募集资金。私募基金管理人、基金销售机构应当履行投资者适当性义务，将适当的私募基金提供给风险识别能力和风险承担能力相匹配的投资者，并向投资者充分揭示风险。

私募基金管理人及其股东、合伙人、实际控制人、关联方和基金销售机构，以及前述机构的工作人员不得以任何方式明示或者暗示基金预期收益率，不得承诺或者误导投资者投资本金不受损失或者限定损失金额和比例，或者承诺最低收益。

私募基金管理人、基金销售机构应当按照规定核实投资者对基金的出资金额与其出资能力相匹配。投资者应当以真实身份和自有资金购买私募基金，确保投资资金来源合法，不得非法汇集他人资金进行投资。

以合伙企业、契约等非法人形式投资私募基金的，除另有规定外私募基金管理人、基金销售机构应当穿透核查最终投资者是否为合格投资者，并合并计算投资者人数。

第二十八条 私募基金管理人、基金销售机构向投资者募集资金，应当在募集推介材料、风险揭示书等文件中，就私募基金的管理人以及管理团队、投资范围、投资策略、投资架构、基金架构、托管情况、相关费用、收益分配原则、基金退出等重要信息，以及投资风险、运营风险、流动性风险等风险情况向投资者披露。

有下列情形之一的，私募基金管理人应当通过风险揭示书向投资者进行特别提示：

（一）基金财产不进行托管；

（二）私募基金管理人与基金销售机构存在关联关系；

附录一
核心监管规则

（三）私募基金投资涉及关联交易；

（四）私募基金通过特殊目的载体投向投资标的；

（五）基金财产在境外进行投资；

（六）私募基金存在分级安排或者其他复杂结构，或者涉及重大无先例事项；

（七）私募证券基金主要投向收益互换、场外期权等场外衍生品标的，或者流动性较低的标的；

（八）私募基金管理人的控股股东、实际控制人、普通合伙人发生变更，尚未在协会完成变更手续；

（九）其他重大投资风险或者利益冲突风险。

私募基金投向单一标的、未进行组合投资的，私募基金管理人应当特别提示风险，对投资标的的基本情况、投资架构、因未进行组合投资而可能受到的损失、纠纷解决机制等进行书面揭示，并由投资者签署确认。

第二十九条 私募基金应当制定并签订基金合同、公司章程或者合伙协议（以下统称基金合同），明确约定各方当事人的权利义务。除《中华人民共和国证券投资基金法》第九十二条、第九十三条规定的内容外，基金合同还应当对下列事项进行约定：

（一）股东会、合伙人会议或者基金份额持有人大会的召集机制、议事内容和表决方式等；

（二）本办法第三十八条规定的关联交易识别认定、交易决策和信息披露等机制；

（三）信息披露的内容、方式、频率和投资者查询途径等相关事项；

（四）基金财产不进行托管时的相关安排；

（五）私募基金管理人因失联、注销私募基金管理人登记、破产等原因无法履行或者怠于履行管理职责等情况时，私募基金变更管理人、清算等相关决策机制、召集主体、表决方式、表决程序、表决比例等相关事项；

（六）法律、行政法规、中国证监会和协会规定的其他事项。

第三十条 私募基金管理人应当按照诚实信用、勤勉尽责的原则切实履行受托管理职责，不得将投资管理职责委托他人行使。私募基金管理人委托他人履行职责的，其依法应当承担的责任不因委托而减轻或者免除。

私募基金的管理人不得超过一家。

第三十一条 私募证券基金的投资范围主要包括股票、债券、存托凭证、资产支持证券、期货合约、期权合约、互换合约、远期合约、证券投资基金份额，以及中国证监会认可的其他资产。

私募股权基金的投资范围包括未上市企业股权，非上市公众公司股票，上市公司向特定对象发行的股票，大宗交易、协议转让等方式交易的上市公司股票，非公开发行或者交易的可转换债券、可交换债券，市场化和法治化债转股，股权投资基金份额，以及中国证监会认可的其他资产。

第三十二条 私募基金托管人应当按照法律、行政法规、金融管理部门规定以及合同约定履行基金托管人应当承担的职责，维护投资者合法权益。

私募基金的托管人不得超过一家。

第三十三条 私募基金应当具有保障基本投资能力和抗风险能力的实缴募集资金规模。

私募基金初始实缴募集资金规模除另有规定外应当符合下列要求：

（一）私募证券基金不低于 1000 万元人民币；

（二）私募股权基金不低于 1000 万元人民币，其中创业投资基金备案时首期实缴资金不低于 500 万元人民币，但应当在基金合同中约定备案后 6 个月内完成符合前述初始募集规模最低要求的实缴出资；

（三）投向单一标的的私募基金不低于 2000 万元人民币。

契约型私募基金份额的初始募集面值应当为 1 元人民币，在基金成立后至到期日前不得擅自改变。

第三十四条 私募基金管理人设立合伙型基金，应当担任执行事务合伙人，或者与执行事务合伙人存在控制关系或者受同一控股股东、实际控制人控制，不得通过委托其他私募基金管理人等方式规避本办法关于私募基金管理人的相关规定。

第三十五条 私募股权基金备案完成后，投资者不得赎回或者退出。有下列情形之一的，不属于前述赎回或者退出：

（一）基金封闭运作期间的分红；

（二）进行基金份额转让；

（三）投资者减少尚未实缴的认缴出资；

（四）对有违约或者法定情形的投资者除名、替换或者退出；

（五）退出投资项目减资；

（六）中国证监会、协会规定的其他情形。

私募股权基金开放认购、申购或者认缴，应当符合中国证监会和协会的相关要求。

第三十六条 私募基金应当约定明确的存续期。私募股权基金约定的存续期除另有规定外，不得少于 5 年。鼓励私募基金管理人设立存续期不少于 7 年的私募股权基金。

第三十七条 私募基金管理人运用基金财产进行股权投资，或者持有的被投企业股权、财产份额发生变更的，应当根据《中华人民共和国公司法》《中华人民共和国合伙企业法》等法律法规的规定，及时采取要求被投企业更新股东名册、向登记机关办理登记或者变更登记等合法合规方式进行投资确权。

基金托管人应当督促私募基金管理人及时办理前款规定的市场主体登记或者变更登记。私募基金管理人应当及时将相关情况告知基金托管人并按照基金合同约定向投资者披露。

第三十八条 私募基金管理人应当建立健全关联交易管理制度，在基金合同中明确约定关联交易的识别认定、交易决策、对价确定、信息披露和回避等机制。关联交易应当遵循投资者利益优先、平等自愿、等价有偿的原则，不得隐瞒关联关系，不得利用关联关系从事不正当交易和利益输送等违法违规活动。

私募股权基金管理人应当在经审计的私募股权基金年度财务报告中对关联交易进行披露。

第三十九条 私募基金管理人应当自私募基金募集完毕之日起 20 个工作日内，向协会报送下列材料，办理备案手续：

（一）基金合同；

（二）托管协议或者保障基金财产安全的制度措施相关文件；

（三）募集账户监督协议；

（四）基金招募说明书；

（五）风险揭示书以及投资者适当性相关文件；

（六）募集资金实缴证明文件；

（七）投资者基本信息、认购金额、持有基金份额的数量及其受益所有人相关信息；

（八）中国证监会、协会规定的其他材料。

募集完毕是指私募基金的已认缴投资者已签署基金合同，且首期实缴募集资金已进入托管账户等基金财产账户。单个投资者首期实缴出资除另有规定外，不得低于合格投资者的最低出资要求。

第四十条 协会自备案材料齐备之日起20个工作日内为私募基金办结备案手续。私募基金备案信息、材料不完备或者不符合要求的，私募基金管理人应当根据协会的要求及时补正，或者进行解释说明或者补充、修改。协会对备案信息、材料的核查以及办理时限，适用本办法第二十三条第二款、第三款的规定。

协会通过官方网站对已办理备案的私募基金相关信息进行公示。

私募基金完成备案前，可以以现金管理为目的，投资于银行活期存款、国债、中央银行票据、货币市场基金等中国证监会认可的现金管理工具。

第四十一条 有下列情形之一的，协会不予办理私募基金备案，并说明理由：

（一）从事或者变相从事信贷业务，或者直接投向信贷资产，中国证监会、协会另有规定的除外；

（二）通过委托贷款、信托贷款等方式从事经营性民间借贷活动；

（三）私募基金通过设置无条件刚性回购安排变相从事借贷活动，基金收益不与投资标的的经营业绩或者收益挂钩；

（四）投向保理资产、融资租赁资产、典当资产等与私募基金相冲突业务的资产、资产收（受）益权，以及投向从事上述业务的公司的股权；

（五）投向国家禁止或者限制投资的项目，不符合国家产业政策、环境保护政策、土地管理政策的项目；

（六）通过投资公司、合伙企业、资产管理产品等方式间接从事或者变相从事本款第一项至第五项规定的活动；

（七）不属于本办法第二条第二款规定的私募基金，不以基金形式设立和运作的投资公司和合伙企业；

（八）以员工激励为目的设立的员工持股计划和私募基金管理人的员工跟投平台；

（九）中国证监会、协会规定的其他情形。

已备案的私募基金不得将基金财产用于经营或者变相经营前款第一项至第六

附录一
核心监管规则

项规定的相关业务。私募基金被协会不予备案的，私募基金管理人应当及时告知投资者，妥善处置相关财产，保护投资者的合法权益。

第四十二条 私募基金管理人有下列情形之一的，协会暂停办理其私募基金备案，并说明理由：

（一）本办法第二十四条第一款规定的情形；

（二）被列为严重失信人或者被纳入失信被执行人名单；

（三）私募基金管理人及其控股股东、实际控制人、普通合伙人、关联私募基金管理人出现可能危害市场秩序或者损害投资者利益的重大经营风险或者其他风险；

（四）因涉嫌违法违规、侵害投资者合法权益等多次受到投诉，未能向协会和投资者作出合理说明；

（五）未按规定向协会报送信息，或者报送的信息存在虚假记载、误导性陈述或者重大遗漏；

（六）登记备案信息发生变更，未按规定及时向协会履行变更手续，存在未及时改正等严重情形；

（七）办理登记备案业务时的相关承诺事项未履行或者未完全履行；

（八）采取拒绝、阻碍中国证监会及其派出机构、协会及其工作人员依法行使检查、调查职权等方式，不配合行政监管或者自律管理，情节严重；

（九）中国证监会及其派出机构要求协会暂停备案；

（十）中国证监会、协会规定的其他情形。

第四十三条 协会支持私募基金在服务国家战略、推动创新驱动发展和经济转型升级等方面发挥积极作用，对承担国家重大战略实施等职能的私募基金提供重点支持。

对治理结构健全、业务运作合规、持续运营稳健、风险控制有效、管理团队专业、诚信状况良好的私募基金管理人，协会可以对其管理的符合条件的私募基金提供快速备案制度安排。具体规则由协会另行制定。

第四十四条 私募基金管理人存在较大风险隐患，私募基金涉及重大无先例事项，或者存在结构复杂、投资标的类型特殊等情形的，协会按照规定对私募基金管理人拟备案的私募基金采取提高投资者要求、提高基金规模要求、要求基金托管、要求托管人出具尽职调查报告或者配合询问、加强信息披露、提示特别风险、额度管理、限制关联交易，以及要求其出具内部合规意见、提交法律意见书或者相关财务报告等措施。

私募基金管理人的资本实力、专业人员配备、投资管理能力、风险控制水平、内部控制制度、场所设施等，应当与其业务方向、发展规划和管理规模等相匹配。不匹配的，协会可以采取前款规定的措施；情节严重的，采取暂停办理其私募基金备案的自律管理措施。

第四十五条 协会对创业投资基金在基金备案、投资运作、上市公司股票减持等方面提供差异化自律管理服务。

创业投资基金是指符合下列条件的私募基金：

（一）投资范围限于未上市企业，但所投资企业上市后基金所持股份的未转让部分及其配售部分除外；

（二）基金合同体现创业投资策略；

（三）不使用杠杆融资，但国家另有规定的除外；

（四）基金最低存续期限符合国家有关规定；

（五）法律、行政法规、中国证监会和协会规定的其他条件。

创业投资基金名称应当包含"创业投资基金"，或者在公司、合伙企业经营范围中包含"从事创业投资活动"字样。

第四章 信息变更和报送

第四十六条 私募基金管理人及其备案的私募基金相关事项发生变更的，应当按规定及时向协会履行变更手续。相关变更事项应当符合规定的登记、备案要求；不符合要求的，应当按照规定及时改正。

第四十七条 下列登记信息发生变更的，私募基金管理人应当自变更之日起10个工作日内向协会履行变更手续：

（一）名称、经营范围、资本金、注册地址、办公地址等基本信息；

（二）股东、合伙人、关联方；

（三）法定代表人、高级管理人员、执行事务合伙人或其委派代表；

（四）中国证监会、协会规定的其他信息。

第四十八条 私募基金管理人的控股股东、实际控制人、普通合伙人等发生变更的，私募基金管理人应当自变更之日起30个工作日内向协会履行变更手续，

附 录 一
核心监管规则

提交专项法律意见书，就变更事项出具法律意见。

私募基金管理人实际控制权发生变更的，应当就变更后是否全面符合私募基金管理人登记的要求提交法律意见书，协会按照新提交私募基金管理人登记的要求对其进行全面核查。股权、财产份额按照规定进行行政划转或者变更，或者在同一实际控制人控制的不同主体之间进行转让等情形，不视为实际控制权变更。

私募基金管理人的实际控制权发生变更的，变更之日前12个月的管理规模应当持续不低于3000万元人民币。

第四十九条 私募基金管理人的股东、合伙人、实际控制人拟转让其所持有的股权、财产份额或者实际控制权的，应当充分了解受让方财务状况、专业能力和诚信信息等，并向其告知担任股东、合伙人、实际控制人的相关监管和自律要求。

私募基金管理人的股东、合伙人、实际控制人拟发生变更导致实际控制权发生变更的，应当及时将相关情况告知私募基金管理人，私募基金管理人应当及时向投资者履行信息披露义务，并按照基金合同约定履行相关内部决策程序。

第五十条 协会在私募基金管理人变更登记材料齐备之日起20个工作日内办结变更手续，并就私募基金管理人变更后是否符合本办法规定的登记要求进行核查。协会对私募基金管理人变更登记材料的核查和办理时限，适用本办法第二十三条第一款至第三款的规定。

协会通过官方网站对私募基金管理人变更的相关事项和办理结果等信息进行公示。

第五十一条 有本办法第二十四条规定情形的，除另有规定外，协会中止办理私募基金管理人登记信息变更，并说明理由。

相关情形消失后，私募基金管理人可以提请恢复办理变更，办理时限自恢复之日起继续计算。

第五十二条 有下列情形之一的，协会终止办理私募基金管理人登记信息变更，退回变更登记材料，并说明理由：

（一）不符合本办法规定的登记要求和变更要求；

（二）本办法第二十五条第一款第三项至第六项规定的情形；

（二）私募基金管理人及其控股股东、实际控制人、普通合伙人、主要出资人、关联私募基金管理人出现重大经营风险，但按照金融管理部门认可的风险处置方案变更的除外；

（四）中国证监会、协会规定的其他情形。

第五十三条 私募基金管理人的控股股东、实际控制人、普通合伙人发生变更，未按本办法第四十八条的规定向协会履行变更手续，或者虽履行变更手续但不符合要求的，协会采取暂停办理其私募基金备案的自律管理措施。

第五十四条 私募基金管理人的控股股东、实际控制人、普通合伙人发生变更但未在协会完成变更手续的，私募基金管理人应当审慎开展新增业务；期间募集资金的，应当向投资者揭示变更情况，以及可能存在无法完成变更登记和基金备案手续的合规风险。

第五十五条 私募基金下列信息发生变更的，私募基金管理人应当自变更之日起10个工作日内，向协会履行变更手续：

（一）基金合同约定的存续期限、投资范围、投资策略、投资限制、收益分配原则、基金费用等重要事项；

（二）私募基金类型；

（三）私募基金管理人、私募基金托管人；

（四）负责份额登记、估值、信息技术服务等业务的基金服务机构；

（五）影响基金运行和投资者利益的其他重大事项。

私募基金备案信息发生变更，有本办法第二十五条第一款第六项规定的情形，或者变更后不符合规定要求的，协会终止办理变更，退回变更材料并说明理由。

第五十六条 私募基金的管理人拟发生变更的，应当按照相关规定和合同约定履行变更程序，或者按照合同约定的决策机制达成有效处理方案。

就变更私募基金管理人无法按照前款规定达成有效决议、协议或者处理方案的，应当向协会提交司法机关或者仲裁机构就私募基金管理人变更作出的发生法律效力的判决、裁定或者仲裁裁决，协会根据相关法律文书办理变更手续。

第五十七条 私募基金合同终止的，私募基金管理人应当按照基金合同约定，及时对私募基金进行清算，自私募基金清算完成之日起10个工作日内向协会报送清算报告等信息。一定期限内无法完成清算的，还应当自清算开始之日起10个工作日内向协会报送清算承诺函、清算公告等信息。

私募基金在开始清算后不得再进行募集，不得再以基金的名义和方式进行

附录一
核心监管规则

投资。

第五十八条 私募基金管理人因失联、注销私募基金管理人登记或者出现重大风险等情形无法履行或者怠于履行职责导致私募基金无法正常退出的，私募基金管理人、私募基金托管人、基金份额持有人大会或者持有一定份额比例以上的投资者，可以按照基金合同约定成立专项机构或者委托会计师事务所、律师事务所等中介服务机构，妥善处置基金财产，保护投资者合法权益，并行使下列职权：

（一）清理核查私募基金资产情况；

（二）制定、执行清算退出方案；

（三）管理、处置、分配基金财产；

（四）依法履行解散、清算、破产等法定程序；

（五）代表私募基金进行纠纷解决；

（六）中国证监会、协会规定或者基金合同约定的其他职权。

私募基金通过前款规定的方式退出的，应当及时向协会报送专项机构组成情况、相关会议决议、财产处置方案、基金清算报告和相关诉讼仲裁情况等。

第五十九条 私募基金管理人、私募基金托管人、私募基金销售机构和其他私募基金服务机构应当按照规定和合同约定履行信息披露义务，保证信息披露的及时、真实、准确和完整。

私募基金管理人的股东、合伙人、实际控制人应当配合私募基金管理人履行信息披露义务，不得组织、指使或者配合私募基金管理人实施违反信息披露相关规定的行为。

私募基金管理人应当按照规定在协会指定的私募基金信息披露备份平台备份各类信息披露报告，履行投资者查询账号的开立、维护和管理职责。

信息披露的具体办法由协会另行制定。

第六十条 私募基金管理人、私募基金托管人、私募基金服务机构应当按照规定向协会报送相关信息。

私募基金管理人、私募基金托管人、私募基金服务机构应当建立信息报送制度，明确负责信息报送的高级管理人员及相关人员职责，依法依规履行信息报送义务，加强信息报送质量复核，保证信息报送的及时、真实、准确和完整。

第六十一条 私募基金管理人应当按照规定报送下列信息：

（一）在每一会计年度结束之日起 4 个月内，报送私募基金管理人的相关财务、经营信息以及符合规定的会计师事务所审计的年度财务报告；管理规模超过一定金额以及本办法第十七条规定的私募基金管理人等，其年度财务报告应当经中国证监会备案的会计师事务所审计；

（二）报送所管理的私募基金的投资运作情况；

（三）在每一会计年度结束之日起 6 个月内，报送私募股权基金的相关财务信息以及符合规定的会计师事务所审计的年度财务报告；基金规模超过一定金额、投资者超过一定人数的私募基金等，其年度财务报告应当经中国证监会备案的会计师事务所审计；

（四）中国证监会、协会要求报送的临时报告和其他信息。

因自然灾害等不可抗力导致无法按要求及时报送相关信息的，协会可以视情形延长报送时限。

私募基金管理人存在严重损害投资者利益、危害市场秩序等风险的，协会可以视情况调整其信息报送的范围、内容、方式和频率等。

第六十二条 有下列情形之一的，私募基金管理人应当在 10 个工作日内向协会报告：

（一）私募基金管理人及其管理的私募基金涉及重大诉讼、仲裁等法律纠纷，可能影响正常经营或者损害投资者利益；

（二）出现重大负面舆情，可能对市场秩序或者投资者利益造成严重影响；

（三）私募基金触发巨额赎回且不能满足赎回要求，或者投资金额占基金净资产 50% 以上的项目不能正常退出；

（四）私募基金管理人及其控股股东、实际控制人、普通合伙人、主要出资人业务运营、财务状况发生重大变化，或者出现重大信息安全事故，可能引发私募基金管理人经营风险，严重损害投资者利益；

（五）私募基金管理人及其法定代表人、董事、监事、高级管理人员、执行事务合伙人或其委派代表或者从业人员等因重大违法违规行为受到行政处罚、行政监管措施和纪律处分措施，或者因违法犯罪活动被立案调查或者追究法律责任；

（六）中国证监会、协会规定的其他情形。

协会可以视情况要求私募基金管理人的股东、合伙人、实际控制人提供与私

附录一
核心监管规则

募基金管理人经营管理、投资运作有关的资料、信息，前述主体应当配合。

第五章 自律管理

第六十三条 协会依法对私募基金行业进行自律管理，加强公示制度和信用体系建设，强化事中事后管理和风险监测机制，建设良好市场秩序和行业生态。

第六十四条 协会可以对私募基金管理人及其从业人员实施非现场检查和现场检查，也可以委托地方行业协会、中介服务机构等协助开展自律检查工作。

协会可以采取查看被检查对象的经营场所，查阅、复制与检查事项有关的文件、账户信息和业务系统，询问与检查事项有关的单位和个人等方式，对被检查对象进行自律检查。

第六十五条 私募基金管理人及其从业人员应当配合协会的自律检查，如实提供有关文件资料，不得拒绝、阻碍和隐瞒，并按照要求协调其股东、合伙人、实际控制人、执行事务合伙人或其委派代表等相关单位和个人配合协会的自律检查。

第六十六条 私募基金管理人提交的登记备案和相关信息变更材料存在虚假记载、误导性陈述或者重大遗漏的，协会可以采取公开谴责、暂停办理备案、限制相关业务活动、撤销相关私募基金管理人登记和私募基金备案等自律管理或者纪律处分措施。

私募基金管理人通过欺骗、贿赂或者以规避监管、自律管理为目的与中介机构违规合作等不正当手段办理登记备案相关业务的，协会撤销相关私募基金管理人登记、私募基金备案。

对直接负责的主管人员和其他责任人员，协会可以采取公开谴责、不得从事相关业务、加入黑名单、取消基金从业资格等自律管理或者纪律处分措施。

第六十七条 私募基金管理人及其股东、合伙人、实际控制人，有下列情形之一的，协会可以采取书面警示、要求限期改正等自律管理或者纪律处分措施；情节严重的，可以采取公开谴责、暂停办理备案、限制相关业务活动等自律管理或者纪律处分措施：

（一）股东、合伙人、实际控制人以非自有资金或者非法取得的资金向私募基金管理人出资，或者违规通过委托他人或者接受他人委托方式持有私募基金管理人股权、财产份额，或者存在循环出资、交叉持股、结构复杂等情形，隐瞒关联关系；

（二）股东、合伙人、实际控制人抽逃出资或者违规转让股权、财产份额或者实际控制权；

（三）私募基金管理人违反专业化运营原则，违规兼营多种类型的私募基金管理业务；

（四）私募基金管理人违规开展投资顾问业务，开展或者变相开展冲突业务或者无关业务；

（五）私募基金管理人未按规定保持人员充足稳定，高级管理人员长期缺位，或者在首支私募基金完成备案手续之前，违规更换法定代表人、执行事务合伙人或其委派代表、经营管理主要负责人、负责投资管理的高级管理人员和合规风控负责人；

（六）违规聘用不符合要求的法定代表人、高级管理人员、执行事务合伙人或其委派代表、从业人员，或者前述人员存在违规兼职的情形；

（七）违反关于同一控股股东、实际控制人控制两家以上私募基金管理人的有关规定；

（八）中国证监会、协会规定的其他行为。

对直接负责的主管人员和其他责任人员，协会可以采取书面警示、警告、公开谴责、不得从事相关业务、加入黑名单、取消基金从业资格等自律管理或者纪律处分措施。

第六十八条 私募基金管理人有下列行为之一的，协会可以采取书面警示、要求限期改正、公开谴责、暂停办理备案、限制相关业务活动等自律管理或者纪律处分措施；情节严重的，可以撤销私募基金管理人登记：

（一）募集完毕未按照要求履行备案手续；

（二）违规委托他人行使职责、不按照规定办理投资确权，以及未按照规定开展私募基金投资运作的其他情形；

（三）未建立关联交易管理制度，或者违规开展关联交易；

（四）未按规定及时履行私募基金清算义务；

（五）中国证监会、协会规定的其他行为。

对直接负责的主管人员和其他责任人员，协会可以采取书面警示、警告、公开谴责、不得从事相关业务、加入黑名单、取消基金从业资格等自律管理或者纪

附录一
核心监管规则

律处分措施。

第六十九条 私募基金管理人未按照要求履行信息披露、信息报送、信息变更和重大事项报告义务的，协会可以采取书面警示、要求限期改正、公开谴责、暂停办理备案、限制相关业务活动等自律管理或者纪律处分措施；对直接负责的主管人员和其他责任人员采取书面警示、警告、公开谴责等自律管理或者纪律处分措施。

私募基金管理人披露、报送的信息存在虚假记载、误导性陈述或者重大遗漏的，协会可以采取书面警示、要求限期改正、公开谴责、暂停办理备案、限制相关业务活动、撤销私募基金管理人登记等自律管理或者纪律处分措施；对直接负责的主管人员和其他责任人员采取公开谴责、不得从事相关业务、加入黑名单、取消基金从业资格等自律管理或者纪律处分措施。

第七十条 私募基金管理人有下列行为之一的，协会可以采取书面警示、要求限期改正、公开谴责、暂停办理备案、限制相关业务活动、撤销私募基金管理人登记等自律管理或者纪律处分措施：

（一）向合格投资者之外的单位和个人募集资金或者转让基金份额；

（二）通过报刊、电台、电视、互联网等公众传播媒体，讲座、报告会、分析会等方式，布告、传单、短信、即时通讯工具、博客和电子邮件等载体，向不特定对象宣传推介；

（三）通过"阴阳合同""抽屉协议"等方式，承诺投资本金不受损失或者承诺最低收益；

（四）将其固有财产、他人财产混同于私募基金财产，或者将不同私募基金财产混同运作；

（五）开展或者参与具有滚动发行、集合运作、期限错配、分离定价等特征的资金池业务；

（六）以套取私募基金财产为目的，使用私募基金财产直接或者间接投资于私募基金管理人、控股股东、实际控制人及其实际控制的企业或者项目等自融行为；

（七）不公平对待私募基金投资者，损害投资者合法权益；

（八）侵占、挪用私募基金财产；

（九）利用私募基金财产或者职务之便，为自身或者投资者以外的单位或个人牟取非法利益、进行利益输送；

（十）泄露因职务便利获取的未公开信息，利用该信息从事或者明示、暗示他人从事相关的交易活动；

（十一）从事内幕交易、操纵证券期货市场及其他不正当交易活动；

（十二）玩忽职守，不按照监管规定或者合同约定履行职责；

（十三）通过直接或者间接参与结构化债券发行或者交易、返费等方式，扰乱市场秩序，侵害投资者利益；

（十四）法律、行政法规、中国证监会和协会禁止的其他行为。

对直接负责的主管人员和其他责任人员，协会可以采取书面警示、警告、公开谴责、不得从事相关业务、加入黑名单、取消基金从业资格等自律管理或者纪律处分措施。从业人员个人有前款规定行为的，协会可以对其采取前述自律管理或者纪律处分措施。

私募基金管理人的股东、合伙人和实际控制人，私募基金托管人、私募基金销售机构及其他私募基金服务机构以及前述机构的工作人员，有本条第一款规定的行为或者为该行为提供便利的，适用前两款的规定。

第七十一条　律师事务所、会计师事务所等服务机构及其人员为私募基金业务活动提供服务，有下列情形之一，情节严重的，协会采取不再接受该机构、人员出具的文件的自律管理措施，并在官方网站予以公示：

（一）出具有虚假记载、误导性陈述或者重大遗漏的相关文件；

（二）通过虚假承诺等不正当手段承揽私募基金服务业务；

（三）通过弄虚作假等违规行为或者其他不正当手段协助私募基金管理人办理登记备案业务；

（四）中国证监会、协会规定的其他情形。

第七十二条　私募基金管理人有下列情形之一的，协会予以公示，提示风险：

（一）私募基金管理人的登记备案信息发生变更，未按规定及时向协会履行变更手续；

（二）私募基金运作、信息报送和信息披露出现异常；

（三）处于协会无法取得有效联系的失联状态；

（四）按照本办法第七十三条、第七十四条的规定被要求出具专项法律意

附录一
核心监管规则

见书；

（五）被中国证监会及其派出机构处以行政处罚或者采取应予公开的行政监管措施；

（六）被列为严重失信人或者被纳入失信被执行人名单；

（七）中国证监会、协会规定的其他情形。

私募基金管理人最近2年每个季度末管理规模均低于500万元人民币的，协会在信息公示平台予以特别提示。

第七十三条 私募基金管理人应当持续符合法律、行政法规、中国证监会和协会规定的相关要求。不符合要求的，协会予以公示并要求其限期改正；情节严重的，协会采取暂停办理私募基金备案的自律管理措施；逾期未改正或者经改正后仍不符合要求，情节特别严重的，协会注销私募基金管理人登记。

协会可以要求私募基金管理人按照相关规定，委托律师事务所出具专项法律意见书就整改情况进行核验，并就其是否符合相关要求出具法律意见。

第七十四条 私募基金管理人出现重大经营风险，严重损害投资者利益或者危害市场秩序的，应当妥善处置和化解风险，切实履行管理人职责，维护投资者合法权益。其控股股东、实际控制人、普通合伙人、主要出资人应当积极配合相关风险处置和化解工作，承担补充实缴出资以及维持私募基金管理人运营、清收基金资产和安抚基金投资者等风险化解的责任。

协会可以采取要求前述主体报送自查报告、提交风险处置方案、定期报告风险化解情况、委托律师事务所出具专项法律意见书、提交经会计师事务所审计的财务报告、鉴证报告、商定程序报告等措施，并可视情况暂停办理私募基金管理人登记信息变更和私募基金备案。

第七十五条 私募基金管理人有下列情形之一的，协会可以视情况要求其管理的私募基金不得新增投资者和基金规模，不得新增投资：

（一）因有本办法第四十二条规定的情形被协会暂停备案，情节严重；

（二）有本办法第四十四条第二款规定的情形，情节特别严重；

（三）被协会采取限制相关业务活动的措施；

（四）中国证监会及其派出机构要求限制相关业务活动；

（五）中国证监会、协会规定的其他情形。

第七十六条 私募基金管理人有下列情形之一的，协会注销其私募基金管理人登记并予以公示：

（一）主动申请注销登记，理由正当；

（二）登记后 12 个月内未备案自主发行的私募基金，或者备案的私募基金全部清算后 12 个月内未备案新的私募基金，另有规定的除外；

（三）依法解散、注销，依法被撤销、吊销营业执照、责令关闭或者被依法宣告破产；

（四）中国证监会、协会规定的其他情形。

因前款第一项规定的情形注销的，如管理的私募基金尚未清算，私募基金管理人应当取得投资者的一致同意，或者按照合同约定的决策机制达成处理意见。

第七十七条 私募基金管理人有下列情形之一的，协会注销其私募基金管理人登记：

（一）因非法集资、非法经营等重大违法犯罪行为被追究法律责任；

（二）存在本办法第二十五条第一款第六项规定的情形；

（三）金融管理部门要求协会注销登记；

（四）因失联状态被协会公示，公示期限届满未与协会取得有效联系；

（五）采取拒绝、阻碍中国证监会及其派出机构、协会及其工作人员依法行使检查、调查职权等方式，不配合行政监管或者自律管理，情节严重；

（六）未按照本办法第七十三条、第七十四条的规定提交专项法律意见书，或者提交的法律意见书不符合要求或者出具否定性结论；

（七）中国证监会、协会规定的其他情形。

第七十八条 私募基金管理人被注销或者撤销登记后，应当符合下列要求：

（一）不得新增投资者和基金规模，不得新增投资；

（二）不得继续使用"基金""基金管理"字样或者近似名称进行私募基金业务活动，但处置存续私募基金有关事项的除外；

（三）采取适当措施，按照规定和合同约定妥善处置基金财产，维护投资者的合法权益；

（四）基金财产处置完毕的，应当及时向市场主体登记机关办理变更名称、经营范围或者注销市场主体登记。

被注销或者撤销登记的私募基金管理人对未清算的私募基金的受托管理职责和依法承担的相关责任，不因私募基金管理人被注销或者撤销登记而免除；不得

附录一
核心监管规则

通过注销市场主体登记、变更注册地等方式逃避相关责任。

第七十九条 协会在中国证监会的指导下，与其派出机构、其他金融管理部门、司法机关、地方政府和地方行业协会，建立业务协作和信息共享机制。

私募基金管理人、私募基金托管人、私募基金服务机构及其从业人员违反本办法规定被协会采取自律管理或者纪律处分措施的，记入证券期货市场诚信档案数据库；涉嫌违反法律法规的，报中国证监会查处；涉嫌犯罪的，向中国证监会报告，移送司法机关追究其刑事责任。

第六章 附 则

第八十条 本办法下列用语的含义：

（一）高级管理人员：是指公司的总经理、副总经理、合规风控负责人和公司章程规定的其他人员，以及合伙企业中履行前述经营管理和风控合规等职务的相关人员；虽不使用前述名称，但实际履行前述职务的其他人员，视为高级管理人员。

（二）控股股东：是指出资额占有限责任公司资本总额50%以上或者其持有的股份占股份有限公司股本总额50%以上的股东；出资额或者持有股份的比例虽然不足50%，但依其出资额或者持有的股份所享有的表决权已足以对股东会、股东大会的决议产生重大影响的股东。

（三）实际控制人：是指通过投资关系、协议或者其他安排，能够实际支配私募基金管理人运营的自然人、法人或者其他组织。

实际控制人的具体认定标准由协会另行规定。

（四）主要出资人：是指持有私募基金管理人25%以上股权或者财产份额的股东、合伙人。

（五）冲突业务：是指民间借贷、民间融资、小额理财、小额借贷、担保、保理、典当、融资租赁、网络借贷信息中介、众筹、场外配资、房地产开发、交易平台等与私募基金管理相冲突的业务，中国证监会、协会另有规定的除外。

（六）资产管理产品：是指银行、信托、证券、基金、期货、保险资产管理机构、私募基金管理人等受国务院金融监督管理机构监管的机构依法发行的资产管理产品，包括银行非保本理财、证券期货经营机构资产管理计划、信托计划、保险资产管理产品和在协会备案的私募基金等。

（七）本办法所称的"以上""届满"，包括本数；所称的"超过""以外"，不包括本数。

第八十一条　国家有关部门对下列私募基金管理人、私募基金另有规定的，从其规定：

（一）政府及其授权机构通过直接出资、委托出资或者以注资企业方式出资设立的；

（二）国有企业、国有资本占控股地位或者主导地位的企业出资设立的；

（三）金融机构出资设立的；

（四）中国证监会规定的其他情形。

第八十二条　私募资产配置类基金登记备案的特别规定，由协会另行制定。

第八十三条　本办法自2023年5月1日起施行。自施行之日起，《私募投资基金管理人登记和基金备案办法（试行）》《私募基金管理人登记须知》《私募基金登记备案相关问题解答》（四）、（十三）、（十四）同时废止。

关于发布《私募投资基金备案指引第1号——私募证券投资基金》《私募投资基金备案指引第2号——私募股权、创业投资基金》的公告

为了规范私募投资基金业务，保护投资者合法权益，促进行业健康发展，中国证券投资基金业协会（以下简称协会）将《私募投资基金备案须知》《私募投资基金备案关注要点》等现行规则修订整合为《私募投资基金备案指引第1号——私募证券投资基金》《私募投资基金备案指引第2号——私募股权、创业投资基金》（以下合称《备案指引第1、2号》），经协会理事会审议通过，现予发布，自发布之日起施行。《备案指引第1、2号》主要是对既有规则的完善和优化，为确保新旧规则有序衔接和《备案指引第1、2号》顺利实施，现将有关事项公告如下：

一、自《备案指引第1、2号》施行之日起，协会按照《备案指引第1、2号》办理私募投资基金的基金备案、备案信息变更、基金清算业务。

附录一
核心监管规则

二、已备案的私募投资基金在《备案指引第1、2号》施行后，可继续按照原有规定开展资金募集和投资运作活动。涉及办理备案信息变更业务的，相关变更事项应当符合《备案指引第1、2号》的规定。

三、自《备案指引第1、2号》施行之日起，《私募投资基金备案须知》《私募投资基金备案关注要点》及相关材料清单废止。

特此公告。

附件：1. 私募投资基金备案指引第1号——私募证券投资基金及其材料清单
2. 私募投资基金备案指引第2号——私募股权、创业投资基金及其材料清单

中国证券投资基金业协会
2023年9月28日

附件1：

私募投资基金备案指引第1号——私募证券投资基金

第一条 为了规范私募证券投资基金（以下简称私募证券基金）备案业务，保护投资者合法权益，促进私募基金行业健康发展，根据《中华人民共和国证券投资基金法》《私募投资基金监督管理条例》《私募投资基金监督管理暂行办法》《证券期货投资者适当性管理办法》《私募投资基金登记备案办法》（以下简称《登记备案办法》）等，制定本指引。

第二条 私募基金管理人办理私募证券基金的备案、备案信息变更和清算等业务，适用本指引。

第三条 私募基金管理人按照《登记备案办法》第三十九条的规定提请办理私募证券基金备案的，所提交的募集推介材料应当为私募基金管理人、基金销售机构在募集过程中真实使用的募集推介材料。

《登记备案办法》第二十八条规定的私募证券基金募集推介材料中的"重要信息"，还包括下列内容：

（一）私募证券基金有多名投资经理的，应当披露设置多名投资经理的合理性、管理方式、分工安排、调整机制等内容；

（二）委托基金投资顾问机构提供证券投资建议服务的，应当披露基金投资顾问机构名称、投资顾问服务范围、投资顾问费用，以及更换、解聘投资顾问的条件和程序等内容；

（三）私募证券基金进行份额分级的，应当披露分级设计及相应风险、收益分配、风险控制等内容；

（四）中国证监会、协会规定的其他内容。

私募基金管理人、基金销售机构应当确保募集推介材料中的信息真实、准确、完整。

第四条 以合伙企业、契约等非法人形式，通过汇集多数投资者的资金直接或者间接投资于私募证券基金的，私募基金管理人、基金销售机构应当穿透核查每一层的投资者是否为合格投资者，并合并计算投资者人数。

下列投资者视为合格投资者，不再穿透核查和合并计算投资者人数：

（一）社会保障基金、企业年金等养老基金，慈善基金等社会公益基金；

（二）国务院金融监督管理机构监管的机构依法发行的资产管理产品、私募基金；

（三）合格境外机构投资者、人民币合格境外机构投资者；

（四）投资于所管理私募证券基金的私募基金管理人及其员工；

（五）中国证监会规定的其他投资者。

本条第二款第四项所称私募基金管理人员工，是指与私募基金管理人签订劳动合同并缴纳社保的正式员工，签订劳动合同或者劳务合同的外籍员工、退休返聘员工，国家机关、事业单位、政府及其授权机构控制的企业委派的高级管理人员，以及中国证监会和协会规定的其他从业人员。

第五条 私募基金管理人、基金销售机构应当确保私募证券基金的投资者具备与其认（申）购基金相匹配的出资能力，投资者不得汇集他人资金认（申）购私募证券基金。

私募基金管理人应当确保提请办理备案手续的私募证券基金已完成真实募集，不得在基金备案完成后通过短期赎回基金份额等方式，规避最低出资、募集完毕等要求。

协会办理私募证券基金备案时，可以视情况要求私募基金管理人提供投资者的出资能力证明等材料。

第六条 私募基金管理人应当按照中国证监会和协会的规定，向投资者进行书面风险揭示和问卷调查，国务院金融监督管理机构监管的机构、符合本指引第四条第二款的投资者可以豁免签署风险揭示书和风险调查问卷等材料。

附录一
核心监管规则

第七条 单个投资者对私募证券基金的首次出资金额不得低于合格投资者最低出资要求，但下列投资者除外：

（一）社会保障基金、企业年金等养老基金，慈善基金等社会公益基金；

（二）投资于所管理私募证券基金的私募基金管理人及其员工；

（三）中国证监会、协会规定的其他投资者。

第八条 私募基金管理人或者基金销售机构应当按照中国证监会和协会的规定，与募集监督机构签署募集监督协议，明确约定私募证券基金募集结算资金专用账户的控制权、责任划分以及保障资金划转安全等事项。

第九条 私募证券基金的名称应当标明私募基金管理人名称简称以及"私募证券投资基金"字样，不得包含"理财""资管产品""资管计划"等字样，法律、行政法规、中国证监会和协会另有规定的除外。

未经批准或者授权，不得在基金名称中使用与国家重大发展战略、金融机构、知名私募基金管理人相同或者近似等可能误导投资者的字样。不得在基金名称中使用违背公序良俗或者造成不良社会影响的字样。

第十条 私募证券基金的基金合同应当约定明确、合理的存续期，不得约定无固定期限。

第十一条 私募证券基金的基金合同应当明确约定封闭式、开放式等基金运作方式。开放式私募证券基金的基金合同应当设置固定开放日，明确投资者认（申）购、赎回时间、频率、程序以及限制事项。未按照基金合同约定征得投资者同意，私募基金管理人不得擅自更改投资者认（申）购、赎回时间、频率、程序以及限制事项。

私募证券基金设置临时开放日的，应当在基金合同中明确约定临时开放日的触发条件仅限于因法律、行政法规、监管政策调整、合同变更或解除等情形，不得利用临时开放日进行申购。私募基金管理人应当在临时开放日前2个交易日通知全体投资者。

第十二条 私募证券基金的投资范围应当符合《登记备案办法》第三十一条第一款的规定，并在基金合同中明确约定：

（一）投资策略与基金的风险收益特征；

（二）调整投资范围或者投资比例限制时应当履行的变更程序，并设置临时开放日允许投资者赎回；

（三）中国证监会、协会规定的其他内容。

第十三条 私募证券基金设置不同基金份额类别的，应当公平对待各基金份额持有人。基金合同应当明确约定基金份额类别的划分标准等相关要素，对不同份额类别可以设置差异化的认（申）购费率、赎回费率、管理费率、销售服务费率及业绩报酬计提比例等，不得设置差异化的开放日、封闭期、份额锁定期、业绩报酬计提基准。

第十四条 开放式私募证券基金不得进行份额分级。封闭式私募证券基金可以根据收益特征对份额进行分级。封闭式分级私募证券基金的名称应当包含"分级"或者"结构化"字样。

固定收益类私募证券基金优先级与劣后级的比例不得超过3:1，混合类、期货和衍生品类私募证券基金优先级与劣后级的比例不得超过2:1，权益类私募证券基金的优先级与劣后级的比例不得超过1:1。

分级私募证券基金的同级份额享有同等权益、承担同等风险，若存在中间级份额，中间级份额应当计入优先级份额。优先级份额投资者获取收益或者承担亏损的比例不得低于30%，劣后级份额投资者获取收益或者承担亏损的比例不得高于70%。

分级私募证券基金不得投资其他分级或者结构化金融产品，不得直接或者间接对优先级份额投资者提供保本保收益安排。分级私募证券基金的总资产不得超过该基金净资产的140%。

第十五条 私募基金管理人不得在私募证券基金内部设立由不同投资者参与并投向不同资产的投资单元或者基金子份额。

第十六条 私募基金管理人及私募证券基金不得通过设置增强资金、费用返还等方式调节基金收益或者亏损，不得以自有资金认购的基金份额先行承担亏损的方式提供风险补偿。

第十七条 基金合同应当约定私募证券基金各项费用的计费标准、计费时点、计提方式、计提频率等相关事项。从私募证券基金财产中支出的费用应当与基金运营、服务直接相关，不得支出与基金运作无关的费用。

第十八条 私募基金管理人应当根据私募证券基金的投资范围、投资策略、产品结构等因素设置合理的管理费。私募基金管理人以外的其他主体不得收取管理费。私募基金管理人不得通过约定管理费返还等方式，变相向投资者提供保本

附录一
核心监管规则

保收益安排。

第十九条 业绩报酬计提应当与私募证券基金的存续期限、收益分配和投资运作特征相匹配，单只私募证券基金只能采取一种业绩报酬计提方法，保证公平对待投资者。业绩报酬计提比例不得超过业绩报酬计提基准以上投资收益的60%。

私募证券基金连续两次计提业绩报酬的间隔期不应短于6个月。在投资者赎回基金份额时或者在私募证券基金清算时计提业绩报酬的，可以不受前述间隔期的限制。鼓励私募基金管理人在投资者持有基金份额期间不计提业绩报酬，以投资者赎回份额或者基金清算时的净值为基准计提业绩报酬。

私募基金管理人按照基金合同约定的计提比例、计提时点、计提频率和计提方法对基金业绩超出计提基准的部分计提业绩报酬的，应当以投资者取得正收益为前提，但同时符合下列条件的除外：

（一）以获取基于指数的超额收益为目标，将业绩报酬计提基准设置为某个指数，并采用紧盯该指数的投资策略；

（二）仅在投资者赎回或者基金清算时计提业绩报酬；

（三）在募集推介材料及基金合同的醒目位置明确提示投资者可能会在亏损的情况下计提业绩报酬。

第二十条 投资经理应当具有股票、债券、衍生品、证券投资基金等证券投资领域的投资管理或者研究经验，具备良好的诚信记录和职业操守。

基金合同应当明确约定投资经理及其变更程序。投资经理发生变更的，应当按照基金合同约定履行相关变更程序后将变更情况及时告知投资者，并设置临时开放日允许投资者赎回。

第二十一条 私募证券基金应当由私募基金托管人托管，但按照基金合同约定设置能够切实履行安全保管基金财产职责的基金份额持有人大会日常机构等制度措施的除外。

第二十二条 私募证券基金发生《登记备案办法》第五十五条规定的信息变更的，私募基金管理人应当自变更之日起10个工作日内，向协会报送变更决议文件、变更事项说明函以及下列变更材料，履行变更手续：

（一）基金合同约定的存续期限、投资范围、投资策略、投资限制、收益分配原则、基金费用等事项变更的，还应当提交补充协议或者履行基金合同中变更程序所涉及材料；

（二）私募基金托管人变更的，还应当提交托管人变更协议、重新签订的托管协议或者基金合同；

（三）基金服务机构变更的，还应当提交重新签订的基金服务协议；

（四）影响基金运行和投资者利益的其他重大事项发生变更的，还应当提交相应变更事项所涉及材料；

（五）中国证监会、协会规定的其他材料。

私募证券基金发生上述信息变更的，私募基金管理人应当向投资者披露并采取设置临时开放日或者其他保障投资者赎回私募证券基金权利的措施，但变更内容有利于投资者的除外。

第二十三条 私募证券基金存在下列情形之一的，应当进行清算：

（一）存续期届满且不展期的；

（二）发生基金合同约定应当终止的情形的；

（三）经投资者、私募基金管理人、私募基金托管人协商一致决定终止基金合同的；

（四）法律、行政法规、中国证监会和协会规定的其他情形。

私募证券基金完成清算，剩余基金财产可以以货币资金方式分配给投资者，或者经投资者同意，以实物资产方式分配给投资者。

第二十四条 《登记备案办法》第五十七条规定的"一定期限内无法完成清算"是指私募证券基金开始清算但预计3个月内无法完成清算。

第二十五条 私募基金管理人有《登记备案办法》第六十六条规定情形的，协会可以撤销相关私募证券基金备案，并对私募基金管理人后续提请办理备案的私募证券基金采取要求其出具内部合规意见等措施。

第二十六条 协会对下列私募证券基金另有规定的，从其规定；未有规定的，适用本指引：

（一）合格境内有限合伙人试点私募证券基金；

（二）中国证监会规定的其他私募证券基金。

第二十七条 违反本指引规定的，协会按照《登记备案办法》和协会其他自律规则，采取自律管理或者纪律处分措施。

第二十八条 本指引自发布之日起施行。

附录一
核心监管规则

附件2：

私募投资基金备案指引第2号——私募股权、创业投资基金

第一条 为了规范私募股权、创业投资基金（以下统称私募股权基金）备案业务，保护投资者合法权益，促进私募基金行业健康发展，根据《中华人民共和国证券投资基金法》《私募投资基金监督管理条例》《私募投资基金监督管理暂行办法》《证券期货投资者适当性管理办法》《私募投资基金登记备案办法》（以下简称《登记备案办法》）等，制定本指引。

第二条 私募基金管理人办理私募股权基金的备案、备案信息变更和清算等业务，适用本指引。

第三条 私募基金管理人按照《登记备案办法》第三十九条的规定提请办理私募股权基金备案的，所提交的募集推介材料应当为私募基金管理人、基金销售机构在募集过程中真实使用的募集推介材料。

《登记备案办法》第二十八条规定的私募股权基金募集推介材料中的"重要信息"，还包括下列内容：

（一）关键人士（如有）或者投资决策委员会成员（如有）；

（二）单一拟投项目或者首个拟投项目组合（如有）的主营业务、交易对手方（如有）、基金投资款用途、退出方式等；

（三）中国证监会、协会规定的其他内容。

私募基金管理人、基金销售机构应当确保募集推介材料中的信息真实、准确、完整。

第四条 以合伙企业、契约等非法人形式，通过汇集多数投资者的资金直接或者间接投资于私募股权基金的，私募基金管理人、基金销售机构应当穿透核查每一层的投资者是否为合格投资者，并合并计算投资者人数。

下列投资者视为合格投资者，不再穿透核查和合并计算投资者人数：

（一）社会保障基金、企业年金等养老基金，慈善基金等社会公益基金；

（二）国务院金融监督管理机构监管的机构依法发行的资产管理产品、私募基金；

（三）合格境外机构投资者、人民币合格境外机构投资者；

（四）投资于所管理私募股权基金的私募基金管理人及其员工；

（五）中国证监会规定的其他投资者。

第五条 私募基金管理人、基金销售机构应当确保私募股权基金的投资者具备与其认缴、认（申）购金额相匹配的出资能力，投资者不得汇集他人资金投资私募股权基金。

协会办理私募股权基金备案时，可以视情形要求私募基金管理人提供投资者的出资能力证明等材料。

第六条 私募基金管理人应当按照中国证监会和协会的规定，向投资者进行书面风险揭示和问卷调查，国务院金融监督管理机构监管的机构、符合本指引第四条第二款的投资者可以豁免签署风险揭示书和风险调查问卷等材料。

第七条 单个投资者对私募股权基金的首期实缴出资不得低于合格投资者最低出资要求，但下列投资者除外：

（一）社会保障基金、企业年金等养老基金，慈善基金等社会公益基金；

（二）保险资金；

（三）地市级以上政府出资产业投资基金；

（四）投资于所管理私募股权基金的私募基金管理人及其员工；

（五）中国证监会、协会规定的其他投资者。

私募股权基金备案后，私募基金管理人不得允许投资者以抽逃出资或者虚假出资为目的，通过向私募股权基金借款等方式规避最低出资要求。

第八条 私募基金管理人或者基金销售机构应当按照中国证监会和协会的规定，与募集监督机构签署募集监督协议，明确约定私募股权基金募集结算资金专用账户的控制权、责任划分以及保障资金划转安全等事项。

第九条 私募股权基金的名称应当标明"股权基金""股权投资"等字样，私募股权基金组织形式为契约型的，名称应当标明"私募股权基金"字样。创业投资基金的名称应当标明"创业投资基金"字样，但公司型或者合伙型创业投资基金的经营范围中标明"从事创业投资活动"字样等已体现创业投资策略的除外。

私募股权基金的名称中不得包含"理财""资管产品""资管计划"等字样，法律、行政法规、中国证监会和协会另有规定的除外。未经批准或者授权，不得在基金名称中使用与国家重大发展战略、金融机构、知名私募基金管理人相同或者近似等可能误导投资者的字样。不得在基金名称中使用违背公序良俗或者造成

附录一
核心监管规则

不良社会影响的字样。

第十条 私募股权基金的架构应当清晰、透明，不得通过设置复杂架构、多层嵌套等方式规避监管要求，收取不合理费用。私募基金管理人应当向投资者充分披露投资架构及投资者承担的费用等有关信息。

私募基金管理人不得在私募股权基金内部设立由不同投资者参与并投向不同资产的投资单元或者基金子份额，但因投资排除等机制导致前述情形的除外。

第十一条 私募基金管理人不得将资金募集、投资管理等职责委托他人行使，变相开展多管理人或者通道业务。

私募证券基金管理人或者其他类私募基金管理人不得通过担任合伙型私募股权基金的普通合伙人等方式，变相突破专业化运营要求。

第十二条 私募基金管理人设立合伙型私募股权基金且担任合伙人的，应当为执行事务合伙人。私募基金管理人不担任合伙人的，应当与其中一名执行事务合伙人存在控制关系或者受同一控股股东、实际控制人控制。

第十三条 基金合同、合伙协议或者公司章程（以下统称基金合同）应当约定主要投资行业、投资地域、投资阶段、投资集中度等，并符合私募股权基金投资范围要求。

私募股权基金投资《登记备案办法》第三十一条第二款规定的资产的，应当符合下列要求：

（一）投资未上市企业股权的，应当符合《登记备案办法》第四十一条的规定，不得变相从事信贷业务、经营性民间借贷活动，不得投向从事保理、融资租赁、典当等与私募基金相冲突业务的企业股权，不得投向国家禁止或者限制投资以及不符合国家产业政策、环境保护政策、土地管理政策的企业股权；

（二）投资首发企业股票、存托凭证（以下统称股票）的，应当通过战略配售、基石投资（港股等境外市场）等方式，不得参与网下申购和网上申购；

（三）投资上市公司股票的，应当通过定向增发、大宗交易和协议转让等方式，不得参与公开发行或者公开交易，但所投资公司上市后基金所持股份的未转让及其配售部分和所投资公司在北京证券交易所上市后基金增持部分除外；

（四）投资上市公司可转换债券和可交换债券的，应当通过非公开发行或者非公开交易的方式；

（五）投资公开募集基础设施证券投资基金份额的，应当通过战略配售、网下认购和非公开交易等方式，不得参与面向公众投资者的发售和竞价交易；

（六）投资资产支持证券的，限于不动产持有型资产支持证券；

（七）投资区域性股权市场可转债的，投资金额应当不超过基金实缴金额的20%。

鼓励创业投资基金投资早期企业、中小企业和高新技术企业。除中国证监会和协会另有规定外，创业投资基金不得直接或者间接投资下列资产：

（一）不动产（含基础设施）；

（二）本条第二款第二项、第四项至第六项规定的资产；

（三）上市公司股票，但所投资公司上市后基金所持股份的未转让及其配售部分除外。

第十四条 除《关于加强私募投资基金监管的若干规定》规定的借款外，私募股权基金以股权投资为目的，对被投企业进行附转股权的债权投资的，约定的转股条件应当科学、合理、具有可实现性，与被投企业或者其关联方的股权结构、商业模式、经营业绩、上市进度、知识产权和核心人员等相挂钩。满足转股条件的，应当及时将债权转为股权，并办理对被投企业或者其关联方的股权确权手续。未选择转股的，应当按照基金合同约定征得投资者同意或者向投资者披露未转股原因。

私募股权基金不得利用附转股权的债权投资变相从事借贷活动。

第十五条 私募股权基金采用分级安排的，私募基金管理人应当向投资者充分披露私募股权基金的分级设计、完整的风险收益分配情形等信息。

投资本指引第十三条第二款第二项至第六项规定资产的分级私募股权基金，应当符合利益共享、风险共担、风险与收益相匹配原则，优先级与劣后级的比例不得超过1:1，优先级份额投资者获取收益或者承担亏损的比例不得低于30%，劣后级份额投资者获取收益或者承担亏损的比例不得高于70%。

分级私募股权基金若存在中间级份额，计算杠杆、收益或者亏损比例时，中间级份额应当计入优先级份额。

第十六条 私募基金管理人应当向投资者披露投资架构，包含特殊目的载体（如有）、底层投资标的、基金交易对手方（如有），以及基金与特殊目的载体（如有）、特殊目的载体（如有）与交易对手方（如有）之间的划款路径等事项。

第十七条 私募基金管理人应当合理确定私募股权基金所投资资产的期限，

附录一
核心监管规则

加强流动性风险管理。

私募股权基金投资资产管理产品、其他私募股权基金，或者接受其他私募股权基金投资的，私募股权基金的到期日应当不早于下层资产管理产品、私募股权基金的到期日6个月以上，不晚于上层私募股权基金的到期日6个月以上。但有下列情形之一的除外：

（一）上层基金全体投资者一致同意期限错配事项；

（二）本基金承担国家或者区域发展战略需要；

（三）上层基金为规范运作的母基金；

（四）上层基金投资者中有社会保障基金、企业年金等养老基金，保险资金或者地市级以上政府出资产业投资基金等；

（五）中国证监会、协会规定的其他情形。

第十八条 基金合同应当约定私募股权基金各项费用的计费标准、计费时点、计提方式、计提频率等相关事项。从私募股权基金财产中支出的费用应当与基金运营、服务直接相关，不得支出与基金运作无关的费用。

第十九条 私募基金管理人应当设置合理的管理费。私募基金管理人不收取管理费或者管理费明显低于管理基金成本的，应当具有合理性，并在提请办理备案时提供相关说明。私募基金管理人以外的其他主体不得收取管理费。私募基金管理人不得通过约定管理费返还等方式，变相向投资者提供保本保收益安排。

第二十条 私募股权基金的业绩报酬计提应当清晰、合理，与基金实际表现相挂钩，不得采取在特定基准线以上100%计提等类似存款计息的计提方式。

第二十一条 私募股权基金存在下列情形之一的，应当由私募基金托管人托管：

（一）私募股权基金的组织形式为契约型，但按照基金合同约定设置能够切实履行安全保管基金财产职责的基金份额持有人大会日常机构等制度措施的除外；

（二）通过特殊目的载体开展投资的；

（三）法律、行政法规、中国证监会和协会规定的其他情形。

私募股权基金通过特殊目的载体开展投资的，托管人应当持续监督私募股权基金与特殊目的载体的资金流向，事前掌握资金划转路径，事后获取并保管资金划转及投资凭证。私募基金管理人应当及时将投资凭证交付托管人。

第二十二条 私募股权基金开放申购或者认缴的，应当符合下列条件：

（一）由私募基金托管人进行托管；

（二）在基金合同约定的投资期内；

（三）开放申购或者认缴按照基金合同约定经全体投资者一致同意或者经全体投资者认可的决策机制决策通过；

（四）中国证监会、协会规定的其他条件。

私募股权基金开放申购或者认缴，增加的基金认缴总规模不得超过备案时基金认缴总规模的3倍，但符合下列情形之一的除外：

（一）既存投资者或者新增投资者中存在社会保障基金、企业年金等养老基金；

（二）既存投资者或者新增投资者中存在慈善基金等社会公益基金、保险资金或者地市级以上政府出资产业投资基金，并且前述投资者之一的实缴出资不低于1000万元；

（三）既存投资者和新增投资者均为首期实缴出资不低于1000万元的投资者，私募基金管理人、私募基金管理人员工直接或者间接通过合伙企业等非法人形式间接投资于本公司管理的私募股权基金，且实缴出资不低于100万的除外；

（四）在协会备案为创业投资基金，且开放申购或者认缴时，基金已完成不少于2个对早期企业、中小企业或者高新技术企业的投资；

（五）中国证监会、协会规定的其他情形。

适用本条第二款第三项要求的投资者为在协会备案的私募基金以及合伙企业等非法人形式的，私募基金管理人应当穿透认定投资者是否符合本条第二款第三项要求。

增加基金认缴规模的，管理人应当依法履行信息披露义务，向投资者披露扩募资金的来源、规模、用途等信息。

第二十三条 鼓励私募股权基金进行组合投资。

投资于单一标的的私募股权基金，其募集推介材料、基金合同应当明确约定私募股权基金仅投资于单一标的，并披露单一标的的具体信息。

第二十四条 私募股权基金的财产账户应当以基金名义开立，私募基金管理人不得使用自己或者他人名义为私募股权基金开立账户和接收出资，不得使用基金财产为自己或者他人垫付资金。

附录一
核心监管规则

第二十五条 私募基金管理人应当公平地对待其管理的不同私募股权基金财产，有效防范私募股权基金之间的利益输送和利益冲突，不得在不同私募股权基金之间转移收益或者亏损。

在已设立的私募股权基金尚未完成认缴规模70%的投资（含为支付基金税费的合理预留）之前，除经全体投资者一致同意或者经全体投资者认可的决策机制决策通过外，私募基金管理人不得设立与前述基金的投资策略、投资范围、投资阶段、投资地域等均实质相同的新基金。

第二十六条 私募基金管理人超过《登记备案办法》第三十九条规定的时限提请办理私募股权基金备案手续的，私募股权基金应当符合下列要求：

（一）实缴规模不低于1000万元；

（二）由私募基金托管人进行托管；

（三）投资范围符合《登记备案办法》第三十一条和本指引第十三条的要求；

（四）《登记备案办法》和本指引关于私募股权基金备案的其他要求。

私募股权基金募集完成后3个月内，私募基金管理人未提请办理备案手续，或者自退回补正之日起3个月内未重新报送备案材料的，协会不予办理私募基金备案。所管理的私募股权基金被协会不予办理备案的，私募基金管理人应当及时告知投资者，解除或者终止基金合同和委托管理协议，妥善处置基金财产，及时清算并向投资者分配。

私募基金管理人未按要求提请办理基金备案手续的，在未完成相关基金备案或者整改前，协会不予办理其他基金备案。

第二十七条 私募股权基金发生《登记备案办法》第五十五条规定的信息变更的，私募基金管理人应当自变更之日起10个工作日内，向协会报送变更决议文件、变更事项说明函以及下列变更材料，履行变更手续：

（一）基金合同约定的存续期限、投资范围、投资策略、投资限制、收益分配原则、基金费用等事项变更的，还应当提交补充协议或者履行基金合同中变更程序所涉及材料；

（二）私募基金托管人变更的，还应当提交托管人变更协议、重新签订的托管协议或者基金合同；

（三）基金服务机构变更的，还应当提交重新签订的基金服务协议；

（四）影响基金运行和投资者利益的其他重大事项变更的，还应当提交相应变更事项所涉及材料；

（五）中国证监会、协会规定的其他材料。

私募股权基金发生基金类型变更的，相关程序和材料等要求由协会另行制定。

第二十八条 私募股权基金存在下列情形之一的，应当进行清算：

（一）存续期届满且不展期的；

（二）发生基金合同约定应当终止的情形的；

（三）经投资者、私募基金管理人协商一致决定终止基金合同的；

（四）法律、行政法规、中国证监会和协会规定的其他情形。

私募股权基金完成清算，剩余基金财产可以以货币资金方式分配给投资者，或者经投资者同意，以实物资产方式分配给投资者。

第二十九条 《登记备案办法》第五十七条规定的"一定期限内无法完成清算"是指私募股权基金开始清算但预计3个月内无法完成清算。

第三十条 已备案的公司型或者合伙型私募股权基金，经投资者和私募基金管理人协商一致解除委托管理关系，作为非基金形式的公司或者合伙企业继续运作的，应当及时变更名称和经营范围，不得保留"基金"或者其他误导性字样，私募基金管理人不得担任其股东或者合伙人。自变更之日起10个工作日内，私募基金管理人应当向协会提请办理基金注销。

作为非基金形式存续的公司或者合伙企业不得以基金形式继续运作，不得再次委托私募基金管理人管理，不得再次提请备案为私募基金。

第三十一条 私募基金管理人有《登记备案办法》第六十六条规定情形的，协会可以撤销相关私募股权基金备案，并对私募基金管理人后续提请办理备案的私募股权基金采取要求其出具内部合规意见等措施。

第三十二条 协会在基金备案、事项变更等方面对创业投资基金提供区别于私募股权基金的差异化自律管理服务，包括专人专岗办理、适当简化办理手续等。

第三十三条 协会对下列私募股权基金另有规定的，从其规定；未有规定的，适用本指引：

（一）符合《不动产私募投资基金试点备案指引（试行）》规定并参与试点

附录一
核心监管规则

的私募股权基金；

（二）合格境内有限合伙人试点私募股权基金；

（三）合格境外有限合伙人试点私募股权基金；

（四）中国证监会规定的其他私募股权基金。

第三十四条 违反本指引规定的，协会按照《登记备案办法》和协会其他自律规则，采取自律管理或者纪律处分措施。

第三十五条 本指引下列用语的含义：

（一）关键人士：是指在基金募集、项目获取、投资决策、增值服务、投资退出等重要环节发挥关键性作用的基金管理团队核心成员。

（二）私募基金管理人员工：是指与私募基金管理人签订劳动合同并缴纳社保的正式员工，签订劳动合同或者劳务合同的外籍员工、退休返聘员工，国家机关、事业单位、政府及其授权机构控制的企业委派的高级管理人员，以及中国证监会和协会规定的其他从业人员。

（三）早期企业：是指接受私募股权基金投资时，成立时间不满60个月的未上市企业。

（四）中小企业：是指接受私募股权基金投资时，职工人数不超过500人，同时根据会计事务所审计的年度合并会计报表，年销售额不超过2亿元、资产总额不超过2亿元的未上市企业。

（五）高新技术企业：是指接受私募股权基金投资时，依据《高新技术企业认定管理办法》（国科发火〔2016〕32号）已取得高新技术企业证书的未上市企业。

（六）母基金：是指主要基金财产组合投资于其他私募基金的私募基金。

（七）变更之日：变更事项需要办理市场主体变更登记的，是指市场主体变更登记之日；变更事项无需办理市场主体变更登记的，是指相关协议或者决议生效之日。

第三十六条 本指引自发布之日起施行。

附录二 本书术语

按简称字母顺序排列

简称	释义
AMBERS 系统	资产管理业务综合报送平台
PE	Private Equity Fund，即私募股权投资基金，具有第三章"二、私募基金备案核心条件"下（一）"2. 产品及备案类型"部分中的含义
SHA	Shareholders Agreement，即股东协议
SPV	Special Purpose Vehicle，即特殊目的公司
TS	Term Sheet，即投资条款清单
VC	Venture Capital Fund，即创业投资基金，具有第三章"二、私募基金备案核心条件"下（一）"2. 产品及备案类型"部分中的含义
封闭式基金	采用封闭式运作方式的基金，指基金份额总额在基金合同期限内固定不变，基金份额持有人不得申请赎回的基金
合格投资者	具有第四章"一、私募基金募集基本要求"下（二）"1. 合格投资者定义及投资者数量限制"部分中的含义
基金销售机构	在中国证券监督管理委员会注册取得基金销售业务资格并已成为中国基金业协会会员的机构
开放式基金	指基金份额总额不固定，基金份额可以在基金合同约定的时间和场所申购或者赎回的基金
内控	内部控制
中基协	中国证券投资基金业协会
中国证监会	中国证券监督管理委员会

附录三 本书相关法律法规及自律规则

按本书中简称字母顺序排列，无简称时按全称字母顺序排列

简称/（全称）	全称及发文字号/日期
《32号令》	《企业国有资产交易监督管理办法》 国资委、财政部令第32号
《备案指引1号》	《私募投资基金备案指引第1号——私募证券投资基金》 中基协发〔2023〕21号
《备案指引2号》	《私募投资基金备案指引第2号——私募股权、创业投资基金》 中基协发〔2023〕21号
《不动产私募投资基金试点备案指引（试行）》	《不动产私募投资基金试点备案指引（试行）》 中基协发〔2023〕4号
《登记材料清单》	《私募基金管理人登记申请材料清单》 中基协发〔2023〕11号
《登记备案办法》	《私募投资基金登记备案办法》 中基协发〔2023〕5号

续表

简称/（全称）	全称及发文字号/日期
《登记指引1号》《登记指引2号》《登记指引3号》	《私募基金管理人登记指引第1号——基本经营要求》 《私募基金管理人登记指引第2号——股东、合伙人、实际控制人》《私募基金管理人登记指引第3号——法定代表人、高级管理人员、执行事务合伙人或委派代表》 中基协发〔2023〕6号、中基协发〔2023〕7号、中基协发〔2023〕8号
《动态一期》	《私募基金登记备案动态》（第1期） 2023.08.11
《法律意见书指引》	《私募基金管理人登记法律意见书指引》 中基协发〔2016〕4号
《反垄断法》	《中华人民共和国反垄断法》（2022年修订） 主席令第116号
《非证券类材料清单》	《私募投资基金备案材料清单（非证券类）》 中基协发〔2023〕21号
《负面清单》	《外商投资准入特别管理措施（负面清单）（2021年版）》 国家发展和改革委员会商务部令第47号
《公司法》	《中华人民共和国公司法》（2023年修订） 主席令第15号
《关于当前形势下审理民商事合同纠纷案件若干问题的指导意见》	《关于当前形势下审理民商事合同纠纷案件若干问题的指导意见》 法发〔2009〕40号
《关于加强经营异常机构自律管理相关事项的通知》	《关于加强经营异常机构自律管理相关事项的通知》 中基协字〔2022〕37号
《关于加强私募基金监管的若干规定》	《关于加强私募投资基金监管的若干规定》 中国证券监督管理委员会公告〔2020〕71号
《关于进一步规范私募基金管理人登记若干事项的公告》	《关于进一步规范私募基金管理人登记若干事项的公告》 中基协发〔2016〕4号

附录三
本书相关法律法规及自律规则

续表

简称/（全称）	全称及发文字号/日期
《关于进一步加强私募基金行业自律管理的决定》	《关于进一步加强私募基金行业自律管理的决定》 2018.03.27
《国务院关于经营者集中申报标准的规定》（2024年修订）	《国务院关于经营者集中申报标准的规定》（2024年修订） 国务院令第773号
《国有资产法》	《中华人民共和国企业国有资产法》 主席令第5号
《国有资产监督管理条例》	《企业国有资产监督管理暂行条例》（2019年修订） 国务院令第709号
《合伙企业法》	《中华人民共和国合伙企业法》（2006年修订） 主席令第55号
《基金法》	《中华人民共和国证券投资基金法》（2015年修正） 主席令第23号
《基金管理公司反洗钱工作指引》	《基金管理公司反洗钱工作指引》 中基协发〔2012〕10号
《监管条例》	《私募投资基金监督管理条例》 国务院令第762号
《金融机构反洗钱规定》（2006年修订）	《金融机构反洗钱规定》（2006年修订） 中国人民银行令〔2006〕第1号
《金融机构客户身份识别和客户身份资料及交易记录保存管理办法》	《金融机构客户身份识别和客户身份资料及交易记录保存管理办法》 中国人民银行、中国银行业监督管理委员会、中国证券监督管理委员会、中国保险监督管理委员会令〔2007〕第2号
《九民纪要》	《全国法院民商事审判工作会议纪要》 法〔2019〕254号

续表

简称/（全称）	全称及发文字号/日期
《民法典》	《中华人民共和国民法典》 主席令第 45 号
《命名指引》	《私募投资基金命名指引》 2018.11.20
《募集行为办法》	《私募投资基金募集行为管理办法》 中基协发〔2016〕7 号
《内部控制指引》	《私募投资基金管理人内部控制指引》 2016.02.01
《披露办法》	《私募投资基金信息披露管理办法》 2016.02.04
《破产法》	《中华人民共和国企业破产法》 主席令第 54 号
《涉税尽调办法》	《非居民金融账户涉税信息尽职调查管理办法》 国家税务总局、财政部、中国人民银行、中国银行业监督管理委员会、中国证券监督管理委员会、中国保险监督管理委员会公告 2017 年第 14 号
《适当性管理办法》	《证券期货投资者适当性管理办法》 中国证券监督管理委员会令第 130 号
《适当性指引》	《基金募集机构投资者适当性管理实施指引（试行）》 中基协发〔2017〕4 号
《私募基金登记备案问题解答标准化口径》	《私募基金登记备案问题解答标准化口径》 2023.12.19
《私募基金登记备案相关问题解答》（1—15 号）	《私募基金登记备案相关问题解答》（1—15 号） 2014.03.05—2018.08.29
《私募基金管理人失联处理指引》	《私募基金管理人失联处理指引》 中基协发〔2023〕17 号

附录三
本书相关法律法规及自律规则

续表

简称/（全称）	全称及发文字号/日期
《私募投资基金变更管理人材料清单》	《私募投资基金变更管理人材料清单》 2023.11.29
《私募投资基金非上市股权投资估值指引（试行）》	《私募投资基金非上市股权投资估值指引（试行）》 2018.03.30
《私募投资基金服务业务管理办法（试行）》	《私募投资基金服务业务管理办法（试行）》 2017.03.01
《私募投资基金合同指引》（1—3号）	《私募投资基金合同指引》（1—3号） 2016.04.18
《私募管理暂行办法》	《私募投资基金监督管理暂行办法》 中国证券监督管理委员会令第105号
《私募投资基金信息披露内容与格式指引1号》	《私募投资基金信息披露内容与格式指引1号》 2016.02.04
《私募投资基金信息披露内容与格式指引2号》	《私募投资基金信息披露内容与格式指引2号》 2016.11.14
《外商投资法》	《中华人民共和国外商投资法》 主席令第26号
《信托法》	《中华人民共和国信托法》 主席令第50号
《中国证券投资基金业协会自律检查规则》	《中国证券投资基金业协会自律检查规则》 中基协发〔2023〕16号
《证券法》	《中华人民共和国证券法》（2019年修订） 主席令第37号
《证券公司反洗钱工作指引》	《证券公司反洗钱工作指引》 2014.04.28
《证券类材料清单》	《私募投资基金备案材料清单（证券类）》 中基协发〔2023〕21号

续表

简称/（全称）	全称及发文字号/日期
《证券期货经营机构私募资产管理计划备案管理规范第4号》	《证券期货经营机构私募资产管理计划备案管理规范第4号》 2017.02.13
《证券期货经营机构私募资产管理业务运作管理暂行规定》	《证券期货经营机构私募资产管理业务运作管理暂行规定》 中国证券监督管理委员会公告〔2016〕13号
《政府出资产业投资基金管理暂行办法》	《政府出资产业投资基金管理暂行办法》 发改财金规〔2016〕2800号
《政府投资基金暂行管理办法》	《政府投资基金暂行管理办法》 财预〔2015〕210号
《反洗钱法》	《中华人民共和国反洗钱法》 主席令第56号
《资管新规》	《中国人民银行、中国银行保险监督管理委员会、中国证券监督管理委员会、国家外汇管理局关于规范金融机构资产管理业务的指导意见》 银发〔2018〕106号
《最高人民法院关于审理侵犯商业秘密民事案件适用法律若干问题的规定》	《最高人民法院关于审理侵犯商业秘密民事案件适用法律若干问题的规定》 法释〔2020〕7号